中央财经大学 中央财经大学中央高校基本科研业务费专项资金资助
Supported by the Fundamental Research Fund for the Central University, CUFE

中国区域经济发展研究

面向大数据的网络经济学研究

Research on Network Economics Based on Big Data

曹怀虎 著

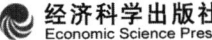

中国财经出版传媒集团
经济科学出版社
Economic Science Press

图书在版编目（CIP）数据

面向大数据的网络经济学研究/曹怀虎著. —北京：
经济科学出版社，2021.9
（中国区域经济发展研究）
ISBN 978-7-5218-2877-1

Ⅰ.①面… Ⅱ.①曹… Ⅲ.①网络经济 Ⅳ.①F49

中国版本图书馆 CIP 数据核字（2021）第 187567 号

责任编辑：李一心
责任校对：刘　娅
责任印制：范　艳

面向大数据的网络经济学研究

曹怀虎　著

经济科学出版社出版、发行　新华书店经销
社址：北京市海淀区阜成路甲 28 号　邮编：100142
总编部电话：010-88191217　发行部电话：010-88191522
网址：www.esp.com.cn
电子邮箱：esp@esp.com.cn
天猫网店：经济科学出版社旗舰店
网址：http://jjkxcbs.tmall.com
北京密兴印刷有限公司印装
710×1000　16 开　14.25 印张　230000 字
2021 年 12 月第 1 版　2021 年 12 月第 1 次印刷
ISBN 978-7-5218-2877-1　定价：60.00 元
（图书出现印装问题，本社负责调换。电话：010-88191510）
（版权所有　侵权必究　打击盗版　举报热线：010-88191661
QQ：2242791300　营销中心电话：010-88191537
电子邮箱：dbts@esp.com.cn）

前　言

随着互联网、大数据、物联网、人工智能等信息技术的发展及应用，整个社会的经济活动日益依赖于网络，经济主体之间的联系及交互活动日趋频繁，形成了结构复杂的经济网络，展现出网络拓扑的某些特征。因此，本书以网络的视角研究经济系统，利用网络科学的理论、大数据技术，将经济活动主体之间的联系建模成经济网络，从宏观、微观、中观层面，分析经济系统所蕴含的网络特征及演化规律，展现网络经济学这个分支领域的研究理论和方法，初步解释网络经济中出现的一些新的经济现象。

本书的主要内容包括六章：

第一章、第二章对网络经济学相关理论和研究范畴进行了深入的梳理和辨析，介绍了网络经济学的基本理论与分析方法。主要对网络经济学相关的信息经济学、知识经济学、数字经济学、电子商务经济学、网络产业经济学、互联网经济学等研究领域进行了仔细的梳理和辨析，通过比较研究，厘清了各自不同的研究视角和分析方法。确定了"网络"是研究网络经济学的理论基础和分析方法，网络经济学不是仅仅研究某种经济形态，而是研究经济系统内在的网络结构及其对经济发展的驱动作用。

第三章通过大数据技术收集和处理海量的数据，对我国338个地级以上行政区进行了宏观经济网络建模与分析，发现经济主体之间的联系愈加紧密，交互愈加频繁，以资金为驱动力的经济聚集效应在减弱，取而代之的是经济系统内生关系结构的优化作用，经济主体之间直接的联系在加强，整个经济网络的抗风险的能力得到了提升。此外，对主要国家或地区间的贸易网络进行了网络整体结构特征和个体特征的分析，发现贸易排名靠前的国家和地区，贸易伙伴数量的差距在缩小，而且呈现出多边贸易的趋势。

第四章阐释了导致网络外部性的根源，在网络外部性作用下，商品的效用函数发生了变化，随之而来的市场需求曲线也发生变化，传统经济学理论的负反馈演变为正反馈，市场结构也发生了变化，垄断所带来的效用也不再相同，必须区别对待。

第五章研究了区域经济网络、房地产行业房价评估、电子商务促进产业结构升级转型等问题。

第六章阐述了网络产品的公共属性及其供给不足或过剩的问题，分析了网络经济下信息不完全的原因及特点。阐述了数字鸿沟以及数字伦理的内涵，分析了数字鸿沟现状及原因，提出构建良好数字伦理的建议。分析了网络经济环境下反垄断的根本目标、智力成果排他性设计的成本、网络经济环境下知识产权保护的特征、知识产权保护与垄断的区分、网络经济中知识产权保护政策选择、普适服务的概念、网络经济环境下普适服务的经济学内涵，提出了网络经济垄断的判定标准、反垄断的原则、普适服务的运作机制及相关政策。

本书涉及经济、信息、管理多学科交叉的研究，相关的理论尚处于探索研究阶段，同时网络经济及网络经济学都处在快速发展变化中，由于本书作者水平有限，时间仓促，许多有价值的方向还有待于进一步深入研究，例如利用图数据进行经济网络结构发展演变预测、更细粒度的网络博弈行为分析、更多因素驱动经济网络演变的动力机制等。除此以外，书中可能还存在不少欠缺，甚至是谬误之处，恳请各位专家予以批评指正，我们将在随后的研究中不断修改和完善。

Contents | 目　录

第一章　网络经济学相关理论辨析及本书的组织架构 ……………… 1
　　一、网络经济学相关理论辨析 ……………………………………… 1
　　二、网络经济学的起源及研究范畴 ………………………………… 8
　　三、网络经济学的研究方法与研究目标 …………………………… 13

第二章　网络经济学的基本理论与分析方法 ………………………… 19
　　一、网络科学的基本理论 …………………………………………… 19
　　二、网络科学的分析方法与相关工具 ……………………………… 22

第三章　宏观网络经济学分析 …………………………………………… 26
　　一、面向大数据的中国经济网络结构模型与演化分析 …………… 26
　　二、面向大数据的世界贸易网络建模与分析 ……………………… 72

第四章　微观网络经济学分析 …………………………………………… 107
　　一、网络产品及其网络经济学分析 ………………………………… 107
　　二、基于社会网络的网络外部性分析案例 ………………………… 127
　　三、基于博弈论的网络资源及服务共享的经济学分析 …………… 132

第五章　中观网络经济学分析 …………………………………………… 144
　　一、基于熵及信息熵理论的区域经济网络结构特征分析 ………… 144

二、融合模拟退火的随机森林房价评估方法 …………………… 154
三、电子商务对产业结构升级转型的促进作用 …………………… 168

第六章　网络经济的市场效率及公共政策 …………………… 200
一、网络产品的公共性问题 …………………… 200
二、网络经济的信息不完全 …………………… 202
三、网络经济的伦理问题 …………………… 204
四、网络经济环境下反垄断、知识产权保护与普适服务政策 ……… 208

参考文献 …………………… 212
后记 …………………… 219

第一章

网络经济学相关理论辨析及本书的组织架构

随着计算机、通信、智慧物流等技术的发展，经济主体之间的交往日趋紧密，资金、能源、人力、信息等生产要素的流动性日益加强。从网络科学的角度来看，经济主体之间的联系逐渐加强，网络的协同价值日益凸现。网络化从最初的信息产业逐步扩展到其他领域，经济活动的组织方式、互动模式、供给关系、价值实现等都发生了很大的变化，开始涌现出某些复杂网络的特征。经济领域所出现的新的现象，无法应用现有的经济学原理来诠释，现有的经济学理论与研究方法需要进一步扩展。以网络科学的视角去分析新的经济行为，利用新的信息技术扩展经济学的研究方法，可以解释经济社会中所出现的新的经济现象。本章首先对信息经济学、知识经济学、数字经济学、电子商务经济学等与网络经济学相关的理论进行辨析，然后阐述网络经济学的逻辑起点及研究范畴，最后介绍网络经济学的研究方法以及本书的组织框架。

一、网络经济学相关理论辨析

关于网络经济学，目前国内外还没有形成统一的理论体系，相关学者就当前经济领域中出现的某些异于传统经济的现象，从不同角度、侧重点，进行了最初的研究，但相关的经济学概念、术语层出不穷。与"网络经济学"相关的一些概念有信息经济学、知识经济学、数字经济学、电子商务经济学、网络产业经济学、互联网经济学等，它们在研究内容上有相同、交叉的地方，也有各自的不同的视角和分析方法，下面就相关理论进行比较和辨析。

（一）信息经济学

信息经济学重点研究信息作为核心要素在生产过程中的作用，信息经济学最早于1940年初提出，此后发展了30多年，到1970年左右趋于成熟。在发展初期，研究的侧重点各不相同，从两个不同的层次展开，一个是从宏观角度，另一个是从微观角度，这两个角度的研究相辅相成，互为补充。马克卢普（Machlup）等创建了宏观信息经济学，基于信息技术的快速发展与普及，该研究领域逐渐发展成为现代经济学研究的一个重要的组成部分[①]。阿罗（Arrow）等创建了微观信息经济学，从微观经济学的视角，分析信息的价值产生、交换、实现等过程。本质来看，西方经济学家主要研究在不完全信息的情况下，市场主体的决策过程以及最终所能达到的均衡状态。信息经济学曾经关注的两个问题，一个就是道德风险，另一个就是逆向选择。例如：董事会招聘一名职业经理人，假如董事会不了解经理人的相关能力，但经理人自己知道自己的能力，就会出现逆向选择的情况。假如董事会了解经理人的相关能力，但招聘后不了解该经理人主观努力的程度，就可能会存在道德风险；或者董事会和经理人都不了解经理人的能力，但招聘后经理人发现了自己的能力，而董事会并不了解，这也存在道德风险的可能。

信息经济学像属于经济学研究的一个分支领域，该学科分支不是研究整体的经济系统，而是将资源化、要素化的信息的静态特征及其动态行为作为研究对象，形成特定的研究领域，提出了较为稳定的概念理论体系。信息经济学和网络经济学在某些时段的研究对象是一致的、客观的，但可以采取不同的视角、理论、技术、方法，从而展现出不同的目标体系和研究内容。

（二）知识经济学

知识经济学是一门新兴学科分支，该学科分支利用传统经济学的基本原理

[①] ［美］马克卢普：《美国的知识生产与分配》，孙耀君译，人民大学出版社2007年版。

与方法，研究知识在商品价值产生和转换过程中的作用，分析知识的内化过程及商品属性，提出知识经济中衡量知识价值的方法与标准，阐释知识的发展对于经济社会系统结构的影响。该学科分支属于对称经济学的范畴①。

知识经济学的创始人陈世清认为，知识经济与传统经济的经济形态不同，因此，知识经济学与传统经济学的研究范式也是不同的。从系统论的基本观点出发，任何事物都存在不同的层次，这个层次指的是人们认识某一事物的思维深度。在物理学的四维空间的基础上，加入一个层次维度，成为五维空间，这种五维空间也是可以被人们感知和把握的，并且随着时间的变化而演变②。

目前知识经济学较系统地阐述了以知识为核心要素的商品生产、分配、消费、流通过程，基本还是遵从传统经济学的原理和方法，仅在经济要素中增加了知识这一核心要素。"知识经济"是以知识为核心要素的经济形态③，它是在传统经济基础上发展而来，所以传统的生产要素仍然是其不可缺少的基础。实际上，知识是一种可重复使用、非独占性的社会性资源，其产生、传播、应用，一直以来都是整个社会经济运行的基础，只不过在过去的经济形态中，知识对于生产的作用和地位没有现在这么突出，人们过去只重视资本、原材料、厂房、设备等生产要素，随着信息技术和人工智能技术的发展，知识的核心要素地位日益凸显。知识经济学按照研究对象的不同，可以分为理论知识经济学和应用知识经济学。除此以外，知识经济学还包括知识经济预测学、知识经济计量学、知识经济动力学等，这些都是从某个角度研究知识经济的方法学，可以根据实际研究内容归入理论知识经济学或应用知识经济学。知识经济学与日渐成熟、应用广泛的信息经济学密不可分，有些学者认为，信息的含义比知识的含义要窄，信息与知识之间是从属关系。根据经济的发展现状及趋势来看，这种观点不全面。有些较低层次的知识可以数字化成为信息，而较高层次的知识，则难以数字化，无法转化为信息。所以，信息与知识之间存在交集，信息经济学与知识经济学也存在着交集。知识经济学的研究具有广泛的意义：奠定了知识产业的基本理论与方法，为划分知识

---

① 陈世清：《超越中国主流经济学家》，中国国际广播出版社2013年版。
② 陈世清：《中国经济解释与重建》，中国时代经济出版社2009年版。
③ 陈世清：《对称经济学》，中国时代经济出版社2010年版。

密集型、资本密集型、劳动密集型的产业或企业指定标准。

(三) 数字经济学

"数字经济"的概念,由著名新经济学家泰普斯科特(Tapscott)在其《数字经济》(1996年)一书中提出,该书非常有预见性地阐述了因特网(Internet)对于整个社会以及经济系统的广泛而深刻的影响。紧接着,尼葛洛庞帝(Negroponte)在其著作《数字化生存》中,憧憬了未来美好的数字化世界,人们从他大胆的预想中感受到了数字技术的神奇和魅力,激起了许多科学家、企业家和政治家的灵感,期望借助数字技术的发展潜力,升级改造现有的经济系统,推动本国经济进一步发展。

数字经济是在工业化的基础之上,以信息技术、人工智能等为代表的数字技术进一步发展和应用的产物,它不仅仅是数字化的问题,也会对经济形态产生深远的影响,因此各国政府越来越重视数字经济的发展,进一步推动了经济的数字化转型。G20峰会发布了《二十国集团数字经济发展与合作倡议》(2016年),该倡议认为,以互联网为信息交互基础,将数字化的信息和知识融入经济生产活动中,将对传统经济不断进行升级改造,进而发展为一种新的经济形态,即数字经济。"数字经济"根据数字化的深度和广度不同,一般可分为三个不同的阶段:产业数据逐渐数字化、业务流程大量数字化、业务流程完全再造。业务流程再造是当前数字化的一个较高层次,这个流程再造可以指的是一个企业,也可以是一个产业,甚至于一个国家或全球经济系统,通过流程再造,优化生产过程,提高生产效率,使得整个社会形态发生转变。数字经济作为一种新的经济形态,进一步扩大了商品与服务的协同价值,是推动全球经济进一步发展的新动力。由于数字经济是在农业社会和工业社会基础上发展而来,所以其运转也需要劳动力、土地、资金、原材料等传统的生产要素,而且这些生产要素必须高度丰富,配套的基础设施也要高度完善。

数字经济学针对数字经济的发展问题提出了三个核心的理论体系:第一个是基于价值网络的经济理论体系,主要通过比较传统经济与数字经济,研究技术创新、经济增长的内在机理和动力因素。传统的经济学理论也涉及这些内容,不过视角是截然不同的,传统的经济学研究,主要考虑生产要素的积累、技术扩散等对于经济增长的促进作用。但数字经济学理论考虑的是数字化之后形成的价值网络，这种价值网络的形成、发展以及对于经济结构的改造。第二个是基于资本的数字经济理论体系，主要研究以区块链金融、数字货币为代表的金融科技、数字金融等对于经济系统的作用，这里要避免两个极端性的错误，一个是以风险为理由彻底反对新兴的金融科技；一个是完全否定、甚至推翻现有的实体金融。实际上所有的数字金融都和实体金融有着联系，数字金融是附着于实体金融的，因为数字世界不可能脱离现实世界而存在，数字金融是对实体金融的升级和改造。第三个是基于政治经济学的数字政治经济理论体系。数字经济已经扩展至社会生活的方方面面，其影响已经不仅仅局限于经济生活，对于现有的社会伦理、法律体系、权力组织、国际关系等都带来了新的问题，这些问题不仅仅是经济问题，也是政治问题。概括来说，数字经济学研究的是数字技术对于社会生活的改造，以及如何应对这些变化，不断改进社会的管理和组织形式①。

（四）电子商务经济学

电子商务经济学主要涉及电子商务中商品的定价、流通、商业流程再造等内容，主要还是微观层面的市场理论和厂商理论的应用和扩展②。2001 年，莎罗纳（Saloner）等分析了哪些经济主体利用电子商务创造并分享了新价值，由于电子商务的存在，如何分配新的价值。相关学者认为，经典的经济学基本原理和方法仍然适用于电子商务领域，电子商务仅仅采用了新的技术手段，并没有改变原有的商业规则和经济规律。

电子商务经济学主要从微观经济学层面，研究电子商务的经济活动中的数字产品定价、厂商垄断、市场组织、信息不对称、消费与供给、互联网金融等内容。电子商务经济学的现有研究可以归纳为以下三个基本问题：

（1）将传统的市场理论扩展到电子商务领域，研究电子商务市场的组成和结构、电子商务的成熟度、电子商务市场的价值评测、电子商务对生产厂家和消费者价值的影响及福利。

---

① 裴长洪、倪江飞、李越：《数字经济的政治经济学分析》，载《财贸经济》2018 年第 9 期。
② 王晓晶、钟琦：《电子商务与网络经济学》，清华大学出版社 2011 年版。

（2）将价格理论应用到在线市场，研究在线市场的产品定价，在线市场和离线市场的交互，特别是数字产品的价格歧视与定价策略、在线拍卖理论。分析电子商务的价值转移及价值创造过程，包括电子商务的中介作用、信息传递、规模效应、集聚效应等。

（3）进一步将微观视角向宏观视角扩展，逐步发现电子商务对于宏观经济的影响，包括电子商务的跨时空特性、地区与国家福利、推动技术进步、国际贸易国际关系等。

电子商务经济学的研究逻辑从交换的商品到生产商品的企业，再到交易商品的市场与交易过程，进一步扩展到对于宏观经济的影响，所使用理论基础和分析方法来源于传统的经济学。既要研究以数字产品为代表的商品，比较数字产品与传统商品的不同，又要研究企业在电子商务的大趋势下如何适应和进化。电子商务经济学研究所涉及的主要经济学原理与方法还是以微观经济学为主，包括市场理论、消费者行为理论、信息传播及柠檬市场理论等。

（五）网络产业经济学

一些产业天生拥有网络的结构和特性，如电力、通信、交通等基础设施，对这些产业进行经济学的分析，就是网络产业经济学的研究范畴。网络产业经济学最初主要基于微观经济学视角，利用微观经济学的基本原理和方法分析这些基础设施产品与服务的供给关系、定价规则及市场结构。

1974年，美国学者罗尔斯（Rohlfs）在对北美电话网络进行研究时指出，对于通信产业的经济学分析而言，消费的外部性特征具有极其重要的作用，这是在网络经济学领域首次提出外部性的观点[1]。卡森教授（Casson，1996）分析了网络及通信产业中普遍存在的网络外部性，首次提出外部性具有网络特性[2]。谢伊（Shy，2001）[3] 将网络产业经济学开始从最初的通信、网络产业的研究，逐渐扩展到研究网络协同效应，具体包括以下研究内容：（1）接入定

---

[1] Rohlfs J, A Theory of Interdependent Demand for a Communications Service. *Bell Journal of Economics & Management Science*, Vol. 5, No. 1, 1974, pp. 16–37.

[2] Casson M, Giusta M D. The Economics of Networks. *International Journal of Industrial Organization*, Vol. 14, No. 6, 1996, pp. 673–699.

[3] ［美］奥兹·谢伊：《网络产业经济学》，张磊译，上海财经大学出版社2002年版。

价。接入一般是指具有网络特征的服务，接入连接着服务的提供者和购买者，如电网的接入等。由于接入往往带有垄断性质，至少部分带有垄断性质，所以接入的定价问题至关重要，它决定着网络资源能否达到最优配置。（2）竞争与规制。网络相关产业天生具有网络特征，同时具有技术垄断的优势，因为追求技术创新的原动力有可能就是为了追求超额的垄断利润，所以为了保护创新，不能完全禁止，但是如果不干涉垄断，则又会阻碍技术创新，如何平衡竞争和垄断、鼓励技术进步是个难题，各国政府一直致力于指定合适的反垄断规则来保护创新，尽可能地保护社会整体福利。尽管很多学者研究的是网络产业经济学，但是已经从单纯地研究产业问题，萌发出网络外部性、需求方规模效益，已经超出了网络产业的研究范畴，为网络经济学的产生奠定了基础。

（六）互联网经济学

自从1960年出现计算机网络以后，其应用迅猛发展，到2000年成为覆盖全球的国际互联网，在这个网络发展的过程中，涉及网络的收费标准、成本计算等经济学的分析，到后来对互联网的服务价格、服务提供者的合作与竞争、税收等问题的探讨，主要目的是制定合理的政策，促进网络基础设施的投资与建设，这些都是互联网经济学最初的研究范畴。1995年，美国经济学家巴利（Baley）、麦克奈特（McKnight）撰写了《互联网经济》一书。第一次定义了互联网经济学的概念：互联网经济学研究的目的是对互联网"云"部分经济行为特征的经济学分析，并试图揭示种种行为背后的经济学动因以及规律。互联网发展速度超出人们的想象，互联网的底层基础设置逐渐完善和固化，而存在更多变化的是应用层的各种服务。因此，互联网经济学的研究已经从最初的铁路、航空、广播电视、通信网络、电子网络等，转移到依托互联网的各种应用服务，如电子商务、互联网金融、共享经济、平台经济等。以往的研究认为，网络经济学涵盖了互联网经济学，但随着互联网应用的普及，网络经济学和互联网经济学的研究虽互有交集，但其侧重点还是有所不同的。网络经济学的研究对象是具有网络特征的经济现象，偏重于理论研究，而互联网经济学的研究对象主要是依托互联网的各种具体服务，偏重于应用研究。

二、网络经济学的起源及研究范畴

（一）什么是网络经济学

国外对于网络经济学的研究，仍然遵循基本的经济学理论与方法，侧重于微观方面的分析，更多偏重于产业组织理论，更具体的研究大多和网络通信产业相关。

受到相关产业发展的影响，我国学者对于网络经济学的研究比国外稍迟一些，不过随后研究的热度和持久度较高，随着我国互联网的普及和应用，直到现在，对于网络经济学的研究热度越来越高。学者们的研究视角各有不同，所采用的研究理论和方法也不同，可以说百家争鸣，百花齐放，这其中以孙健（2001）[①] 张铭洪（2002、2006）[②③]、姜奇平（2016）[④] 等为主要代表，他们的观点主要还是在传统经济学的理论基础上，通过扩展传统经济学理论，对新的经济现象进行解释。学者乌家培[⑤]指出，网络经济学就其实质而言，实际上就是互联网经济学，网络经济学应该从不同的层次来研究。后来将网络分析应用于企业之间的经济关系研究，因此有从事企业经济学研究的学者认为，网络经济学的研究是企业经济学的一种应用的扩展。杨瑞龙、朱春燕（2004）认为，对于多企业经济关系的研究形成了网络经济学的基本研究内容和方法[⑥]。21世纪初，新的经济业态与问题层出不穷，传统的经济学理论和方法可以解释和说明这些现象吗？更为关键的问题是，传统的经济学理论是否仍然可以指导现实的经济活动？从应用经济学的角度来看，网络经济本身可以看作一种新兴的经济形态，呈现出与以往经济形态迥然不同的

[①] 孙健：《网络经济学导论》，电子工业出版社2001年版。
[②] 张铭洪：《网络经济学教程》，科学出版社2002年版。
[③] 张铭洪：《网络经济学教程（21世纪高等院校教材）》，科学出版社2006年版。
[④] 姜奇平：《内生关系的网络经济学》，载《互联网周刊》2016年第23期。
[⑤] 乌家培：《网络革命与网络经济学》，载《经济学动态》1996年第11期。
[⑥] 杨瑞龙、朱春燕：《网络经济学的发展与展望》，载《经济学动态》2004年第9期。

规律和特征，从理论经济学的角度来看，对于这些新的规律、特征、现象，需要从理论上给出统一的解释。当然，事物的发展并不是一蹴而就的，需要有过程，所以其理论也不可能完全脱离传统的经济学基本理论，而是根据现实经济活动的发展与实践，对传统的某些假设进行调整，对某些分析的方法进行扩展，或者利用新的技术、工具来进行验证。

目前，网络的应用逐渐扩展、渗透到整个社会生活中，随着互联网、大数据、人工智能、物联网等信息技术的发展，信息的生产、流动以及使用对经济活动的影响日益突出，人类社会正在从工业社会向信息社会转变。人们的经济活动日益依赖于互联网，经济活动主体、客体之间的联系日益紧密，形成了或实或虚的网络，展现出网络结构的某些特征。

数字化、信息化、网络化、智能化逐渐渗透到社会经济生活的方方面面，经济活动参与者的交互方式和关系结构都发生了很大的变化，经济系统逐步向一个更高的阶段进化。许多经济现象和问题，直接用传统的理论无法合理地解释和描述，传统的经济学理论和研究方法需要进一步扩展。因此，需要以网络的视角去分析新的经济现象，利用新的信息技术扩展经济学的研究方法，以期合理地预见经济发展的未来趋势，解释经济社会中出现的新现象①。纵览国内外网络经济学相关研究成果，通过深入的比较分析后，本书认为，网络经济学所研究的问题不单单是由企业关系所组成的微观经济网络，也不是宏观的复杂经济网络，而应该是在经济主体及其关系所组成的网络基础上，研究经济的发展与其网络结构之间的对应关系及其演化规律，重点是关系结构对于经济发展的影响，这与过去所谈论的结构有所不同，过去的结构往往是指各种经济成分的占比，这里的结构指的是经济主体之间的联系与交互。

（二）网络经济学与传统经济学的关系

相对于传统经济学，网络经济学将是一种超前经济学理论，具有引领现实经济发展的功能。传统经济学与网络经济学的关系，不同的经济学家往往持有不同的看法，其中以著名的经济学家勒维斯（Lewis）为代表，她认为新的网络经济理论与传统经济学理论是不相容的，在数理统计上是混乱的，违

---

① 陈蓉、郭晓武：《网络经济学发展概述》，载《经济学家》2001年第5期。

背了工业经济时期的成本效率、边际收益递减等核心的理论[1]。网络经济是不遵从传统经济学理论的，否定了传统经济学的基本假设和结论，必须推翻以往的假设，建立新的经济学理论体系[2]。另外一种观点则是以著名经济学家夏皮罗（Shapiro）和瓦里安（Varian）为代表，他们认为，无论技术如何演进，整个社会经济运行的规律是相同的，传统的经济学仍然可以解释并指导新的经济形态，现有的基本理论和方法能够描述网络经济新的现象，解决所遇到的新的问题。事物的发展是连续的，网络经济也不是突变的事物，所以没有必要推翻整个经济学的理论体系，应当基于现有的经济学基本理论和方法，根据经济发展中的新的问题，审慎地扩展原有的理论。事实上，网络经济学与目前的经济学之间的联系还是很紧密的，现有的经济学基本理论和方法为网络经济的研究提供了启发和思路，反过来，对于网络经济学的研究，进一步验证了现有经济学的超边际、新贸易、新增长、合作博弈、交易费用等理论，是现有理论的有益补充。因此，本书认为网络经济学是在传统经济学理论上发展而来的具有崭新生命力的一个学科分支，它的研究对象是在新的信息技术支撑下的新的经济现象及其内在规律。网络经济学不可能脱离现有的经济学理论和方法，而是对当前的经济学理论和方法的继承和扩展。不过目前新的网络经济确实出现了与以往不同的经济形态，也存在一些新的问题和矛盾，这些无法直接从当前的理论中寻找到答案，但这并不表明当前的经济学已经完全过时了，任何的科学研究都是在不断发展变化的，经济学也是这样[3]。网络经济学的研究目的并不是对传统经济学理论的颠覆[4]，而是一种扬弃，既继承了传统经济学适用于新情况的理论和方法，又抛弃了那些过时的内容，发展了新的理论和方法，以这样辩证唯物的思想去理解、发展网络经济学是比较客观实际的。

---

[1] 赵秀丽、谢军：《网络经济学的架构》，载《党政干部学刊》2009 年第 8 期。
[2] 程琳：《信息经济学与网络经济学的学科特点比较分析》，载《科技情报开发与经济》2008 年第 18 期。
[3] 韩耀：《经济网络、网络经济与网络经济学》，载《南京财经大学学报》2007 年第 3 期。
[4] ［美］卡尔·夏皮罗（Carl Shapiro）、［美］哈尔·瓦里安（Hal Varian）：《信息规则：网络经济的策略指导》，张帆译，中国人民大学出版社 2000 年版。

(三) 网络经济学的起源

最初学者们提出要发展一门新的经济学分支：网络经济学，就是为了能够更合理地描述新出现的经济现象，发掘新的规律和法则，从而为新的经济实践提供正确的理论支撑，解决新出现的矛盾和问题，引领新经济健康有序地发展。对于经济学的研究必定有其研究的起源和特定的视角，网络经济学的研究起源就是网络科学，同时这也是它的研究视角。1960年，国外学者从网络视角出发，利用社会网络分析的理论与方法，开始研究通信与交通等公共基础设施网络，兴起了网络产业经济学的研究热潮。1990年，学者们利用图论，开始将经济参与者抽象为图的顶点，将参与者之间的联系和交互抽象为边，这样就形成了经济网络，网络经济学逐渐成形。

经过近百年的积累和发展，以图论为基础的网络研究范式，逐渐从自然科学的物理学、生物学、流行病传播学等领域，进入社会科学的经济学、人类学等领域，并逐渐为社会学研究者所接纳，成为社会学研究的一种崭新的研究范式。利用网络的建模和分析方法，改变了人们孤立研究个体的传统方法。个体由于网络的存在，已不再割裂开来，而是将联系体现得无微不至，这样个体和整体就能联系在一起，从而宏观和微观也能联系在一起，网络的结构特征，如网络中心性、结构性、集中度、密度、可达性等将成为研究经济系统演化的重要的甚至是核心要素。

将自然科学的网络科学的理论和方法引入社会科学，进一步应用到经济学，固然是一种进步和创新，但也要防止将社会学的研究机械等同于自然科学的研究，经济活动是和人类的意志活动密不可分的，这里如何利用网络科学的基本理论和方法，而又不坠入机械的网络方法论，是需要避免的。所以本书只是将网络作为一个独特的视角，利用网络科学的理论、方法和工具，对经济系统进行建模，主要的分析方法仍然要遵从社会学的方法。

(四) 网络经济学的研究范畴

"经济"这个专业术语指的是人们生产、流通、交换、分配、消费一切物质或精神资料的总称，它起于商品的生产，终于商品的消费。人类的经济活动就是一个不断创造价值、转化价值、实现价值的周而复始的过程，从而满足人们物质和精神生活的需求，推动人类文明不断向前发展。既然经济学的目的是研究人类创造价值、转化价值、实现价值的规律，那么经济运行的规律就是经济学所研究的核心问题。要研究经济运行和发展的规律，需要从整体上系统地把握经济体的各个部分和过程，微观经济、中观经济与宏观经济是统一的经济体系统中相辅相成的三个方面，所以在研究框架中应当把微观、中观、宏观统一起来，而网络恰恰可以将这三者有机地统一起来。

网络经济中的"网络"既是一种经济形态，也是一种方法论。随着网络技术的发展和普及，社会经济发展所依托的基础已不同于以往，网络已成为经济运行的外部环境，经济活动的联系更加紧密和便捷化，信息的流通更加畅通和透明，经济活动的相互关联更加显性化，经济活动的网络结构成为影响经济发展的核心要素。因此，经济学的研究有必要考虑网络的视角，网络经济是以网络技术、信息技术、人工智能技术、大数据技术等新兴技术为基础的一种经济形态，经济系统最终可以抽象为不同的网络结构。

目前的网络经济学基本都是将具体的经济形态作为研究对象，本书认为网络经济学不应仅仅是针对网络经济这种经济形态，而应把网络作为一种方法论来研究经济的运行和发展规律，通过网络把微观、中观、宏观经济有机地联系在一起，它既研究具体的经济形态，又高于具体的经济形态，目的是发现经济运行和发展的本质规律。如图1-1所示，首先从微观层面研究企业网络，包括企业网络的结构优化、企业网络与外部网络的交互、企业网络的治理等。然后从中观层面研究产业网络，包括产业网络优化、典型的产业网络运行规律等。最终从宏观上抽象出基本的经济学理论。同时基于经济运行、发展的规律，提出促进经济健康发展的相应的对策建议。本书将网络经济学目前的研究内容加以拓展，以传统宏观经济学、微观经济学、中观经济学理论为基础，借鉴了网络科学的理论和方法，形成了宏观经济网络理论、区域经济理论、网络产业经济理论、网络市场行为理论，利用大数据分析技术、大规模网络建模分析工具，对国家经济网络、全球贸易网络、区域经济网络、产业经济网络、网络外部性、网络市场博弈进行建模和实证分析，揭示传统产业网络化、新兴的网络产业等应用领域的发展演化规律，从而提出促进这些新兴的网络应用领域健康发展的政策建议，最终形成相对稳定的长期有效的政府规制理论。

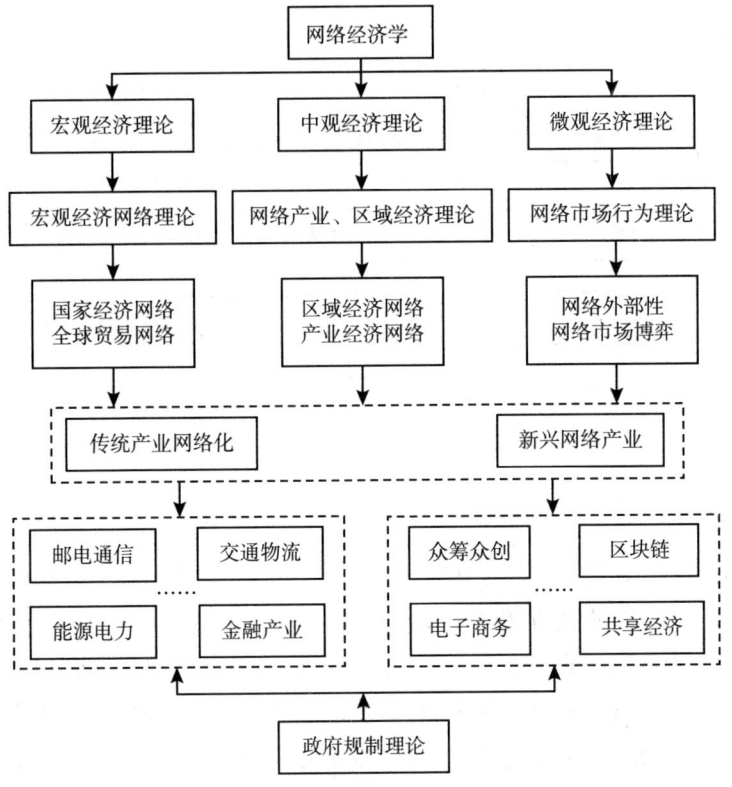

图 1-1 网络经济学主要研究范畴

三、网络经济学的研究方法与研究目标

(一) 网络经济学的一般研究方法

传统的经济学的研究层次如图 1-2 所示，首先针对一定的经济环境，通过数理方法，构造经济系统的模型，然后在一定约束条件下，建立优化的目标函数，分析不同个体交互行为最终稳定的状态，最后通过对个体交互的均衡结果进行价值判断，从而制定能够增加社会整体福利的策略。

```
┌─ 研究层次 ─┐      ┌─ 研究目标 ──────────────────────┐
│  策略选择  │ ←→ │ 通过对个体交互产生的均衡结果进行福利分 │
│            │    │ 析，从而制定有利于社会整体福利的策略 │
│  均衡分析  │ ←→ │ 分析不同个体交互行为最终稳定的结果   │
│  目标优化  │ ←→ │ 在一定约束条件下，建立优化的目标函数 │
│  系统建模  │ ←→ │ 针对一定的经济环境，通过数理方法，构造│
│            │    │ 经济系统的模型                   │
└──────────┘      └──────────────────────────────┘
```

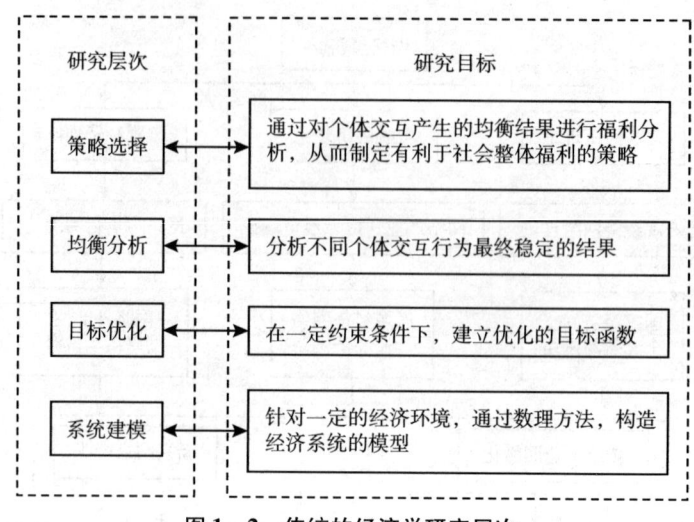

图 1-2　传统的经济学研究层次

网络经济学在传统经济学的研究方法上进行了必要的扩展，如图 1-3 所示，网络经济学的研究方法主要包括动态分析（时间序列分析，随时间推移，研究对象所展示出来的变化规律）、静态分析（横截面分析，截取某一时间点研究对象所展示出来的现象和本质）、实证方法（本质是什么）、统计分析法（归纳一般规律）、规范方法（应该是什么，有价值标准）、比较分析法（不同经济形态之间的比较）、博弈分析法（应用博弈论的方法）、网络分析法（考虑多因素相互作用、关系结构的网络特征及演变）。

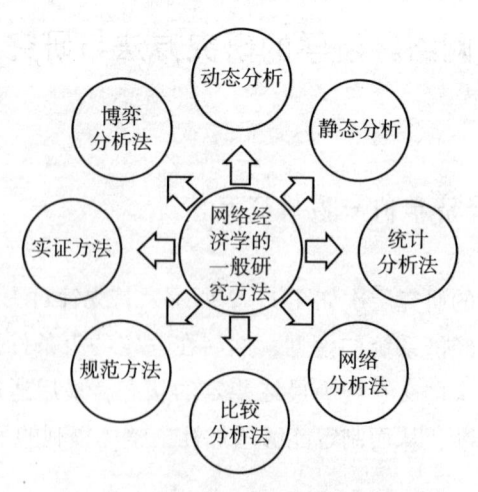

图 1-3　网络经济学的一般研究方法

(二) 本书的研究目标与研究方法

1. 本书的研究目标

随着互联网、大数据、物联网、人工智能等信息技术的发展及应用,整个社会的经济活动日益依赖于网络,经济主体之间的联系及交互活动日趋频繁,形成了结构复杂的经济网络,展现出图结构的某些特征。数字化、信息化、网络化已经从新兴的网络产业逐步渗透到其他的产业,最终将扩展到整个经济系统,导致经济系统的价值产生模式、消费结构、组织方式、经济主体交互方式等都发生了深刻的变化,出现了许多新的经济现象,当前的经济学理论已经不能完美地解释这些经济现象,因此,当前的经济学理论与研究方法也需要进一步地扩展和完善。本书的研究内容与目标如下:以网络的视角研究经济系统,利用网络科学的理论、大数据技术,将经济活动主体之间的联系建模成经济网络,从宏观、微观、中观层面,研究宏观经济网络理论、区域经济理论、网络产业经济理论、网络市场行为理论,利用大数据、人工智能、网络科学等理论与方法,对国家经济网络、全球贸易网络、区域经济网络、产业经济网络、网络外部性、网络市场博弈等进行建模和实证分析,揭示经济系统新的网络特性及演化规律,提出具有一定预见性并切实可行的政府规制理论。

2. 本书的主要研究方法

本书的研究方法与传统的经济学是一脉相承的,在继承了传统的经济学基本理论和方法的基础上,根据研究的目的及对象的不同,对研究的理论与方法进行了扩展,除了采用传统的统计、比较、实证、博弈分析等研究方法之外,还使用了网络科学的社会网络分析方法、大数据处理与分析技术、人工智能技术、系统动力学、信息熵等理论,具体方法如下:

(1) 社会网络分析方法。随着概率论、图论、几何学等数理科学被应用于社会学的研究,社会网络分析逐渐受到社会学领域学者的青睐。社会网络分析采用概率论、图论等数理方法,通过研究网络的拓扑结构,把主体抽象为图的顶点,把主体间的联系抽象为图的边,一个系统就抽象为一个网络,网络结构反映了某种社会结构，从而能够量化地分析社会结构从而解释一些经济学、社会学、管理学等领域的问题。本书将信息熵理论引入网络经济学的分析，通过网络结构熵、稳定熵等测度指标来描述网络在发展变化过程中的规律性，并在大数据集上得出全局属性和局部属性在网络演化中的不同趋势和联系，这体现了经济系统的一个主要特征，即不同规模上的不一致性，通过熵值来衡量经济系统的结构特征。

（2）系统动力学理论与工具。系统动力学是一种分析系统各部分之间相互作用的理论和方法，现也被应用于管理学、经济学和社会学等交叉学科的研究领域。过程导向是系统动力学的主要研究方法，尤其对于高阶非线性、多变量的系统，系统中的各部分是相互影响的，或者说是互为因果的。通过计算机编程仿真模拟系统的相互作用过程，通过本质结构性原因，来解释表面的现象。

（3）深度学习技术。深度学习是模拟人脑的功能，建立能够进行不断学习的神经网络，从而能够通过有限的学习过程，掌握未知领域的知识，读懂文本、声音和图像数据，给出有用的结论。它的核心结构是含有多层感知器的神经网络，通过底层特征组合生成高层属性识别，特别适合非结构化的大数据的处理。网络经济学领域的数据越来越多，大多是非结构化的，深度学习技术特别适合处理这些数据，通过深度学习技术可以发现那些不为人知的潜在的规律。

（4）熵及信息熵理论。熵理论作为自然科学的一种理论方法，之所以能够应用于社会科学中的经济学，在经济学的相关研究中取得一定进展，是与其自身的特点分不开的，主要是由于产生自物理学的熵理论的宇宙系统与社会学的经济系统具有内在的统一性。熵增的过程就是利用资源生产的过程，社会也是自然的一部分，虽然有其特有的规律，但毕竟逃不脱自然法则。香农（Shannon）将熵应用于信息论，定义了信息熵来表示信息的衡量标准。本书将信息熵应用于网络经济学的研究，可以对信息的交换及其在经济系统中的价值进行衡量。

（5）利用大数据技术进行实证分析。维克托（Victor）[1]认为，大数据的

---

[1] ［美］维克托·迈尔·舍恩伯格：《大数据时代——生活、工作与思维的大变革》，周涛译，浙江人民出版社2013年版。

思维方式就是基于总体数据,利用现代数据处理技术挖掘不同事物之间的关联关系。杨华磊[①]认为大数据对传统的统计分析方式提出了挑战,很多理念和方法已经发生了巨大的改变,可能不需要假设,也不再需要抽样,直接从全部的数据得出关联关系。如很多学者所说,大数据确实改变了某些分析方法,但这背后其实还是信息处理和人工智能技术的发展作为支撑的[②]。由于传感器技术的进步,我们随时随地可以采集到数据,数据的体量很大,往往格式不统一,数据所蕴含的价值很大,但相对于数据的体量来说,价值却很稀疏[③],是典型的"贫矿"。不过随着信息处理和人工智能技术的发展,"开采"和"提炼"的技术也在提高,大数据处理技术使我们可以从海量稀疏的数据中挖掘出有价值的信息,这些技术主要包括自然语言处理技术、数据挖掘技术、深度学习技术、图分析技术等。

(三) 本书的组织架构

本书主要从宏观、微观、中观三个层面,从网络科学的视角分析经济系统的特征及演化规律,共包含六章内容。第一章:网络经济学相关理论辨析及本书的组织架构、第二章:网络经济学的基本理论与分析方法、第三章:宏观网络经济学分析、第四章:微观网络经济学分析、第五章:中观网络经济学分析、第六章:网络经济的市场效率与公共政策。第一章主要对网络经济学相关的理论进行了比较,厘清了本书的研究范畴、研究思路与方法。第二章介绍了本书所采用的网络科学相关的分析方法和基本理论。第三章利用大数据进行宏观经济网络建模和分析,建立了中国经济网络、世界贸易网络,并对网络的特征及演化规律进行了研究。第四章对网络市场的微观层面进行了研究,首先阐述了网络外部性的本质内涵及原因,然后分析了网络外部性对市场的作用、网络产品的定义及生产特性,最后分析了网络经济下的垄断与竞争的形成机制,并结合社会网络分析,针对网络外部性,分析了网络服

---

① 杨华磊:《高频数据对传统经济学研究范式的冲击》,http://blog.sciencenet.cn/blog-456786-656901.html,2013年1月27日。
② 俞立平:《大数据与大数据经济学》,载《中国软科学》2013年第7期。
③ 王元卓、靳小龙、程学旗:《网络大数据:现状与展望》,载《计算机学报》2013年第6期。

务业的市场行为、网络资源与服务共享的博弈模型。第五章对区域经济、房地产行业、电子商务行业等中观层面进行了研究，建立了区域经济网络模型，并利用信息熵理论对网络结构与经济发展的关系进行了分析，利用人工智能技术对房地产价格预测进行了研究，基于系统动力学的原理和方法，对电子商务与产业升级转型的相互作用关系进行了研究。第六章首先介绍了网络产品在某种程度上带有公共属性及其供给不足或过剩的问题，然后阐述了网络经济下信息不完全的原因、数字鸿沟、数字伦理问题，最后分析了网络经济环境下的反垄断、知识产权保护、普适服务的政策制定原则。

第二章

网络经济学的基本理论与分析方法

网络科学作为本书的核心思想和方法体系,始终贯穿着各部分研究内容,其重要性不言而喻。本章首先介绍了什么是网络科学、如何进行网络建模、网络科学的基础理论及其度量,然后阐述了常用的网络模型及分析方法,最后展示了大型网络拓扑分析工具 Pajek 的功能及使用方法。

一、网络科学的基本理论

(一)什么是网络科学

网络科学的概念最早由瓦茨(Watts,1990)提出[1],由于网络科学发展的速度非常快,学术界对于"网络科学"也没有公认的统一的定义,某些专家认为,网络科学就是研究大尺度的网络拓扑结构及其演化规律的边缘学科[2]。也有研究者认为,网络科学就是对客观世界及其社会系统进行网络抽象,并利用网络分析理论和工具,解释或预测客观世界及社会系统具有网络

---

[1] Duncan J. Watts, Steven H. Strogatz, Collective Dynamics of "small – world" Networks. *Nature*, Vol. 393, No. 6684, 1998, pp. 440 – 442.

[2] 田立勤、乔安娟、彭珍:《网络科学研究的层次模型与实例》,载《华北科技学院学报》2007 年第 2 期。

特性的现象或规律的科学①。本书所涉及的"网络科学",是指以图论为基础,将图结构分析理论、方法与工具,扩展、迁移到以经济系统作为研究对象的经济网络研究领域,利用图论对经济系统进行经济网络建模,分析其网络结构特征及其随时间变化的规律。

(二) 如何进行网络建模

网络科学是利用图论、概率论等数理科学对自然界和社会生活进行网络建模,对其结构特征、发展规律、演化趋势进行研究的科学②。根据几何图论定义,网可以用图结构来表示,图就是顶点集 $D = \{d_1, d_2, \cdots, d_n \cdots\}$ 以及边集 $B = \{b_1, b_2, \cdots b_m \cdots\}$ 所构成的二元组 $T = \{D, B\}$。简单地说,图的顶点代表个体元素,顶点之间的边则代表个体元素之间的关系。对于我们研究的网络经济建模,可以用顶点表示经济主体,用边来表示主体之间的关系。虽然网络最终都是抽象为图的形式,看起来非常简单,但其具体的规律可以说是千变万化,奥妙无穷。科学研究已经揭示了部分的规律,但更多的规律等待人们去研究,网络科学于是应运而生③。本书将借鉴网络科学的基本原理、分析方法、建模工具,对经济系统进行网络建模,从而分析经济系统的网络特性及其演化规律。

(三) 网络科学的基础理论及方法体系

网络科学发展至今日,已经拥有了较完备的基础理论和方法体系,包括基本定义、定理、主要指标、分析方法等。图 2-1 所示基本概念有节点、边、路径、回路度、权、谱、子图、直径、路径、社团结构、集群大小等。

---

① [美] 路易斯:《网络科学:原理与应用》,陈向阳、巨修练等译,机械工业出版社 2011 年版。

② Committee Oil Network Science for Future Army Applications, Board on Army Science and Technology, Division on Engineering and Physical Sciences, National Research Council of The National Academics, *Network science*. Washington, D C: National Academies Press, 2005, pp. 1.

③ Mark Newman, Albert - László Barabási, & Duncan J. Watts, *The Structure and Dynamics of Network*. Princeton, USA: Princeton University press, 2003, pp. 18 - 19.

基本性质有连通性、自相似性、自组织性、网络演化性等①。图 2-2 给出了网络科学涉及的相关理论基础，包括控制论、拓扑、优化理论、计算机与信息科学、图论、离散数学、拓扑学自组织理论系统可靠性理论、概率论与数理统计等。

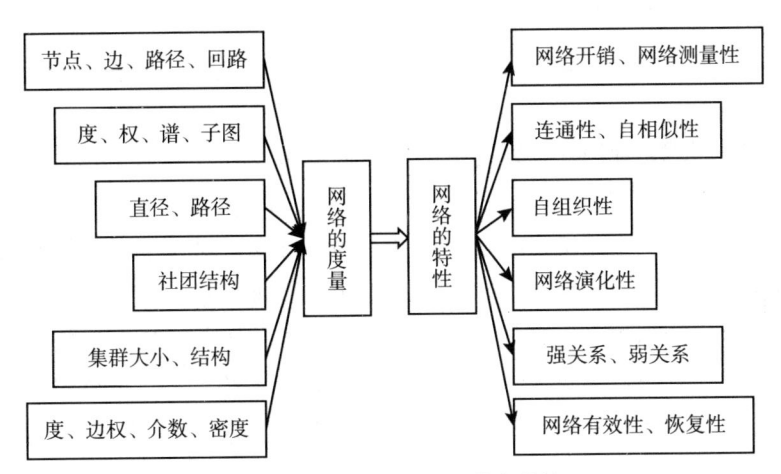

图 2-1　网络的度量和基本特性

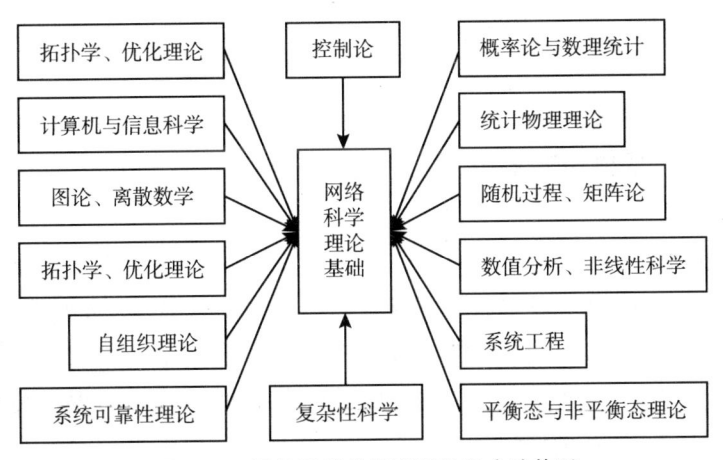

图 2-2　网络科学的基础理论及方法体系

---

① 周华任、马亚平、马元正等：《网络科学发展综述》，载《计算机工程与应用》2009 年第 24 期。

二、网络科学的分析方法与相关工具

(一) 常用的网络模型及分析方法

网络模型就是使用什么样的图结构来表示节点以及节点之间的关系,是网络科学最核心的理论与方法之一,图2-3展示了几种基本的网络模型、分析方法和工具。网络模型是建立在统计学的基础上,对大量真实的网络进行统计分析形成的①。网络模型并不和现实世界的网络完全相同,它是对现实世界的一种高度抽象,忽略了那些不重要的细节,从而有利于问题的研究和分析,如图2-3所示的规则网络模型、无尺度网络模型、小世界网络模型等就是大家所熟悉并经常用到的网络模型。网络分析方法是对网络模型进行结构特征的解析,包括基本的数学理论以及专门的图分析理论和方法,一般来说,不同的网络模型有不同的分析方法。如图2-3所示,规则网络模型主要利用图论、矩阵、优化理论来分析,增加和择优连接模型则主要利用动力学系统来分析。

(二) 大型网络拓扑分析工具

借鉴网络科学的理论和分析方法,将经济活动的主体抽象为网络的节点,节点拥有自己的权重,这些权重往往表示经济主体的特征,如经济规模、经济结构等,将经济主体之间的经济活动往来抽象为网络的链接(边),这些边可以拥有方向和权重,表示经济主体之间的资金、信息、人员、技术转让、商品贸易等相互之间的经济联系。

---

① 唐明、刘宗华:《网络科学:网络化时代的思维范式》,载《科学》2018年第3期。

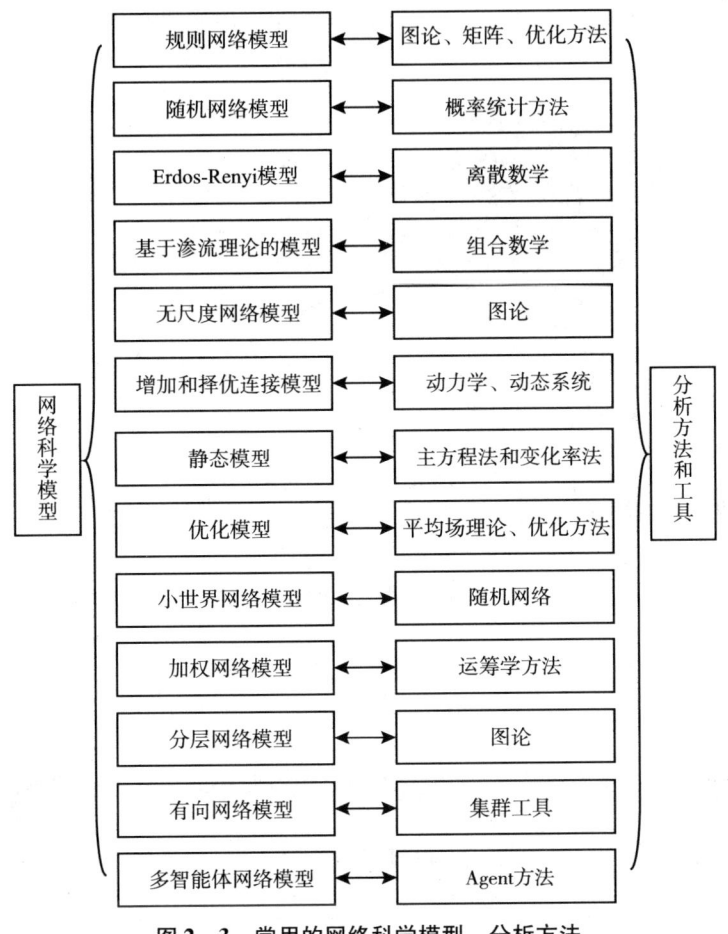

```
网络科学模型                          分析方法和工具
┌─ 规则网络模型       ↔  图论、矩阵、优化方法
├─ 随机网络模型       ↔  概率统计方法
├─ Erdos-Renyi模型    ↔  离散数学
├─ 基于渗流理论的模型  ↔  组合数学
├─ 无尺度网络模型     ↔  图论
├─ 增加和择优连接模型  ↔  动力学、动态系统
├─ 静态模型           ↔  主方程法和变化率法
├─ 优化模型           ↔  平均场理论、优化方法
├─ 小世界网络模型     ↔  随机网络
├─ 加权网络模型       ↔  运筹学方法
├─ 分层网络模型       ↔  图论
├─ 有向网络模型       ↔  集群工具
└─ 多智能体网络模型   ↔  Agent方法
```

图 2-3 常用的网络科学模型、分析方法

确立了经济主体本身的权重、主体之间的联系及其权重后，可以使用 Pajek 进行大规模的网络建模和辅助分析，Pajek 是目前应用比较广泛的大规模网络建模和分析工具。Pajek 能够安装在 Windows 系统下，可对多达 10 亿个节点的大规模网络进行建模和分析，该软件提供了 Python 语言的二次开发接口，用户可根据自己的需要，完善数据的处理及后期的分析及可视化等功能。首先搜集网络建模的相关数据，通过自己开发的程序进行数据的初步处理，然后通过 Pajek 建立全局网络。大型网络的主要处理和分析方法如图 2-4 所示，这些都是 Pajek 软件所支持的，可以通过 Pajek 以及课题组开发的处理软件进行层级、核心、内部链接、背景和切除网络等复杂而详细的网络分析，从而

洞察网络的全局结构、内部网络细节以及网络随时序变化的规律。

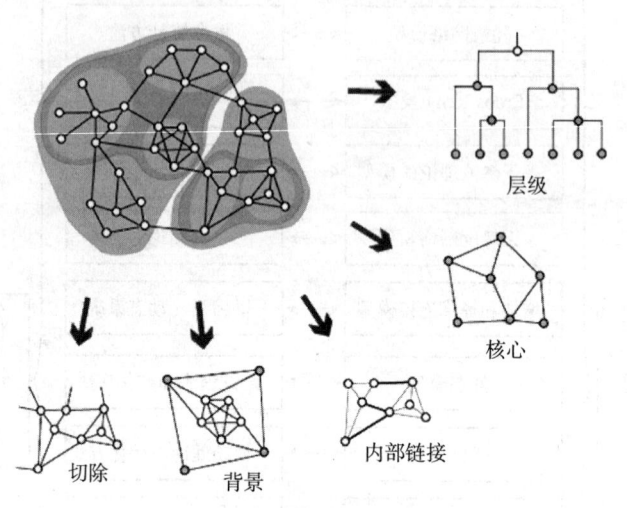

图 2-4　大型网络的分析方法

Pajek 的主程序窗口如图 2-5 所示，主要有 Files（文件）和 Net（网络）选项，Files 菜单是用来从外部导入网络数据的，可以用 Read（读取）子菜

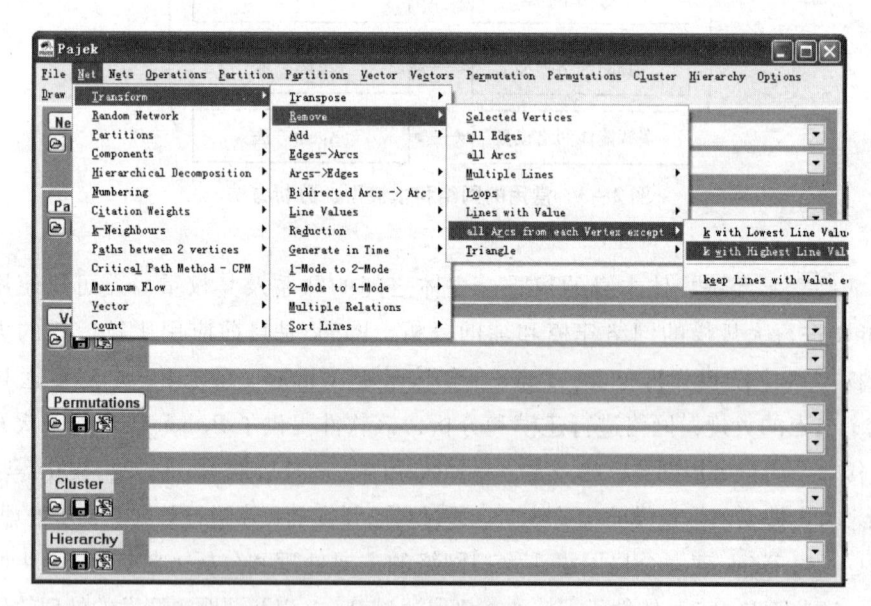

图 2-5　Pajek 2.05 网络建模主程序

单导入网络数据，不过 Pajek 对这些数据的格式有严格的要求，如果不满足要求，需要进行预处理，由于数据量非常大，人工处理非常耗时耗力，好在已经有第三方的软件，可以协助处理这些数据，这样效率就提高了不少。利用 Net（网络）子菜单可以将网络进行变换，例如转置、求子网、删减网络等。如图 2-6 所示，Pajek 可视化分析 Draw 程序将 net 文件读入 Pajek 后，可以在 Draw 程序窗口生成可视化网络拓扑图，可以直观显示各个节点之间连接的边，以及边与顶点的权重，可以单独查看某个顶点的网络参数，可以隐藏某些节点及边。

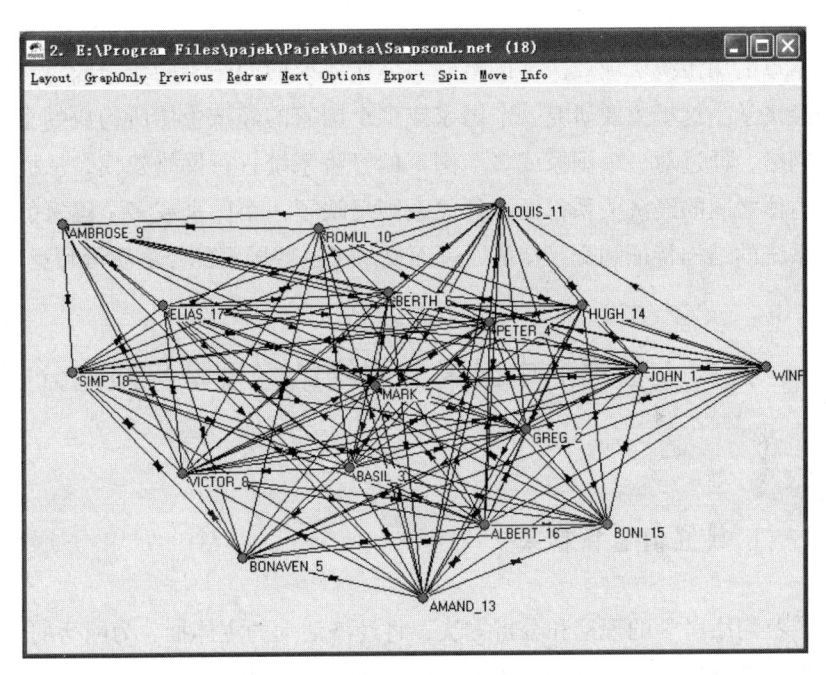

图 2-6　**Pajek 可视化分析 Draw 程序**

第三章

宏观网络经济学分析

本章沿用传统宏观经济学的概念，但所研究的问题不同于一般意义上的宏观经济学，这里主要研究一个国家或多个国家的经济主体所构成的全局的经济网络，通过对一个国家或多个国家的经济系统进行网络建模，从而考察经济主体之间的经济关系，而这种关系则反映了一个国家或多个国家的国民经济系统的结构特征和交互特征，进而反映了这些国家的经济质量和竞争力。

一、面向大数据的中国经济网络结构模型与演化分析

（一）研究的总体框架

借鉴网络科学的理论和分析方法，将经济活动的主体抽象为网络的节点，节点拥有自己的权重，这些权重往往表示经济主体的特征，如经济规模、经济结构等，将经济主体之间的经济活动往来抽象为网络的链接（边），这些边可以拥有方向和权重，表示经济主体之间的资金、信息、人员、技术转让、商品贸易等相互之间的经济联系。研究的总体框架和理论方法如图3-1所示，首先是收集相关的数据，这里首先采用传统方法，从统计部门收集结构化的数据，但这还远远不够，随着经济系统的运行，数据呈指数级增长，这些数据蕴含了丰富的价值，但是要想获得这些有用的价值，并不容易，因为这些数据有其自身的特点：第一个就是稀疏性，虽然互联网数据中蕴含着有用的信

息，但它们都淹没在数据的海洋中；第二个就是非结构化，这些数据的格式五花八门，存在形式各异，有文字、图片、视频等。所以本书利用网络爬虫工具，从网上自动采集到海量的数据后，还需要利用自然语言处理、人工智能技术，自动识别、处理这些海量数据，将这些数据结构化，然后存储到数据库中，以供后续分析使用。基于因子分析的方法，使用 SPSS 统计分析软件，对节点特征进行测度，以建立节点的权重，利用节点间的引力模型，基于图论、QAP（quadratic assignment procedure，二次指派程序），使用 Pajek 进行网络建模和辅助分析，如第二章所述，Pajek 是大规模网络仿真和统计分析的工具，是研究和分析各种复杂网络结构和随时间变化规律的成熟工具。Pajek 可以在 Windows 系统下安装，使用起来相对比较简洁，用于最多可达数亿个节点网络仿真和分析，该软件提供了 Python 语言的二次开发接口，可以根据研究的需要，利用 Python 编程，进一步完善数据的处理及后期的分析及可视化等功能。首先利用二次开发的程序对所收集到的数据进行初步处理，通过 Pajek 建立全局网络。随后通过 Pajek 以及二次开发的处理程序进行层级、核心、内部链接、背景和切除网络等复杂而详细的网络分析，从而洞察网络的全局结构、内部网络细节以及网络的演化规律。

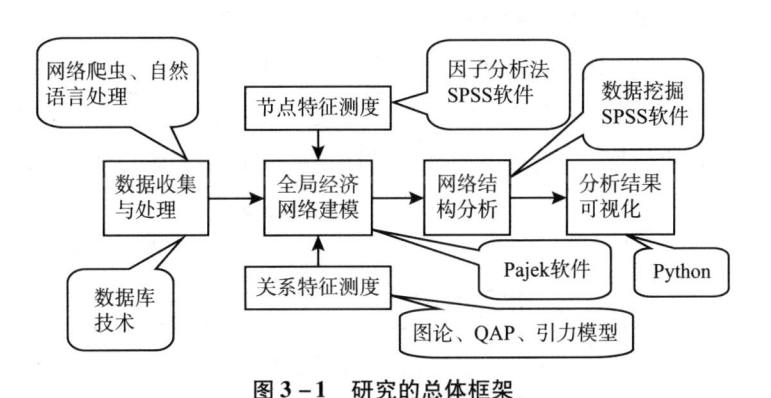

图 3-1 研究的总体框架

（二）中国经济网络建模与结构分析

1. 中国经济网络理论模型

目前，我国已经加快了城市化的进程，根据国家统计局第七次全国人口普查数据显示，截至 2020 年 11 月，居住在城镇的人口已经高达 63.89%。中国的城市可以通过行政手段调动资源，城市有强烈的增收和创造公共福利的利益动机，城市可以压低要素成本，为企业提供最好的廉价空间载体，甚至为创新产业提供了最适合市场化推动的空间示范。城市的发展对于宏观经济影响至关重要，而且随着信息技术、网络技术、物流技术的发展，城市之间的经济联系日趋紧密，城市之间的交互日趋频繁，城市之间的互补性日趋重要，经济系统的网络外部性日趋显现。因此，选取最具代表性的 338 个地级以上行政区，以此来构建经济网络系统 $G(V, E)$，G 由节点集合 $V = \{v_1, v_2, \cdots, v_n, \cdots\}$ 和边的集合 $E = \{e_1, e_2, \cdots e_m, \cdots\}$ 组成。这里的节点代表地级以上行政区，边表示节点之间的相互作用，依据具体问题不同而表示不同的含义。可以代表投资债务关系、业务往来关系、人员流动、能源依赖以及信息交流等。

2. 中国经济网络模型的构建

（1）经济网络节点特征测量。

（2）节点测度指标确定。选取中国大陆 338 个地级以上行政区作为研究对象，包括 4 个直辖市，334 个地级行政区（包括 294 个地级市、30 个自治州、7 个地区、3 个盟），在经济网络模型中，这 338 个地级以上行政区就是 338 个网络节点。首先要对节点特征进行测度。这里参考和借鉴了杨伟肖等学者所提出的评价指标[①]，进行了严格的筛选，建立了地区节点特征综合评价指标，如表 3-1 所示，包括一级指标 8 个和二级指标 37 个。

表 3-1　　　　　　　　地区节点特征综合评价指标

一级指标	二级指标
经济总量	GDP（人均）、税收（人均）、投资（人均）、工资（平均）、零售消费品（人均）、储蓄（人均）。
经济组成	第三产业占比、农业增值、工业增值、第三产业增值、第二产业占比

---

① 杨伟肖、孙桂平、马秀杰等：《京津冀城市群经济网络结构分析》，载《地域研究与开发》2016 年第 2 期。

续表

一级指标	二级指标
开放程度	外贸进出口总额、实际利用外资、境外投资、出入境人口总数
创新能力	专利总数、专利转让总数、研发机构数、人均研发费用
交通运输	铁路、公路总里程数、航空线路数、机场年客运吞吐量
生态环境	空气优良指数、森林覆盖率、环境保护及污染防治投入额
信息基础	移动电话持有数、人均数据流量、信息基础设施、使用网络人数
社会服务	文化、教育、医疗、社会保障指数

（3）经济网络链接的测度。经济网络链路主要体现各经济主体相互的经济联系，主要反映某一地区对资金流、人流、物流、信息流等的相互吸引力。由于主要目的是分析各经济主体间相互的关联性，所以更关注的是经济主体间的关系数据，地区间经济发展的关联关系的确定是研究的关键。由于本书不仅要研究某一时刻经济网络的静态特征，更重要的是研究其随时间变化的动态特征，格兰杰因果关系检验就不再合适了[①]。因此，这里将引力模型修改如公式（3-1）所示。

$$R_{ij} = k \frac{M_i M_j}{D_{ij}^b} \quad (3-1)$$

公式（3-1）中，R_{ij}表示主体j与i之间的关系，M_j和M_i表示主体j、i的特征值，D_{ij}为主体j与i之间的网络边长，b为边长的调节值，k为调节系数。针对研究对象的特点以及研究的目的，将对这一基本引力模型进行扩展，以适应具体问题。如前文所述，资金流、人流、物流、信息流等体现了地区之间的关联度，并将这些因素具体化：第一个考虑的就是地区的层级，不同层级的地区其吸引力是不同的，所以GDP总量是一个重要的指标；第二个就是交通，包括航空、铁路、公路、水路等；第三个就是年人口流动数，包括流入和流出；第四个就是物流，包括输出和输入；第五个就是信息流，包括固定电话和移动电话通话量、网络访问量以及知识产权转让数；第六个就是企

---

① 邵汉华、周磊、刘耀彬：《中国创新发展的空间关联网络结构及驱动因素》，载《科学学研究》2018年第11期。

业依存度，用各地区企业相互驻扎的分支机构数表征①，扩展后的引力模型如公式（3-2）所示：

$$R_{ij} = k_{ij} \frac{\sqrt[6]{G_i T_i P_i L_i C_i Q_i} \sqrt[6]{G_j T_j P_j L_j C_j Q_j}}{D_{ij}^2}, \quad k_{ij} = \frac{S_i}{S_i + S_j} \quad (3-2)$$

公式（3-2）中，R_{ij}是节点i和节点j之间的经济关联程度，G_i、T_i、P_i、L_i、Q_i分别表示i地区的GDP总量、交通、人口流动、物流、信息流、企业依存度等指标，同样G_j、T_j、P_j、L_j、Q_j分别表示j地区的GDP总量、交通、人口流动、物流、信息流、企业依存度等指标，S_i、S_j分别是i、j地区的GDP增长率。

3. 数据的标准化处理

（1）数据的归一化。由于研究涉及多个指标的归一，各个指标之间的性质不同，具有不同的量纲、不同的数量级，所以如果直接用原始数据进行分析可能会导致结果偏向数据值较大的指标，不利于节点测度指标的客观性、综合性和可靠性。本书基于阈值法来处理数据如公式（3-3）所示：

$$y = x/\bar{x} \quad (3-3)$$

其中，x为各数据未处理前的值，$\bar{x}$为该指标的平均值，y为标准化后的值。

（2）综合测度的赋权。对于多个指标的综合评价体系，每一个指标的权重的不同会影响到最终的评价效果。常用的多指标体系分配权重的方法有组合目标优化、变异系数、主成分分析等方法，组合赋权一般采用矩阵运算的方法②。本书采取客观赋权的方法，对系数进行变换后进行加权，所遵循的原则是：根据系数对综合评价结果的影响里不同，影响越大的赋予的变化系数越大。通过变换系数赋予全局经济网络中各指标权重的具体过程公式（3-4）所示。

①按公式（3-4）计算每个指标对应的标准差，以反映它们的绝对变化程度：

---

① 唐子来、李涛、李粲：《中国主要城市关联网络研究》，载《城市规划》2017年第1期。
② 杨宇：《多指标综合评价中赋权方法评析》，载《统计与决策》2006年第13期。

$$S_j = \sqrt{\frac{\sum_{i=1}^{n}(x_{ij} - \bar{x}_j)^2}{n}} \quad (3-4)$$

其中，S_j 为指标 j 的标准差。x_{ij} 为指标 j 的第 i 个年度的值，x_j 为第 j 个指标的平均值，n 为第 j 个指标的数据量。

②按公式（3-5）计算相应指标的变化系数，以反映它们的相对变异程度。

$$V_j = S_j / \bar{x}_j \quad (3-5)$$

其中，V_j 为第 j 个指标的变异系数。

③按公式（3-6）将变化系数归一化，得到相应指标的权重：

$$W_j = V_j \Big/ \sum_{j=1}^{m} V_j \quad (3-6)$$

其中，W_j 为第 j 个指标的权重。

④指标的合成和结果分析。

将各个节点的指标进行线性加权，求得节点的综合测度指标。计算如公式（3-7）所示。

$$V_k = \sum_{i=1}^{n} \sum_{j=1}^{m} y_{ij} \cdot W_j \quad (3-7)$$

其中，V_k 为节点 k 的 n 年来综合测度指标，y_{ij} 为第 i 年度第 j 个指标的值，m 为第 i 个年度的指标个数。

4. 中国经济网络数据来源、收集与处理

由前面节点、网络链接测度指标来看，研究所需要的数据种类非常庞杂，不过随着电子政务的发展，中国各级政府的信息公开程度越来越高，同时大数据的价值和技术也越来越受到各级政府的重视，应该说获取数据的渠道是越来越宽广和便捷了。数据的来源主要有三个方面：第一种来自国家统计局、省份、各地级以上行政区统计局以及工业和信息化部、中华人民共和国文化和旅游部、中国人民银行、中华人民共和国科学技术部、中华人民共和国商务部、国家市场监督管理总局等政府部门公开的宏观经济运行报告、统计年鉴、数据库等；第二种来自中经网的统计数据库、中国经济与社会的大数据研究平台、Wind 资讯金融终端等专业经济数据库；第三种来自百度数据开放平台第一财经中国经济论坛、新浪财经、雅虎财经、WinGo 财经文本数据平台等互联网内容平台。数据的时间跨度，根据研究的需要及可得性，主要集中于2008~2017年，这么多的数据如果靠人工收集几乎是不可能实现的，而且这些数据除了第一种来源基本是结构化的数据（见表3-2），其他两种来源大多是半结构化的数据，甚至是完全非结构化的数据（见图3-2），尤其是第三种来源大多是自然语言的信息（见图3-3），这些是无法用传统的统计软件工具、计算机进行收集、管理和处理的。

表3-2　　　　　　　　　　结构化的数据

年份	6岁及6岁以上人口数（人口抽样调查）（人）	6岁及6岁以上未上过学人口数（人口抽样调查）（人）	6岁及6岁以上小学人口数（人口抽样调查）（人）	6岁及6岁以上初中人口数（人口抽样调查）（人）
2016	17001	313	1631	4070
2015	316773	6180	32650	80272
2014	16828	295	1772	4658
2013	16645	278	1692	4496
2012	16447	271	1627	4746
2011	16491	306	1742	5201
2010				
2009	14406	440	1878	4364
2008	14174	472	1898	4499
2007	13984	490	1850	4225
2006	13769	596	1887	4058
2005	196019	7697	28028	63027
2004	13767	582	2003	4666
2003	13595	594	2001	4796
2002	13239	661	1967	4722

一、人口

年末全市常住人口2170.5万人，比上年末增加18.9万人。其中，常住外来人口822.6万人，占常住人口的比重为37.9%。常住人口中，城镇人口1877.7万人，占常住人口的比重为86.5%。常住人口出生率7.96‰，死亡率4.95‰，自然增长率3.01‰。常住人口密度为每平方公里1323人，比上年末增加12人。年末全市户籍人口1345.2万人，比上年末增加11.8万人。

2015年末常住人口及构成

指　标	人数(万人)	比重(%)
常住人口	2170.5	100.0
按城乡分：城镇	1877.7	86.5
乡村	292.8	13.5
按性别分：男性	1113.4	51.3
女性	1057.1	48.7
按年龄组分：0—14岁	219.1	10.1
15—59岁	1610.9	74.2
60岁及以上	340.5	15.7
其中：65岁及以上	222.8	10.3
按功能区分：首都功能核心区	220.3	10.1
城市功能拓展区	1062.5	49.0
城市发展新区	696.9	32.1
生态涵养发展区	190.8	8.8

图 3－2　混合结构数据

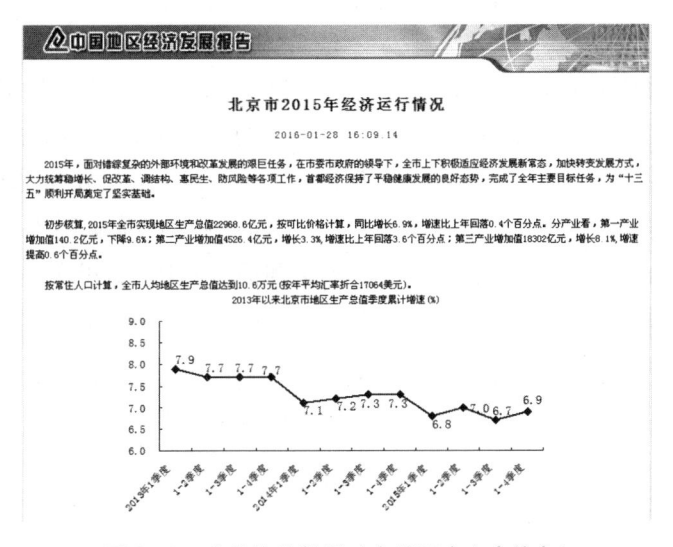

图 3－3　非结构化数据（自然语言文本信息）

为此，课题组专门设计集成了一个数据采集与处理的系统，其主要流程和组件如图3－4所示，系统的核心是数据存储与管理模块，该模块借助于亚马逊的 AWS Lambda 云计算平台建立，该平台集成了数据的采集、处理、存储等功能。首先，利用八爪鱼数据采集器从网上爬取相关数据，结构化的数据经过预处理，直接存入数据存储与管理模块，非结构化的数据，则要转化为结构化的数据，然后经过预处理，再存入数据存储与管理系统。

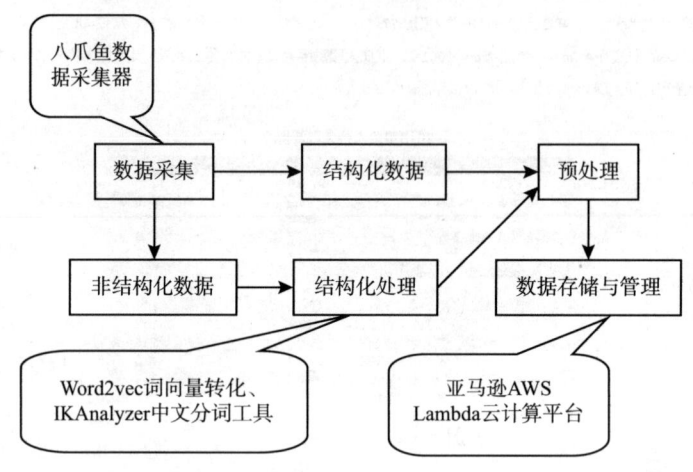

图 3-4　数据收集与处理集成系统

因为原始数据的体量非常大，达到亿级数量，而且大多是非结构化数据，甚至是自然语言数据，非结构化数据转化为结构化数据是一项困难的工作，如果采用人工处理，是不可能完成的。因此，本书利用大数据处理技术建立了数据预处理系统，其中非结构化数据转化为结构化数据的流程如图 3-5 所示，主要有三个核心部分：文本预处理、新词发现和信息抽取。这里文本训练使用的工具是 Word2vec，能够自动识别经济信息及进行结构化处理。

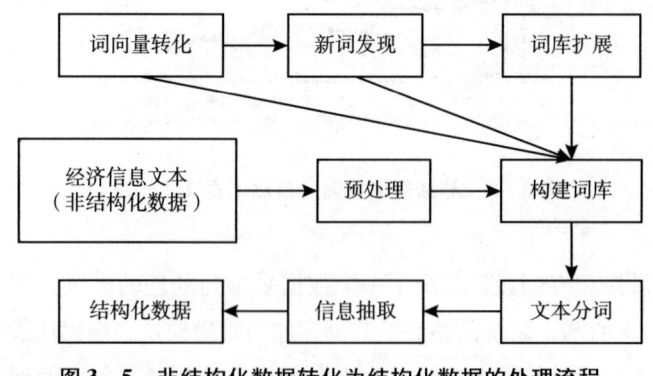

图 3-5　非结构化数据转化为结构化数据的处理流程

数据采集工具使用八爪鱼数据采集器，如图 3-6 所示，这是一款可视化、功能强大的网页数据批量爬取工具。可以根据爬取的情况选择合适的爬取方式：本地爬取、云爬取。本地爬取占用当前电脑资源进行爬取，如果存在爬取时间要求，或当前电脑无法长时间进行爬取，可以使用云爬取功能，云爬取在网络中进行爬取，无须当前电脑支持，电脑可以关机，可以设置多个云节点分摊任务，50个节点相当于50台电脑分配任务帮你爬取，时间消耗降低为原来的1/50；爬取到的数据可以在云上保存3个月，可以随时进行导出操作。数据的存储与管理利用亚马逊的AWS Lambda云计算平台进行数据的存储和管理，AWS Lambda云计算平台提供了强大的数据存储、计算能力以及程序开发工具。

图3-6 八爪鱼数据采集器

文本处理采用的是词转化词向量的工具Word2vec[1][2]，著名的研究者米科

---

[1] Mikolov T, Kopeck J, Burget L, et al., Neural network based language models for highly inflective languages. Proc. ICASSP. Taipei：ICA, 2009.

[2] Hinton G E, McClelland J L, Rumelhart D E, *Parallel Distributed Processing*：*Explorations in the Microstructure of Cognition*. Cambridge：MITPress, 1986, pp. 318–322.

洛夫（Mikolov）曾测试过该软件的单机版本，经过优化后 24 小时可以训练千亿级别的词①。分词工具采用的是开源的中文分词工具 IKAnalyzer，使用的开发语言是 java，IKAnalyzer 的主要组成如图 3-7 所示，包括主分析器、词典单元等。图 3-5 展示了非结构化数据转化为结构化数据的具体流程，首先经过词向量转化，通过 Word2vec 的无监督机器学习算法，发现新词，扩展词库构建新的词库，然后将经济信息文本进行预处理，再利用 IKAnalyzer 进行信息抽取，最终完成了数据的结构化处理。

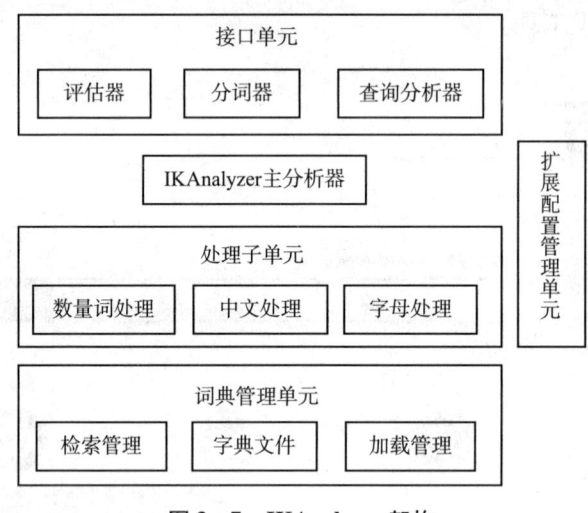

图 3-7 IKAnalyzer 架构

5. 生成中国经济网络模型

为了全面刻画我国整体经济主体之间的联系，用八爪鱼采集器对我国 338 个地级以上行政区的数据（2000~2017 年）进行了不间断地爬取，由于某些行政区数据的缺失，确定 2008~2017 年为最终研究数据，获得数据约 3751836 条，经过结构化处理、数据清洗及去噪声，最终用于研究的数据有 1250608 条。按照前面叙述的方法进行节点测度计算，得到节点测度值（见表 3-3），这里特别说明因为三沙市是 2012 年 6

---

① Tomas Mikolov, Ilya Sutskever, Kai Chen, et al., Distributed Representations of Words and Phrases and their Compositionality. In Proceedings of NIPS, 2013.

月21日成立的,所以2012年以前的数据是缺失的,在计算综合测度时是2013~2017年共5年的平均值。将所得到的338个节点综合测度指数数据和邻接矩阵数据(见表3-4),读入到Pajek,生成了2008~2017年可视化的中国经济网络拓扑结构,其中2008年、2012年、2017年的中国经济网络的拓扑结构图如图3-8、图3-9、图3-10所示,可以直观看出,地区之间的经济联系在不断变化,联系的强度在增加,下面将从网络结构的具体特征进行定量分析。

表3-3　　　　　　　　　节点测度指数

序号	行政区	2008年	2009年	2010年	2011年	2012年	2013年	2014年	2015年	2016年	2017年	综合测度
1	北京市	9.37	9.35	9.51	9.63	9.66	9.67	9.36	9.35	9.39	9.34	9.463
2	上海市	9.12	9.11	9.08	9.22	9.25	9.26	9.28	9.32	9.31	9.11	9.206
3	广州市	8.21	8.19	8.22	8.25	8.29	8.28	8.3	8.33	8.35	8.19	8.261
4	深圳市	7.56	7.54	7.59	7.66	7.68	7.71	7.81	7.82	7.87	7.53	7.677
5	成都市	7.19	7.17	7.22	7.24	7.26	7.28	7.31	7.32	7.35	7.12	7.246
6	杭州市	7.18	7.16	7.19	7.21	7.25	7.27	7.28	7.29	7.32	7.16	7.231
7	武汉市	7.17	7.15	7.18	7.19	7.22	7.25	7.27	7.28	7.29	7.13	7.213
8	重庆市	7.12	7.11	7.13	7.14	7.16	7.17	7.19	7.22	7.23	7.09	7.156
9	南京市	7.11	7.12	7.15	7.15	7.16	7.15	7.16	7.21	7.21	7.07	7.149
10	天津市	6.88	6.89	6.91	6.92	6.95	6.98	7.12	7.13	7.18	6.89	6.88
……	……	……	……	……	……	……	……	……	……	……	……	……
329	吐鲁番市	0.039	0.04	0.041	0.042	0.041	0.041	0.042	0.043	0.041	0.038	0.0408
330	中卫市	0.037	0.038	0.039	0.038	0.037	0.039	0.038	0.039	0.038	0.036	0.0379
331	陇南市	0.036	0.037	0.038	0.036	0.035	0.034	0.035	0.038	0.036	0.033	0.0358
332	固原市	0.032	0.033	0.031	0.034	0.035	0.033	0.032	0.037	0.035	0.031	0.0333

续表

序号	行政区	2008年	2009年	2010年	2011年	2012年	2013年	2014年	2015年	2016年	2017年	综合测度
333	和田地区	0.031	0.029	0.031	0.032	0.033	0.034	0.035	0.036	0.034	0.029	0.0324
334	昌都市	0.019	0.017	0.019	0.021	0.022	0.023	0.025	0.026	0.021	0.018	0.0211
335	那曲地区	0.018	0.016	0.019	0.018	0.021	0.022	0.023	0.024	0.019	0.017	0.0197
336	黄南州	0.017	0.015	0.018	0.017	0.019	0.018	0.021	0.022	0.023	0.014	0.0184
337	阿里地区	0.012	0.011	0.013	0.014	0.015	0.016	0.017	0.016	0.017	0.011	0.0142
338	三沙市	—	—	—	—	—	0.001	0.001	0.001	0.001	0.001	0.001

表3-4 节点邻接矩阵（带权无向图）

	北京	上海	广州	深圳	成都	杭州	武汉	重庆	南京	天津	……
北京	0	93	85	77	73	73	72	72	71	70	……
上海	93	0	88	90	72	86	71	76	90	60	……
广州	85	88	0	92	80	88	86	82	78	71	……
深圳	77	90	92	0	88	89	86	85	78	69	……
成都	73	72	80	88	0	79	78	89	79	65	……
杭州	73	86	88	89	79	0	67	71	87	64	……
武汉	72	71	86	86	78	67	0	78	84	62	……
重庆	72	76	82	85	89	71	78	0	78	63	……
南京	71	90	78	78	79	87	84	78	0	68	……
天津	70	60	71	69	65	64	62	63	68	0	……
……	……	……	……	……	……	……	……	……	……	……	0

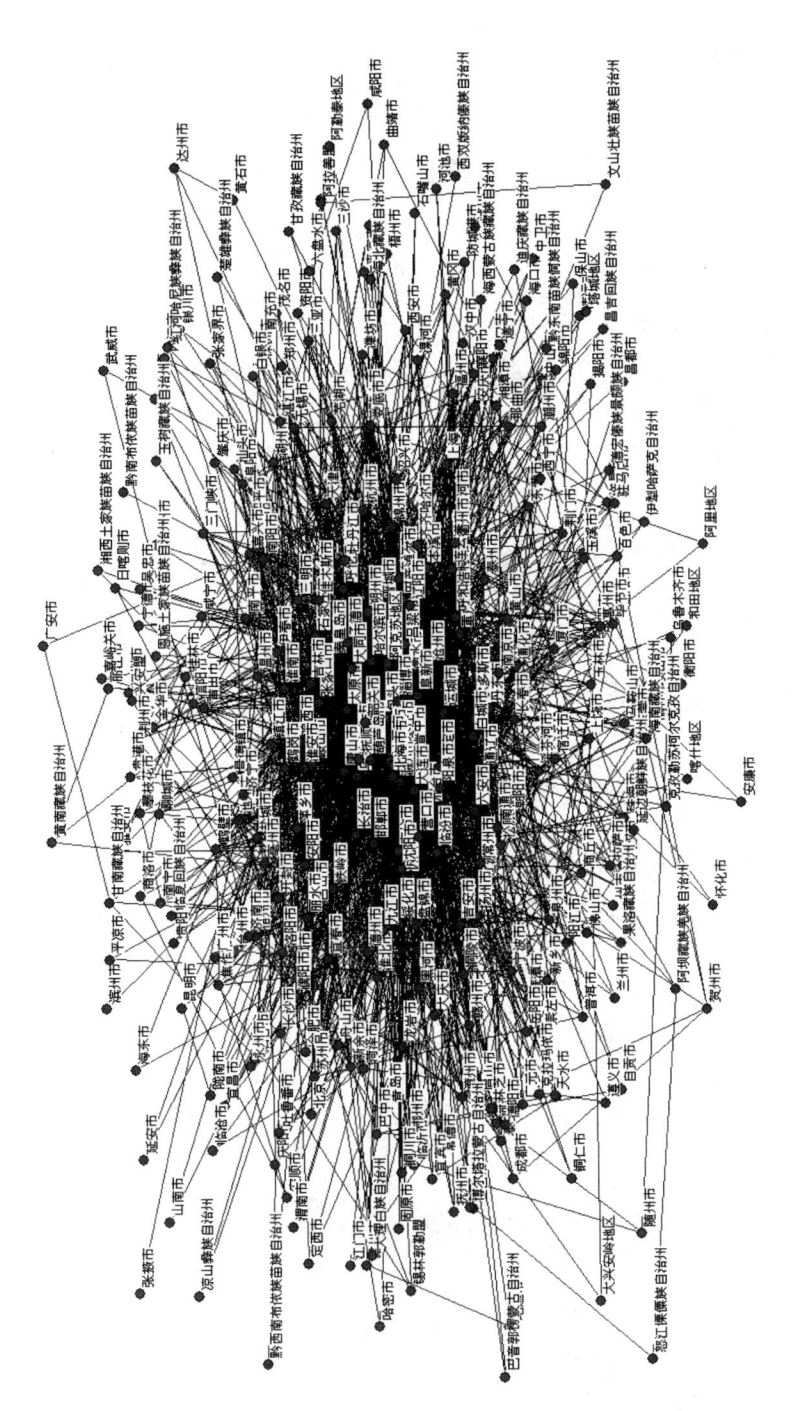

图3-8 2008年中国经济网络拓扑图

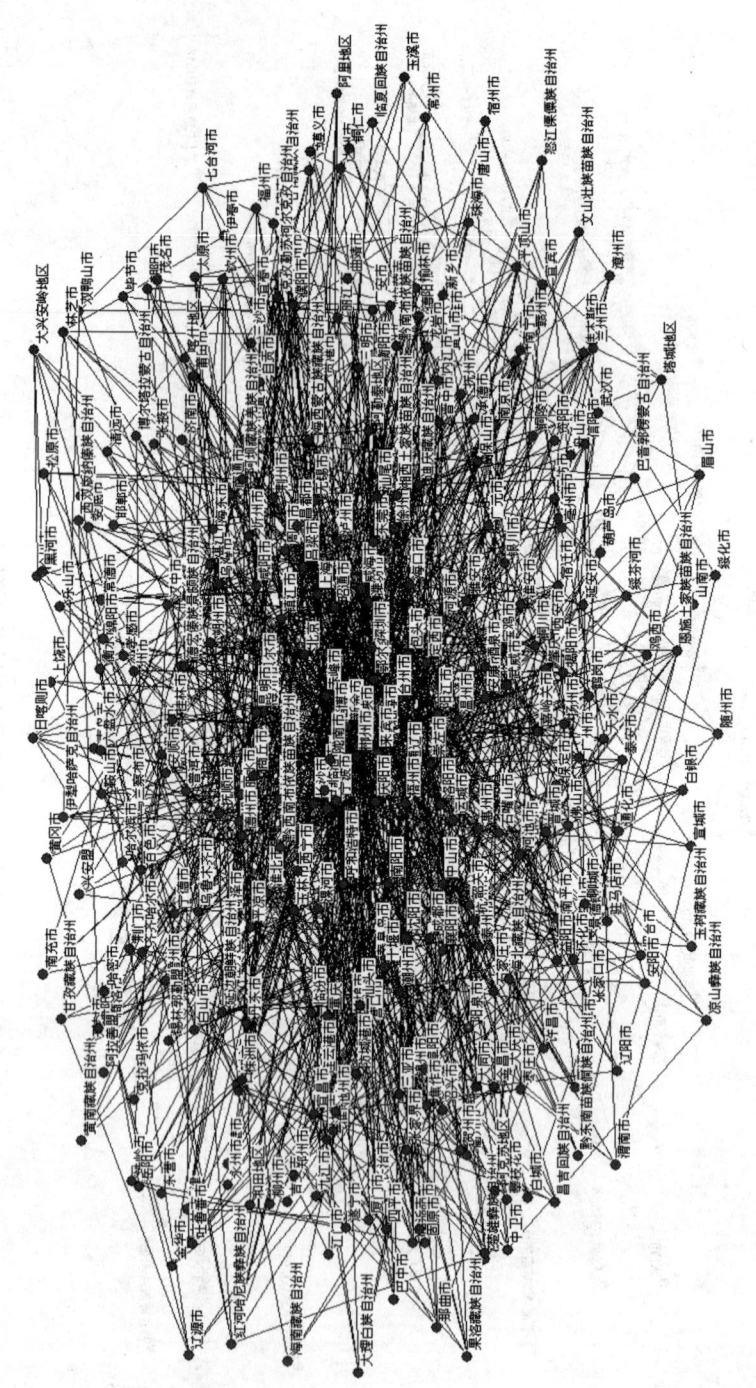

图3-9 2012年中国经济网络拓扑图

第三章　宏观网络经济学分析 | 41

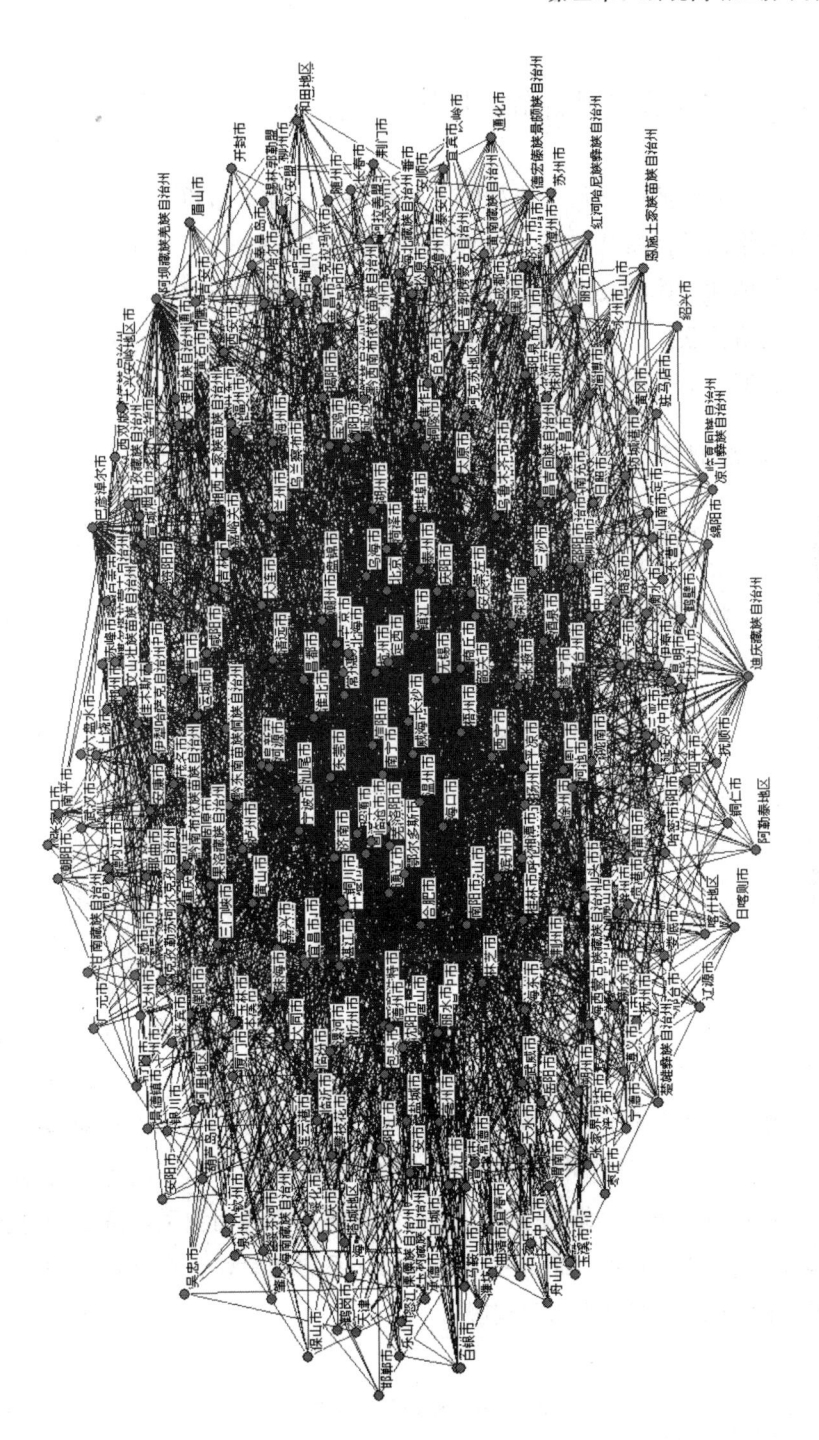

图3-10　2017年中国经济网络拓扑图

(三) 中国经济网络的结构特征分析

大规模的经济网络具有典型的大数据特征,在大数据背景下,分析和挖掘经济网络的结构特征分布,仍然需要统计方法的支撑,这里主要研究经济网络的整体和个体特征。整体特征主要包括网络密度、平均路径长度、聚集系数、网络关联度、聚类等;个体特征主要包括相对度数中心度、度分布、接近中心度、中介中心度、介数等。

1. 网络的整体结构特征

(1) 网络密度。网络密度 (density) 可用来表示网络节点之间交互的频繁性,用网络中存在的连接数除以正则网络所拥有的边数来计算。在经济网络中常用来测量经济主体之间交互的频繁程度以及演化趋势。具有 N 个节点和 L 条连接的网络,网络密度可以按照公式 (3-8) 计算。

$$d(G) = \frac{2L}{N(N-1)} \qquad (3-8)$$

其中,G 为网络图,L 为网络中连接数,N 为顶点数,$N(N-1)/2$ 正则网络所拥有的连接数。网络密度在 0 到 1 之间变化,当网络是正则网时,$d(G)=1$。当网络各个顶点完全独立时,$d(G)=0$,正常的网络密度一般不会超过 0.5[①]。

利用公式 (3-8) 计算出中国经济网络 2008~2017 年的网络密度,结果如表 3-5 所示,其变化曲线如图 3-11 所示,从中可以看出,网络密度逐年在增长,其中 2010 年、2009 年增长比较明显,幅度较大,随后 2011~2015 年仍在增长,但趋势比较平缓,2016 年增长的幅度又开始加大。网络密度可以从一定程度上表征经济网络结构的优劣、健康程度、增长潜力,可见自从 2012 年开始的经济网络结构呈现出优化的趋势,这说明我国经济结构升级转型的政策逐步显现成效,经济主体之间的联系愈加紧密,交互愈加频繁,新一轮经济升级换代的势头初现端倪。

---

① 薛海波、王新新:《品牌社群关系网络密度影响品牌忠诚的作用机制研究》,载《商业经济与管理》2011 年第 8 期。

表 3-5　　　　　　2008～2017 年经济网络的网络密度

	2008 年	2009 年	2010 年	2011 年	2012 年	2013 年	2014 年	2015 年	2016 年	2017 年
网络密度	0.0265	0.0301	0.0392	0.0405	0.0408	0.0415	0.0417	0.0425	0.0438	0.0463

图 3-11　2008～2017 年网络密度变化趋势

（2）平均路径长度、网络直径。网络拓扑图中顶点 V_i 与 V_j 的路径长度 d_{ij} 定义为这两个顶点通路所经过边的权重和，由此，网络 G 的平均路径长度 $AveL$ 定义为所有路径长度的平均值，这表征了主体之间交互的代价大小或价值大小（根据边权重所代表的具体意义不同，平均路径长度所表征的意义也不同。如果边权重代表某种代价，如通信、物流、资金周转，则平均路径长度代表代价的大小，其值越小，网络性能越好；如果边权值代表某种价值，如价值链，则平均路径长度代表价值的增值程度，其值越大，则网络代表的价值增值越大，网络性能越优异）。平均路径长度计算方法如下：

$$AveL = \frac{2}{N(N-1)} \sum_{i=1}^{N} \sum_{j=i+1}^{N} d_{ij} \qquad (3-9)$$

其中，d_{ij} 代表节点 V_i 与 V_j 的路径长度，N 为网络中的节点数。

最短路径长度 $Mind_{ij}$ 定义为从 V_i 到 V_j 所有通路中路径长度最短的通路的长度，如图 3-12 所示，V_i 到 V_j 所有通路有：$V_1 \to V_2 \to V_3 \to V_6$（路径长度为 20），$V_1 \to V_3 \to V_6$（路径长度为 11），$V_1 \to V_4 \to V_6$（路径长度为 18），$V_1 \to V_4 \to V_7 \to V_6$（路径长度为 15）；等等。其中最短的通路是 $V_1 \to V_3 \to V_6$，最短

的路径长度为 11。由此，网络直径 D 定义为网络所有路径中最短路径长度的最大值，也即：

$$D = \max\{\min d_{ij}\} \quad (3-10)$$

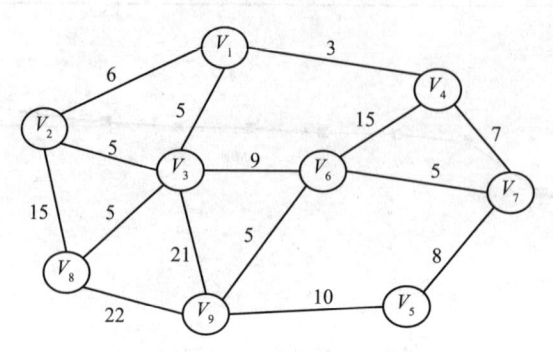

图 3-12 平均路径长度示意

图 3-12 所表示的是一个非常简单的网络，但通过人工的方式计算出其网络直径都很困难，那么对于复杂的经济网络，计算网络直径的难度可想而知，所以需要设计专门的算法，或者利用已有的工具。本书利用 Pajek 软件来计算经济网络的网络直径，计算出中国经济网络 2008~2017 年的网络平均路径长度、网络直径，结果如表 3-6 所示，其变化趋势如图 3-13 所示，从图中可以看出，自 2008 年起，平均路径长度、网络直径稳步增长，反映了各经济主体之间的联系越来越紧密（注意这里权重表征经济体之间的联系强度，而不是代价）。

表 3-6　　2008~2017 年经济网络的平均路径长度、网络直径

	2008 年	2009 年	2010 年	2011 年	2012 年	2013 年	2014 年	2015 年	2016 年	2017 年
平均路径长度	23.57	25.84	28.27	31.27	34.27	36.96	39.83	42.74	45.69	48.77
网络直径	18.78	20.59	22.53	24.93	27.31	29.45	31.74	34.06	36.41	38.87

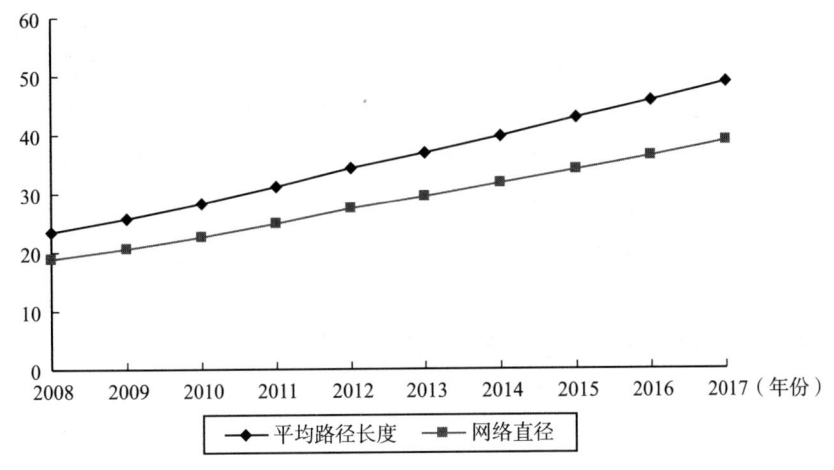

图 3–13 2008~2017 年经济网络的平均路径长度、网络直径变化趋势

（3）全局聚集系数。全局聚集系数用来表示一个网络中，节点之间聚集成团的定量表示，在闭合三点组及连通三点组的概念之上定义全局聚集系数，闭合三点组指的是相邻的三个节点：一般网络中节点之间是存在连接的，那么就存在很多三个节点之间通过三条边连接，形成闭合的三角形，称为闭合三点组，另外还有通过两条边连接的，叫作开三点组，闭三点组和开三点组合起来称为连通三点组。闭合三点组数量与连通三点组数量的比值就是全局聚集系数（理论上的最大值为1/3）[①]。

假设有图（网络）$G = \{V, E\}$，其中 $V = \{v_1, v_2, \cdots, v_n\}$ 表示顶点的集合，$E = \{e_{ij}, i, j = 1, 2, \cdots, n\}$ 表示边的集合。用 L_i 表示与顶点 v_i 相连的边的集合，如公式 3–11 所示：

$$L_i = \{v_j : e_{ij} \in E \wedge e_{ji} \in E\} \tag{3-11}$$

顶点 v_i 的度 $k_i = |L_i|$，也即 L_i 集合中元素的个数，由此定义全局聚集系数 $C_{total}(G)$ 如公式 3–10 所示：

$$C_{total}(G) = \frac{3G_\Delta}{3G_\Delta + G_\Lambda} = \frac{3G_\Delta}{\sum_{i=1}^{n}\binom{k_i}{2}} \tag{3-12}$$

---

① N. Eggemann and S. D. Noble, The Clustering Coefficient of a Scale-free Random Graph. *Discrete Applied Mathematics*. Vol. 159, No. 10, 2009, pp. 953–965.

式中，$G_\triangle$ 表示闭三点组数量，G_Λ 表示开三点组个数。集聚系数是网络中节点倾向于集聚在一起的一种度量。利用 Pajek 计算了 2008～2017 年中国经济网络的全局聚集系数，结果如表 3-7 所示，2008 年全局聚集系数为 0.1864，到 2017 年，全局聚集系数为 0.2775，其变化趋势如图 3-14 所示，可以看出从 2008 年开始，全局聚集系数一直以较高速度增长，从 2011～2012 年全局聚集系数缓慢增长，从 2014 年开始，增长速度有所提高，从大的经济环境来看，从 2008 年开始，由于金融危机的影响，采取了积极的货币政策，使得以资金为驱动力的经济聚集效应在增强，而 2011 年后这种资金驱动的效应在减弱，我国调整并提出了经济结构优化升级转型的一系列政策，并逐渐显露成效。

表 3-7　　　　　　　2008～2017 年经济网络的全局聚集系数

	2008 年	2009 年	2010 年	2011 年	2012 年	2013 年	2014 年	2015 年	2016 年	2017 年
全局聚集系数	0.1864	0.2043	0.2236	0.2473	0.2511	0.2523	0.2631	0.2693	0.2765	0.2775

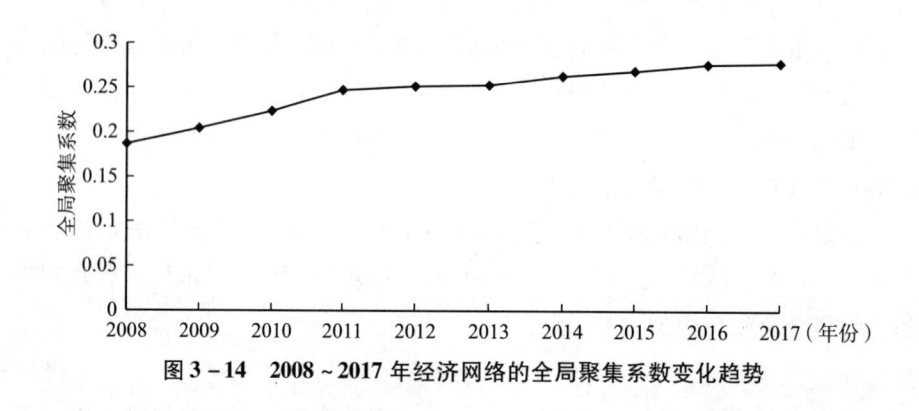

图 3-14　2008～2017 年经济网络的全局聚集系数变化趋势

（4）网络关联度。网络关联度表示节点与节点之间的连通程度，反映了网络结构的脆弱性或鲁棒性。如果网络中任意两个节点之间都存在直接的连接，这种网络称为正则网络，那么该网络的鲁棒性相对来说较强；如果两个节点之间均通过某个节点建立连接，该网络对中介节点的依赖性较大，那么此网络就比较脆弱，体现的就是脆弱性。网络关联度 C 如公式（3-13）所示。

$$C = 1 - \frac{2V}{N(N-1)} \qquad (3-13)$$

式中，V 表示网络中不可直达的节点对数量，N 表示总的网络节点数。利用 Pajek 计算了 2008~2017 年中国经济网络的网络关联，结果如表 3-8 所示，2008 年网络关联度为 0.0523，这说明在 2008 年大约有 95% 的经济主体二者之间没有直接的连接，而是通过第三方经济主体实现连接的，如果这个第三方主体出现问题，则这两个经济主体的经济运行必将受到影响，甚至是致命的打击，这也说明了整个经济网络发育不够充分，还存在较大的发展潜力。网络关联度变化趋势如图 3-15 所示，可以看出从 2008 年开始，网络关联度一直在稳步增长，到 2017 年，网络关联度变为 0.1082，这说明大约有 11% 的经济主体之间存在直接连接，这也反映了整个经济网络的鲁棒性在提高，抗风险的能力得到了提升。

表 3-8　　　　　　　2008~2017 年经济网络的网络关联度

	2008 年	2009 年	2010 年	2011 年	2012 年	2013 年	2014 年	2015 年	2016 年	2017 年
网络关联度	0.0523	0.0573	0.0627	0.0694	0.0761	0.0821	0.0881	0.0948	0.1014	0.1082

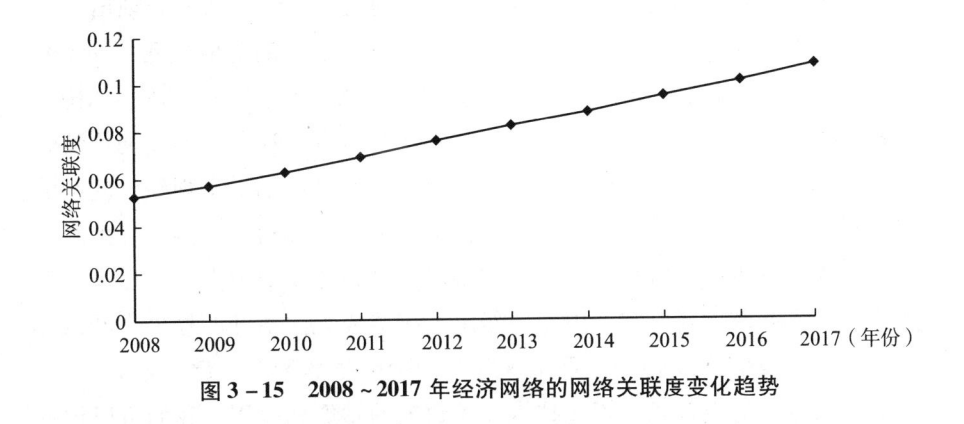

图 3-15　2008~2017 年经济网络的网络关联度变化趋势

（5）度分布。度（degree）是描述节点属性的重要特征，度分布（degree distribution）是图论和网络理论中的概念，通过度分布能够刻画节点的重要性，每个顶点所直接连接的边数称为顶点的度。度分布是对一个图（网络）中顶点（节点）度的数值进行统计分布的总体描述。网络的度分布就是网络中节点度的统计特征，其表示如公式（3-14）所示：

$$P(k) = \frac{Count(k)}{N} \qquad (3-14)$$

公式（3-14）中，N 为节点总数 $Count(k)$ 度为 k 的节点数量。计算了中国经济网络的节点度分布，其中 2008 年、2012 年、2017 年的中国经济网络节点度分布如表 3-9 所示，节点度分布如图 3-16 所示，观察表 3-9 及图 3-16 可以发现，节点度分布明显是不符合随机网络模型的特征的，随机网络假设网络中任意一对节点互相链接的概率是相等的，如图 3-17 所示，其度分布 $P(k)$ 服从泊松分布[①]。而本书所得到的中国经济网络，其节点度的分布非常不均匀，少数节点拥有极其多的连接，而较多的节点只拥有很少的连接，近似符合无标度网络的特征[②]，其度分布近似于无标度网络中的幂律分布，具体来说呈现出一种重尾（heavy-tailed distribution）现象，这样定义重尾现象，若随机变量 X 满足公式（3-15）。

$$\lim_{x \to \infty} \frac{P(X>x)}{e^{-\lambda x}} = \infty \qquad (3-15)$$

观察表 3-9 及图 3-16、图 3-17，可以发现，中国经济网络的度分布不存在泊松分布一样的峰值，而是拖着一条长尾巴，当 k 增大时，并不像泊松分布一样以指数率迅速递减，而是比较平缓地趋近于 0，从而表现出"长尾"特性，极少数节点的度值非常高，而绝大多数节点的度值很低，这符合我们的认知，所以也就造成了我们在经济领域重视少数重要的个体，如国家规划重视大城市的发展，银行重视核心的大客户等等，这种无标度网络特性的经济网络具有可靠性与脆弱性并存的特点，也就是说如果出现经济问题的节点是随机分布在每个节点上，每个节点的重要性是随机的，因此，破坏掉整个经济系统的可能性就很小；但是如果经济分布在少数节点上，那么一旦这些节点出现问题，将对整个国家的经济系统造成无法估计的损失。所以在网络经济下，我们需要转变，重尾这部分的价值虽然稀疏，但总量并不少，由于信息技术、物流技术、智能技术、大数据的发展和应用，我们可以挖掘这部分的价值，如小城镇的建设、小微企业的贷款、个性化的制造等，正在由过去只重视核心，转向边缘地带的价值发掘，这样不但可以挖掘深层次的

[①] 方滨兴、徐进、李建华等：《在线社交网络分析》，电子工业出版社 2014 年版。
[②] 周苗、杨家海、刘洪波等：《Internet 网络拓扑建模》，载《软件学报》2009 年第 1 期。

价值，促进经济的进一步发展，也能够保证经济网络的可靠性。

表3-9　　　　2008年、2012年、2017年中国经济网络节点度分布

k(度)	1	2	3	4	5	……	81	85	86	93	106
$P(k)$ 2008年	0.0118	0.1627	0.1153	0.0976	0.0591	……	0.0059	0.0029	0.0029	0.0029	0.0029
$P(k)$ 2012年	0.0106	0.1464	0.1038	0.0878	0.0532	……	0.0076	0.0038	0.0038	0.0038	0.0038
$P(k)$ 2017年	0.0095	0.1318	0.0934	0.0792	0.0479	……	0.0092	0.0046	0.0046	0.0046	0.0046

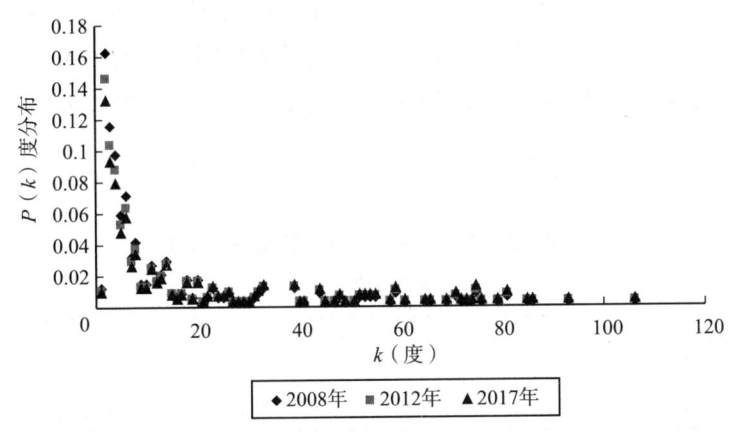

图3-16　2008年、2012年、2017年中国经济网络节点度分布散点图

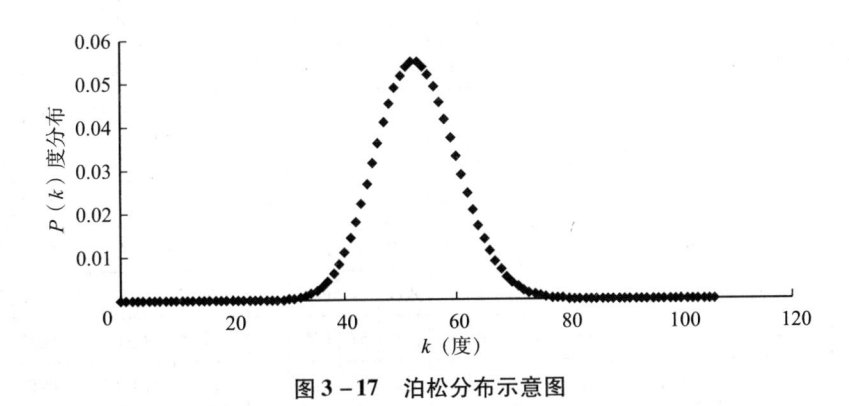

图3-17　泊松分布示意图

2. 网络的个体结构特征

（1）带权度。一个带权有向图的节点 i 的度通常定义为该节点连接的所有连接（边）的权值总和，定义如公式（3-16）所示。

$$D_i = \sum_{j=1}^{n} w_{ij} + \sum_{j=1}^{n} w_{ji}, (i, j \in V) \tag{3-16}$$

其中，i，j 分别为节点编号（标识），V 为节点集合，w 为边权值，$\sum_{j=1}^{n} w_{ij}$ 为出度，$\sum_{j=1}^{n} w_{ji}$ 为入度。不得不说的是，虽然把度等特征归为个体特征，但实际上度不仅仅是表现了个体的特征，从它的定义就可以看出，度本身就和整体或整体的一部分有联系，实际上也体现出整体的特征。这也充分反映了利用网络科学来建立经济系统模型的方法，达到了个体到整体、微观到中观、宏观的统一。这里为了简化模型，所采用的是无向图，考察了中国经济网络的中各节点度的情况，2008~2017 年节点度排名前 15 名的地级以上城市如表 3-10 所示。

表 3-10　　　　2008~2017 年中国大陆地区地级以上城市经济网络节点度（前 15 名）

2008年	度	2009年	度	2010年	度	2011年	度	2012年	度	2013年	度	2014年	度	2015年	度	2016年	度	2017年	度
北京	95	北京	104	北京	119	北京	133	上海	139	上海	150	上海	163	上海	174	上海	190	上海	212
上海	72	上海	84	上海	84	上海	112	北京	123	北京	135	北京	148	北京	159	北京	172	北京	194
广州	57	广州	63	广州	63	广州	86	广州	94	广州	107	广州	116	广州	125	广州	136	深圳	156
深圳	54	深圳	56	深圳	56	深圳	79	深圳	89	深圳	100	深圳	111	深圳	121	深圳	135	广州	149
苏州	46	苏州	53	苏州	53	天津	78	天津	89	天津	99	天津	109	天津	114	天津	124	重庆	134
天津	44	天津	52	天津	52	苏州	74	苏州	83	苏州	90	重庆	99	重庆	109	重庆	121	天津	128
重庆	35	重庆	45	重庆	45	重庆	69	重庆	79	重庆	87	苏州	95	苏州	100	苏州	107	苏州	120
杭州	33	杭州	35	杭州	35	杭州	48	成都	56	成都	63	武汉	69	武汉	75	成都	84	成都	96
青岛	30	无锡	34	无锡	34	无锡	47	武汉	55	武汉	62	成都	69	成都	75	武汉	82	武汉	93
无锡	30	青岛	33	青岛	33	成都	47	杭州	54	杭州	57	杭州	63	杭州	69	杭州	76	杭州	87
佛山	30	佛山	33	佛山	33	武汉	46	无锡	52	无锡	56	南京	61	南京	67	南京	72	南京	81
宁波	27	武汉	32	武汉	32	青岛	45	青岛	50	南京	55	青岛	60	青岛	64	青岛	69	青岛	76
武汉	27	成都	31	成都	31	佛山	45	南京	50	青岛	55	无锡	56	无锡	59	长沙	64	无锡	72
成都	27	大连	30	宁波	30	大连	42	大连	48	大连	53	长沙	54	长沙	59	无锡	63	长沙	70
沈阳	26	宁波	30	大连	30	南京	42	佛山	46	沈阳	49	大连	53	佛山	55	佛山	59	宁波	68

2008~2017年中国大陆地区地级以上城市经济网络的前15名节点度变化趋势如图3-18所示,从总体来看,绝大多数城市的度值是增加的,整体上也是呈现度值逐年增加,这说明各个城市之间的经济活动联系日趋紧密,经济交往日趋频繁,这有益于提升经济的活力、优化经济的内生结构。

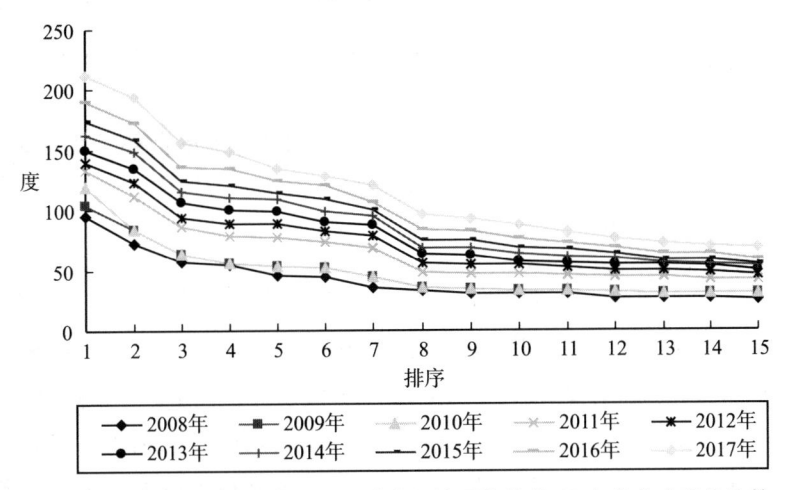

图3-18 中国大陆地区地级以上城市经济网络的前15名节点度变化趋势

(2)介数。介数是表达节点重要性的一个指标,一般用该节点处在最短路径上的概率来表示,假设节点i和节点j之间的最短路径数为δ_{ij}条,这两个节点之间经过节点k的最短路径条数为$\delta_{ij}(k)$。比值$\delta_{ij}(k)/\delta_{ij}$能描述节点$k$在节点$i$和节点$j$之间的重要程度。在此基础上,将节点$k$的介数定义如公式(3-17)所示。

$$C_B(k) = \sum_{i \in V} \sum_{j \neq i \in V} \frac{\delta_{ij}(k)}{\delta_{ij}} \qquad (3-17)$$

在经济网络中,介数可以用来评价节点作为"桥梁"的重要程度,某个节点的介数越大,说明该节点在相应生产关系中的地位越重要,这对于保护和发现关键要素、核心技术和重要的经济主体具有重要意义。

为了简化表达方式,将公式(3-17)变为公式(3-18):

$$C_B(v) = \sum_{s \neq v \neq t \in V} \frac{\sigma_{st}(v)}{\sigma_{st}} \qquad (3-18)$$

其中,$\delta_{st}(v)$表示经过节点v的$s \to t$的最短路径条数,δ_{st}表示$s \to t$的最

短路径条数。为了方便表达,定义 $\delta_{st}(v) = \dfrac{\sigma_{st}(v)}{\sigma_{st}}$,则公式(3-18)转化如公式(3-19)。

$$C_B(v) = \sum_{s \neq v \neq t \in V} \delta_{st}(v) \qquad (3-19)$$

定义节点 s 到节点 v 的最短路径中 v 的前驱节点集如公式(3-20)所示:

$$P_s(v) = \{u \in V : \{u, v\} \in E, \ d_G(s, v) = d_G(s, u) + \omega(u, v)\}$$
$$(3-20)$$

其中,$P_s(v)$ 表示节点 s 到节点 v 的最短路径中 v 的前驱节点集,$d_G(s, v)$ 表示图 G 中节点 s 到节点 v 的距离,$d_G(s, u)$ 表示图 G 中节点 s 到节点 u 的距离,$\omega(u, v)$ 表示节点 u 到节点 v 的边权。

则对于 $\forall s \neq t$,$\sigma_{sv} = \sum_{u \in P_s(v)} \sigma_{su}$,也就是说 $s \to v$ 的最短路径必然先从 $s \to u$,再通过边 (u, v) 到达 v,其中 u 是 v 的前驱节点。对于无权图,BFS 遍历节点的顺序恰好是按照距离节点 s 的距离升序排列的,而节点 u 是 v 的前驱节点必然要求 $d(s, u) < d(s, v)$,因此按照 BFS 遍历顺序,到达节点 v 时,其前驱节点 u 的 σ_{su} 必然已经计算好了。因此,对于无权图可以使用广度优先搜索算法(BFS)来计算,而对于带权图,则可以使用迪克斯特拉(Dijkstra)算法。现在,可以计算出 σ_{st} 了,为了计算 $\delta_{st}(v)$,需要先计算 $\sigma_{st}(v)$,可以通过公式(3-21)计算。

$$\sigma_{st}(v) = \begin{cases} \sigma_{sv} \cdot \sigma_{vt} & d(s, v) + d(v, t) = d(s, t) \\ 0 & other \end{cases} \qquad (3-21)$$

但是这个算法复杂性过高,因此,定义 $\delta_s(v) = \sum_{t \in V} \delta_{st}(v)$,令 $\delta_{st}(v, e) = \dfrac{\sigma_{st}(v, e)}{\sigma_{st}}$,$\sigma_{st}(v, e)$ 表示 $s \to t$ 最短路径通过节点 v 和边 e 的条数。

显然,公式(3-22)成立:

$$\delta s(v) = \sum_{t \in V} \sum_{w : v \in P_s(w)} \delta_{st}(v, \{v, w\}) = \sum_{w : v \in P_s(w)} \sum_{t \in V} \delta_{st}(v, \{v, w\})$$
$$(3-22)$$

$s \to t$ 的通过 w 的最短路径为 $\sigma_{st}(w) = \sigma_{sw} \sigma_{wt}$,而 $\sigma_{st}(v, \{v, w\}) = \sigma_{sv} \sigma_{wt}$,后者是因为从 $s \to t$ 经过 v,(v, w) 要先到达 v,然后走 (v, w),最后从 $w \to t$。

当 $t \neq w$ 时,公式 (3-23) 成立:

$$\delta_{st}(v, \{v, w\}) = \frac{\sigma_{sv}\sigma_{st}(w)}{\sigma_{sw}\sigma_{st}} \qquad (3-23)$$

当 $t = w$ 时,公式 (3-25) 成立:

$$\delta_{st}(v, \{v, w\}) = \frac{\sigma_{sv}}{\sigma_{sw}} \qquad (3-24)$$

因此,

$$\sum_{w:v \in P_s(w)} \sum_{t \in V} \delta_{st}(v, \{v, w\})$$

$$= \sum_{w:v \in P_s(w)} \left(\frac{\sigma_{sv}}{\sigma_{sw}} + \sum_{t \in V-\{w\}} \frac{\sigma_{sv}\sigma_{st}(w)}{\sigma_{sw}\sigma_{st}} \right)$$

$$= \sum_{w:v \in P_s(w)} \frac{\sigma_{sv}}{\sigma_{sw}} [1 + \delta s(w)] \qquad (3-25)$$

至此,根据前驱关系,计算 $\delta_s(v)$ 需要先计算 $\delta_s(v)$,而 v 是 w 的前驱,顺序恰好跟广度优先算法 (BFS) 相反。

算法主要步骤如下:

Step1:选取源节点 s,用 BFS 算法计算 σ_{st};

step2:遍历过程中将节点压入栈中,同时保留每个节点作为其他节点前驱的集合;

step3:用公式 (3-25) 计算 $\delta_s(v)$。

算法伪代码如下:

```
import networkx as nx
from Queue import Queue
G = nx.random_graphs.barabasi_albert_graph(n,m)
C = nx.centrality.betweenness_centrality(G,normalized = False)
CB = dict.fromkeys(G,0.0)
for s in G.nodes():
    Pred = {w:[] for w in G.nodes()}
dist = dict.fromkeys(G,None)
    sigma = dict.fromkeys(G,0.0)
dist[s] = 0
    sigma[s] = 1
    Q = Queue()
```

```
Q. put(s)
    S = [ ]
    while not Q. empty( ):
        v = Q. get( )
S. append(v)
        for w in G. neighbors(v):
            if dist[w] = = None:
dist[w] = dist[v] +1
Q. put(w)
            if dist[w] = = dist[v] +1:
                sigma[w] + = sigma[v]
                Pred[w]. append(v)
delta = dict. fromkeys(G,0. 0)
for w in S[ :: -1 ]:
    for v in Pred[w]:
        delta[v] + = sigma[v]/sigma[w] * (1 + delta[w])
    if w ! = s:
        CB[w] + = delta[w]
for v in CB:
    CB[v]/ = 2. 0
print(sum(abs(CB[v] - C[v]) for v in G))
```

计算 2008 ~ 2017 年中国大陆地区 338 个地级以上行政区的节点介数,并进行了归一化处理,其中排名前 20 的行政区数据如表 3 - 11 所示。从表 3 - 11 可以看出,从 2008 ~ 2017 年,北京、上海的节点介数都处于绝对领先地位,说明北京、上海对中国的经济影响举足轻重,2008 ~ 2015 年,北京的节点介数处于第一位,从 2016 年起,上海的节点介数超过了北京,这说明上海对于中国经济的影响力已经超过了北京。深圳、广州的节点介数分别处于第三、第四,这二者之间不分上下,但从 2016 年起,深圳开始以微弱的优势反超广州,这也反映了深圳对中国经济的重要性已经超过了广州。天津、重庆、杭州、南京、苏州、成都、武汉这 7 座城市的节点介数处于同一个层级,它们之间相对重要性处在不断的变化中,其地位并不稳固。根据 2017 年的数据,可以得到各个城市的层级关系,如图 3 - 19 所示。

表 3-11　中国大陆地区 338 个地级以上行政区 2008~2017 年节点介数（前 20 名）

排序	2008年		2009年		2010年		2011年		2012年		2013年		2014年		2015年		2016年		2017年	
1	北京	0.2293	北京	0.2577	北京	0.2830	北京	0.3229	北京	0.3611	北京	0.3614	北京	0.4064	北京	0.4432	上海	0.4726	上海	0.4867
2	上海	0.1959	上海	0.1973	上海	0.2286	上海	0.2655	上海	0.3057	上海	0.3057	上海	0.3668	上海	0.4013	北京	0.4329	北京	0.4684
3	广州	0.1337	广州	0.1546	广州	0.1719	广州	0.2022	广州	0.2337	广州	0.2337	广州	0.2901	广州	0.3143	深圳	0.3405	深圳	0.3689
4	深圳	0.1279	深圳	0.1469	深圳	0.1543	深圳	0.1802	深圳	0.2164	深圳	0.2164	深圳	0.2728	深圳	0.3010	广州	0.3293	广州	0.3667
5	苏州	0.1072	苏州	0.1261	苏州	0.1456	苏州	0.1736	天津	0.2127	天津	0.2127	天津	0.2703	天津	0.2958	天津	0.3111	杭州	0.3365
6	天津	0.0950	天津	0.1195	天津	0.1415	天津	0.1735	苏州	0.2016	苏州	0.2016	苏州	0.2448	重庆	0.2684	重庆	0.2657	天津	0.3303
7	重庆	0.0776	重庆	0.0959	重庆	0.1228	重庆	0.1491	重庆	0.1883	重庆	0.1883	苏州	0.2381	苏州	0.2589	苏州	0.2628	重庆	0.2311
8	杭州	0.0771	杭州	0.0899	杭州	0.0957	杭州	0.1119	成都	0.1320	成都	0.1320	重庆	0.1714	武汉	0.1894	武汉	0.2052	成都	0.2289
9	无锡	0.0726	青岛	0.0835	无锡	0.0939	无锡	0.1090	杭州	0.1294	武汉	0.1294	成都	0.1703	成都	0.1892	成都	0.2032	武汉	0.2241
10	青岛	0.0712	无锡	0.0831	青岛	0.0913	青岛	0.1066	无锡	0.1289	杭州	0.1289	武汉	0.1570	杭州	0.1731	杭州	0.1891	苏州	0.2079
11	佛山	0.0678	佛山	0.0815	佛山	0.0907	佛山	0.1063	成都	0.1272	无锡	0.1272	杭州	0.1518	南京	0.1659	南京	0.1829	南京	0.1976
12	宁波	0.0646	宁波	0.0746	武汉	0.0869	武汉	0.1047	青岛	0.1244	青岛	0.1244	无锡	0.1507	青岛	0.1635	青岛	0.1749	青岛	0.1883
13	成都	0.0625	武汉	0.0745	成都	0.0847	成都	0.1044	佛山	0.1238	南京	0.1238	南京	0.1506	无锡	0.1544	无锡	0.1602	长沙	0.1754
14	南京	0.0618	成都	0.0734	大连	0.0814	宁波	0.0971	大连	0.1157	大连	0.1157	青岛	0.1439	长沙	0.1472	长沙	0.1601	无锡	0.1733
15	沈阳	0.0606	沈阳	0.0726	宁波	0.0803	大连	0.0970	南京	0.1156	佛山	0.1156	大连	0.1347	大连	0.1440	佛山	0.1506	佛山	0.1623
16	东莞	0.0593	大连	0.0726	沈阳	0.0796	南京	0.0965	宁波	0.1140	沈阳	0.1140	沈阳	0.1346	佛山	0.1430	宁波	0.1506	宁波	0.1607
17	武汉	0.0591	南京	0.0710	南京	0.0717	沈阳	0.0855	沈阳	0.1113	宁波	0.1113	长沙	0.1341	宁波	0.1430	大连	0.1454	郑州	0.1504
18	大连	0.0589	东莞	0.0697	唐山	0.0708	长沙	0.0841	长沙	0.1057	长沙	0.1057	宁波	0.1319	沈阳	0.1335	郑州	0.1375	大连	0.1303
19	烟台	0.0542	唐山	0.0670	东莞	0.0704	唐山	0.0820	唐山	0.1024	唐山	0.1024	佛山	0.1167	郑州	0.1276	沈阳	0.1368	厦门	0.1284
20	唐山	0.0523	烟台	0.0646	长沙		烟台		郑州	0.0937	郑州	0.0937	唐山	0.1151	唐山	0.1171	东莞	0.1213	西安	0.1281

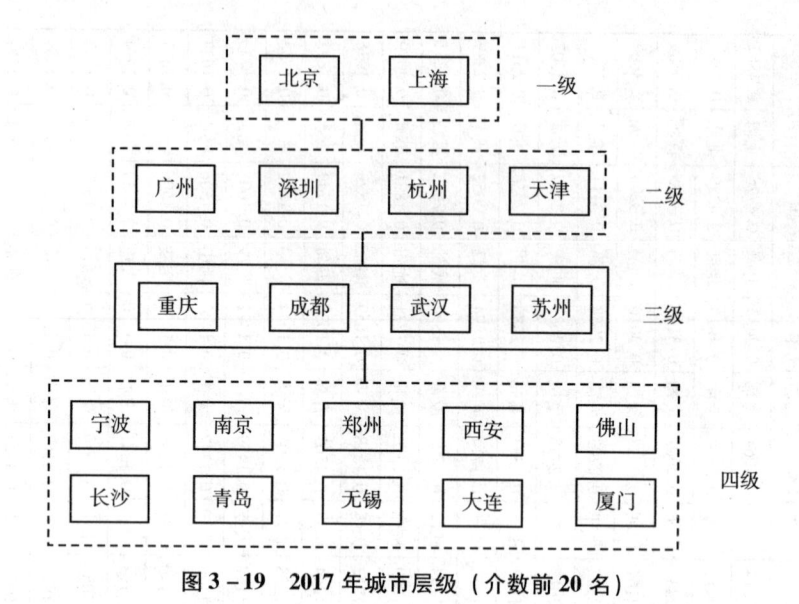

```
                    ┌─────────────────────┐
                    │   北京      上海    │  一级
                    └─────────────────────┘
            ┌─────────────────────────────────────┐
            │  广州    深圳    杭州    天津        │  二级
            └─────────────────────────────────────┘
            ┌─────────────────────────────────────┐
            │  重庆    成都    武汉    苏州        │  三级
            └─────────────────────────────────────┘
        ┌───────────────────────────────────────────┐
        │  宁波   南京   郑州   西安   佛山          │
        │                                           │  四级
        │  长沙   青岛   无锡   大连   厦门          │
        └───────────────────────────────────────────┘
```

图 3 - 19　2017 年城市层级（介数前 20 名）

从图 3 - 19 可以看出，北京、上海属于第一层级，其节点介数分别为 0.4867、0.4684，也就是说在它们的邻居节点所有关键路径中，有接近一半都必须经过这两个城市，与北京关联度最强的是上海，其次是深圳，再次是广州，最后是天津，也即北京→上海→深圳→广州→天津，与上海关联度最强的也是北京，其次是深圳，再次是广州，最后是杭州，也即上海→北京→深圳→广州→杭州。可以看出经济关系是可以跨越地理位置的，与北京联系最密切的不是地理位置最近的天津，而是与北京相隔 1200 多公里的上海，甚至与北京相隔 2000 多公里的深圳和广州，与北京的经济联系都超过了天津；同样与上海联系最为密切的不是地理位置最为接近的杭州，而是北京、深圳、广州，杭州与上海的联系程度只排在第四位。广州、深圳、杭州、天津属于第二层级，其节点介数分别为 0.3689、0.3667、0.3365、0.3303，也就是说在他们的邻居节点所有关键路径中，有接近 1/3 必须经过这四个城市，第二层级的城市关联关系为广州→深圳→上海→北京→佛山，深圳→上海→广州→北京→成都，杭州→上海→北京→深圳→宁波，天津→北京→上海→深圳→广州，可以看出地理位置的相邻性对于第二层级城市之间联系的影响还是比较重要的，但是他们与第一层级城市的联系，无论地理位置是否毗邻，普遍还是比较紧密的；第三层级城市有重庆、成都、武汉、苏州，其节点介数分别为

0.2311、0.2289、0.2241、0.2079，也就是说在他们的邻居节点所有关键路径中，有接近五分之一都必须经过这四个城市，第三层级的城市关联关系为重庆→成都→北京→上海→深圳，成都→北京→重庆→上海→深圳，武汉→北京→上海→深圳→广州，苏州→上海→深圳→南京→北京，同样这一层级的城市的经济联系受到地理位置的影响比较大，在地理位置上如果没有综合实力强的邻居，则第一、二级的城市对其影响比较大。

可见，区域地理位置对于经济联系的影响固然重要，但是随着信息技术、物流业的发展，这种影响在逐步减弱，经济主体之间的经济联系更多地是由经济的互补性来决定的，本质反映的是网络的外部性，这一现象在综合实力比较强的经济主体之间表现得更明显，也就是说综合实力越强，跨越地理空间障碍的能力越强，越可能超越地理位置建立经济联系。关于网络外部性的内容在此就不再展开叙述，将在第四章进行详细的阐述。

（3）局部集聚系数。

局部集聚系数是面向节点的，用来衡量某一节点的邻居节点之间相互连接的程度，对于节点 v_i，其聚集系数 C_i 表示与 v_i 相邻的节点间也存在连接的平均概率。用 k_i 表示节点 v_i 所连接的邻居数量，e_i 表示 k_i 个邻居之间实际存在的无向边数，易知 $k_i(k_i-1)/2$ 为这个 k_i 节点之间可能存在边的数量上限，则节点 v_i 的局部聚集系数 C_i 定义如下：

$$C_i = \frac{2e_i}{k_i(k_i-1)} \tag{3-26}$$

其中，e_i 表示 k_i 个邻居之间实际存在的无向边数，k_i 表示节点 v_i 所连接的邻居数量。

根据公式（3-26），计算出中国大陆地区 338 个地市级以上行政区的节点局部聚集系数，部分结果如表 3-12 所示。从表 3-12 可以看出，横向比较北京和上海的局部聚集系数，从 2008~2016 年北京和上海一直分别稳居第一和第二的位置，北京是我国的首都，一直都是政治、文化、国际交往、科技创新中心，所以其地位似乎无法动摇，但是 2017 年，上海的局部聚集系数首次超过北京，这与中央新的疏解"非首都功能"的政策是有一定关系的。从 2016 年开始，两大类的非首都核心功能开始逐渐向河北、天津迁移，从首都功能定位来考虑，一些低辐射、低附加值、低效益的产业，如批发零售业、一般制造业、高耗能高污染的企业实施整体转移；另外由非市场因素决定的公共部门，如部分具有教育功能的高等院校、承接全国患者的医院、行政管理的事业单位等也逐步向河北、天津转移。而上海作为长三角金融、经济中心的地位更加明确，此消彼长，所以上海在经济方面的影响逐渐提高，2017年开始超过了北京。

表 3-12　　　　中国大陆地市级以上行政区节点局部聚集系数

序号	行政区	2008 年	2009 年	2010 年	2011 年	2012 年	2013 年	2014 年	2015 年	2016 年	2017 年
1	北京	0.1301	0.1299	0.1321	0.1338	0.1342	0.1343	0.1345	0.1346	0.1304	0.1297
2	上海	0.1267	0.1265	0.1261	0.1281	0.1285	0.1286	0.1289	0.1294	0.1293	0.1311
3	广州	0.1140	0.1138	0.1142	0.1146	0.1151	0.1150	0.1153	0.1157	0.1160	0.1138
4	深圳	0.1050	0.1047	0.1154	0.1164	0.1167	0.1171	0.1185	0.1186	0.1193	0.1146
5	苏州	0.0999	0.0996	0.1003	0.1006	0.1008	0.1011	0.1015	0.1017	0.1021	0.0989
6	杭州	0.0997	0.0994	0.0999	0.1001	0.1007	0.1013	0.1016	0.1019	0.1025	0.1101
7	重庆	0.0996	0.0993	0.0997	0.0999	0.1003	0.1007	0.1010	0.1011	0.1013	0.0990
8	南京	0.0989	0.0988	0.0990	0.0992	0.0994	0.0996	0.0999	0.1003	0.1004	0.0985
9	武汉	0.0988	0.0989	0.0993	0.0993	0.0994	0.0993	0.0994	0.1001	0.1001	0.0982
10	成都	0.0956	0.0957	0.0960	0.0961	0.0965	0.0969	0.0989	0.0990	0.0997	0.0957
……	……	……	……	……	……	……	……	……	……	……	……
329	陇南市	0.0005	0.0006	0.0006	0.0006	0.0006	0.0006	0.0006	0.0006	0.0006	0.0005
330	固原市	0.0005	0.0005	0.0005	0.0005	0.0005	0.0005	0.0005	0.0005	0.0005	0.0005
331	和田地区	0.0005	0.0005	0.0005	0.0005	0.0005	0.0005	0.0005	0.0005	0.0005	0.0005
332	昌都市	0.0004	0.0005	0.0005	0.0005	0.0005	0.0005	0.0004	0.0005	0.0005	0.0004
333	那曲地区	0.0004	0.0004	0.0004	0.0004	0.0005	0.0005	0.0005	0.0005	0.0005	0.0004
334	海北州	0.0003	0.0002	0.0003	0.0003	0.0003	0.0003	0.0003	0.0004	0.0003	0.0003
335	黄南州	0.0003	0.0002	0.0003	0.0003	0.0003	0.0003	0.0003	0.0003	0.0003	0.0002
336	嘉峪关市	0.0002	0.0002	0.0003	0.0003	0.0003	0.0003	0.0003	0.0003	0.0003	0.0002
337	阿里地区	0.0002	0.0002	0.0002	0.0002	0.0002	0.0002	0.0002	0.0002	0.0002	0.0002
338	三沙	—	—	—	—	—	0.0000	0.0000	0.0000	0.0000	0.0000

其他城市，如深圳市的局部聚集系数于2010年超过了广州市，可见深圳在局部的影响力已经超过了广州，深圳地处中国华南地区、广东南部、珠江

口东岸,与香港隔河相望,是粤港澳湾区四个最重要的城市之一,也是国际交通枢纽、高科技研发中心、中国重要的金融中心。当前深圳在积极创建中国特色社会主义先行示范区、海洋中心城市、综合性国家科学中心。深圳拥有海运、航空、陆运口岸,是中国出入境人员最多的城市。深圳与广州相比较而言,其优势在于创新能力,体现在制度创新、管理创新、技术创新,"深圳速度"令世界瞩目,是走在中国改革开放前列的城市,而且仍然在尝试新的改革试验。这些都反映了深圳与其他经济主体的联系非常密切、经济往来非常频繁。

另一个值得关注的城市就是杭州,杭州市于2012年开始,其局部聚集系数超过了苏州,苏州的地理位置特殊,靠近上海,能够有效接受上海市场辐射,带来外商投资机遇。与之相比,杭州市近年来以"互联网+"为主要特征的新经济呈现出良好发展态势。最近几年,由于在智慧应用方面的迅速发展,杭州已经形成可复制、可推广的"杭州模式"。

从纵向比较来看,从2008～2017年,大多数城市的局部聚集系数在增长,但北京市的局部聚集系数却从2016开始在减小,究其原因,应该与疏解"非首都功能"具有密切的关系,在这之前,由于历史的原因,北京承担了许多非首都的功能,有很多大型的企业如中石化燕山分公司、东方石油化工有限公司、首钢总公司等都是水耗、能耗排位靠前的企业。还有局部性的专业服务行业:如各种批发市场、物流基地、服务外包、健康养老、呼叫中心等。另外还有中央部委提供的各种事业性机构如信息中心、研究院所、行业协会、出版社、报社等。此外北京聚集了最优质的医疗资源,吸引了全国的患者。这些经济主体或者类经济主体在过去都会建立与全国各个经济主体之间的联系,有些是不必要的,也是北京无法继续承载下去的,人口、资源、交通、环境已不堪重负,城市压力越来越大,居住体验也越来越不好,形势所逼,必须对"非首都核心功能"进行疏解,这包括外科手术式的分割,但更多的可能是与周边地区优势互补,这是一种结构优化,必将有益于北京持续稳定的发展,当然作为首都,最终将有益于全国的经济发展。

(4)聚集。下面进行聚类分析,目的是发现全局视角下的局部聚合特征。一般经常使用的聚类算法是K-means算法,K-means算法的关键思路是在满足同一聚类中个体相似度(利用中心对象来计算相似度)最高的条件下,根据设定的k值将n个体分割为k个聚类。K-means算法的主要执行步骤过程：第一步从 n 个个体中选取 k 个个体作为初始的中心个体，对其余个体根据其与初始中心个体的相似度，分配到不同的聚类；然后计算每个聚类的聚类中心个体，不断迭代这个过程，直到测度函数（一般采用均方差）收敛，结束算法。K-means 有其固有的缺点：所生成的聚类大小差不多，脏数据的兼容性比较差。针对这些不足，本书对 K-means 做些改进，命名为 K-enhance 算法，主要思路是首先选取一个节点称为 enhance 来代替 means 节点。K-enhanc 与 K-means 不同的地方在于，在 K-means 中，将平均值作为聚集的中心点，但在 K-enhance 算法中，选取一个到其他节点的距离之和最小的节点作为中心点。由于本书的聚类对象是图，因此，结合图论聚类算法和 K-enhance 算法，提出了一种 K-enhance 图聚类算法[1]。图聚类算法首先要构建与应用问题相匹配的图结构，每一个图节点就是一个经济主体，图的边代表经济主体之间的联系，并且每个边会有一个权重，图聚类算法是以部分数据作为聚类算法的训练数据，通过深度学习来生成最终聚类。图论分析中，把需要聚类的节点"$x_1, x_2, x_3, x_4, \cdots$"看作一个全连接图 $G = [X, E]$ 中的节点，然后给每一条边赋值，计算任意两个节点之间的距离（权值）。并生成最小生成树，设置阈值将图进行聚类分解。

改进的 K-enhance 图聚类算法的主要步骤包括：

①从图 G 中选择度值大于 d（带权）的 k 个节点对象作为初始聚类中心，根据最小路径长度 l（非带权路径长度），形成初始聚类；

②根据最小路径长度 l（非带权路径长度），选择新的聚类中心；

③根据新的聚类中心，形成新的聚类；

④不断循环，直到聚类中心不变，聚类稳定下来。

算法伪代码如下：

Step1　选取 K 个节点作为 enhance$(E_1, E_2, \cdots, E_i, \cdots, E_k)$。

Step2　Loop；

①将剩余节点聚合到各聚类中（根据路径长度阈值）；

②对于每个聚类（E_i），顺序选取一个 E_r，计算用 E_r 代替 E_i 后的路径长度 $L(E_r)$。选择 L 最小的那个 E_r 来代替 E_i。

---

[1] Zahn CT, Graph-theoretical Methods for Detecting and Describing Gestalt Clusters. *IEEE Transactions on Computers*, Vol. 20, No. 1, 1971, pp. 68–86.

End loop if K 个 enhance 不变。

根据以上算法，利用 2008 年、2017 年的数据，分别选取度值为前 5 名~前 20 名的行政区作为初始聚类中心，进行聚类运算，在度值大于 2 且网络直径小于等于 6 的前提下，2008 年的数据最终形成的聚集结果如下所示。

第 1 个聚类包含吕梁市、秦皇岛市、廊坊市、石家庄市、邯郸市、沧州市、通辽市、北京市、呼和浩特市、赤峰市、太原市、天津市、保定市、唐山市、鄂尔多斯市、邢台市、张家口市、呼伦贝尔市、长治市、临汾市、承德市、运城市、晋城市、衡水市、朔州市、锡林郭勒盟、晋中市、巴彦淖尔市、大同市、乌兰察布市、忻州市、阳泉市、包头市等地级以上行政区，主要涉及河北、山西、内蒙古等省份的地级以上城市和北京市、天津市 2 个直辖市，从整体上来看，节点度值分化比较严重，其中北京、天津节点度分别为 26、17，在此聚集中处于一级核心地位，其中绝大部分节点都与北京有着直接的经济联系，只有通辽市、临汾市、运城市、朔州市、晋中市、巴彦淖尔市、阳泉市等城市与北京的没有直接的联系。超过一半的城市与天津具有直接的经济联系，石家庄市、太原市、唐山市、呼和浩特市节点度分别为 11、8、7、7，处于二级核心地位，如图 3 - 20 所示。

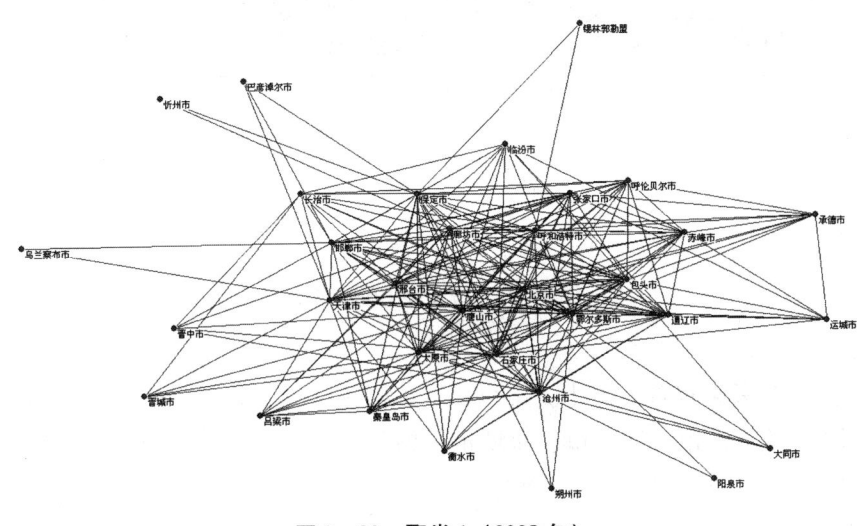

图 3 - 20　聚类 1（2008 年）

第 2 个聚类包含白山市、铁岭市、四平市、松原市、长春市、大连市、沈阳市、哈尔滨市、营口市、大庆市、锦州市、鞍山市、辽阳市、抚顺市、牡丹江市、绥化市、本溪市、丹东市、盘锦市、齐齐哈尔市、朝阳市、延边州、葫芦岛市、辽源市、佳木斯市、双鸭山市、通化市、阜新市、鸡西市、白城市、七台河市、黑河市、鹤岗市、伊春市、吉林市35个地级以上行政区，主要涉及辽宁、吉林、黑龙江等省份的地级以上城市，从整体来看，节点度值差距不是很大，其中大连、沈阳、哈尔滨、长春节点度分别为20、15、14、14，在此聚集中处于一级核心地位，鞍山、齐齐哈尔、吉林市、大庆、牡丹江、营口节点度分别为11、10、9、9、7、7，处于二级核心地位，如图3-21所示。

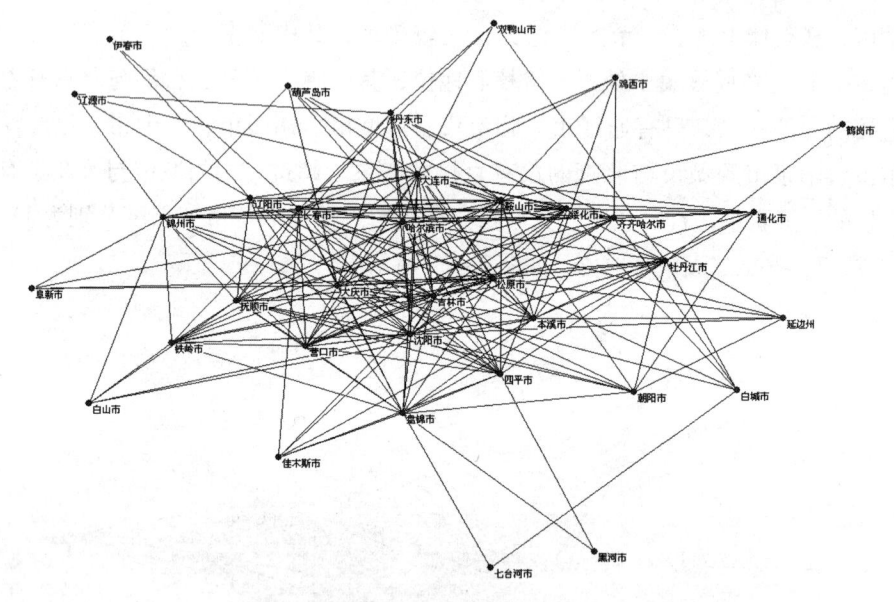

图3-21 聚类2（2008年）

第3个聚类包含上海市、南京市、苏州市、无锡市、徐州市、常州市、南通市、连云港市、淮安市、盐城市、扬州市、镇江市、泰州市、宿迁市、杭州市、宁波市、温州市、嘉兴市、湖州市、绍兴市、金华市、衢州市、舟山市、台州市、丽水市、合肥市、芜湖市、蚌埠市、淮南市、马鞍山市、淮北市、铜陵市、安庆市、黄山市、滁州市、阜阳市、宿州市、六安市、亳州市、池州市、宣城市、福州市、厦门市、莆田市、三明市、泉州市、漳州市、南平市、龙岩市、宁德市、南昌市、景德镇市、萍乡市、九江市、新余市、鹰潭市、赣州市、吉安市、宜春市、抚州市、上饶市、济南市、青岛市、淄博市、枣庄市、东营市、烟台市、潍坊市、济宁市、泰安市、威海市、日照市、临沂市、德州市、聊城市、滨州市、菏泽市77个地级以上行政区，主要涉及上海，江苏，浙江，山东，安徽等省份的地级以上城市以及上海这个直辖市，从整体来看，除了上海这个超级核心外（节点度值达到49），其他节点度值差距不是很大，其中南京、苏州、无锡、杭州、济南、青岛、宁波、厦门、福州、烟台、合肥、泉州、温州等节点度分别为28、24、22、19、18、17、15、15、14、14、13、12、11，在此聚集中处于一级核心地位，南昌、绍兴、台州、威海、南通、泰安、东营、镇江、济宁、扬州、徐州、阜阳、九江、赣州、滨州、湖州、嘉兴、临沂、金华、宜春、新余、景德镇、盐城、萍乡、芜湖、连云港、聊城、蚌埠、淮南、马鞍山、丽水、衢州、吉安、鹰潭、漳州、菏泽、萍乡等节点度的取值范围在8和5之间，处于二级核心地位，如图3-22所示。

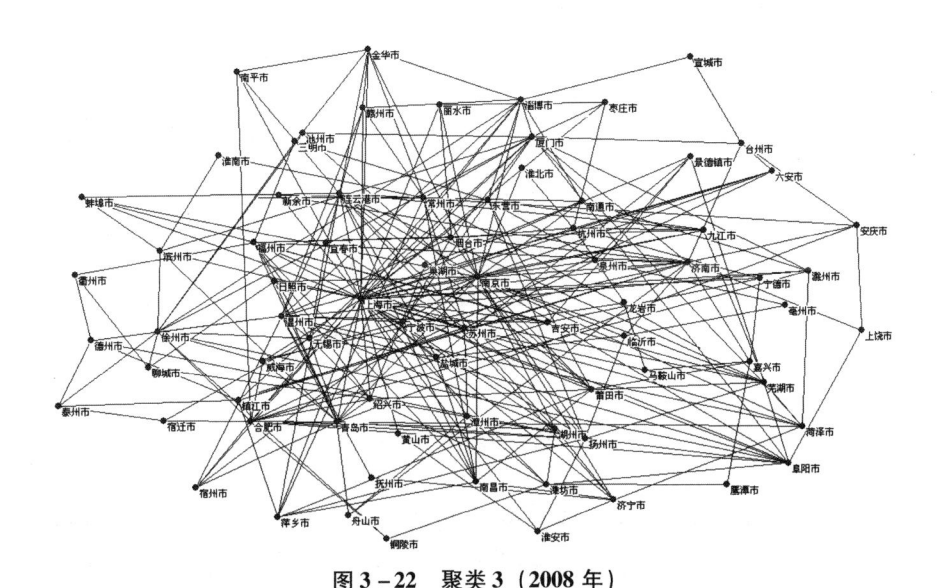

图3-22 聚类3（2008年）

第4个聚类包含郑州市、开封市、洛阳市、平顶山市、安阳市、鹤壁市、新乡市、焦作市、濮阳市、许昌市、漯河市、三门峡市、南阳市、商丘市、信阳市、周口市、驻马店市、武汉市、黄石市、十堰市、宜昌市、襄阳市、鄂州市、荆门市、孝感市、荆州市、黄冈市、咸宁市、随州市、长沙市、株洲市、湘潭市、衡阳市、邵阳市、岳阳市、常德市、张家界市、益阳市、郴州市、永州市、怀化市、娄底市、广州市、深圳市、佛山市、珠海市、汕头市、东莞市、中山市、韶关市、江门市、湛江市、茂名市、肇庆市、惠州市、梅州市、汕尾市、河源市、阳江市、清远市、潮州市、揭阳市、云浮市、南宁市、柳州市、桂林市、梧州市、北海市、防城港市、钦州市、贵港市、玉林市、百色市、贺州市、河池市、来宾市、海口市、儋州市、崇左80个地级以上行政区，主要涉及河南、湖北、湖南、广东、广西、海南等省份的地级以上城市。从整体来看，节点度值差距不是很大，其中广州、深圳节点度分别为32、30，在此聚集中处于一级核心地位，武汉、长沙、郑州、东莞、南宁、佛山城市节点度分别为20、19、18、17、17、16，处于二级核心地位，如图3-23所示。

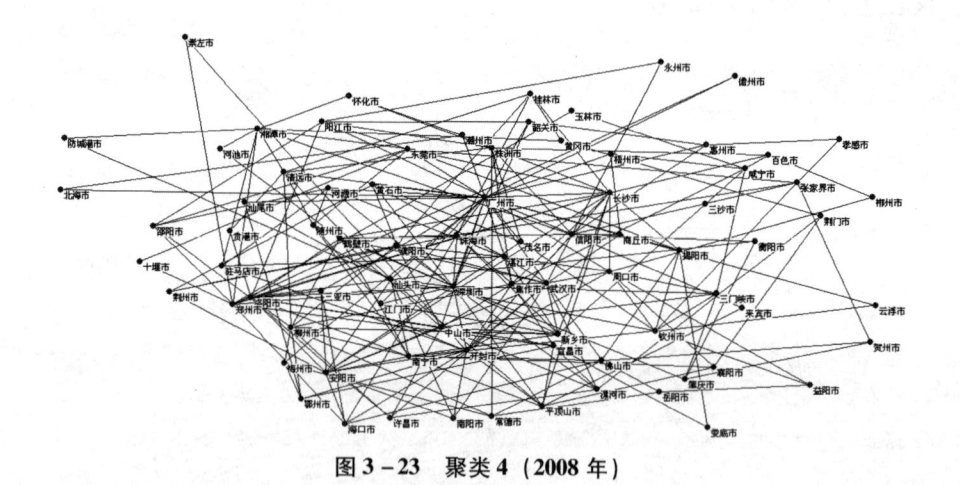

图3-23 聚类4（2008年）

第5个聚类，包含重庆、成都市、绵阳市、自贡市、攀枝花市、泸州市、德阳市、广元市、遂宁市、内江市、乐山市、南充市、眉山市、宜宾市、广安市、达州市、雅安市、巴中市、资阳市、贵阳市、遵义市、六盘水市、安顺市、毕节市、铜仁市、昆明市、丽江市、曲靖市、玉溪市、保山市、昭通市、普洱市、临沧市、拉萨市、日喀则市、昌都市、林芝市、山南市、那曲市39个地级以上行政区，主要包括四川、贵州、云南、西藏等省份的地级以上城市和重庆这个直辖市,从整体来看,节点度值差距不是很大,其中重庆、成都节点度分别为22、19,在此聚集中处于一级核心地位,昆明、贵阳、绵阳节点度分别为10、9、9,处于二级核心地位,如图3-24所示。

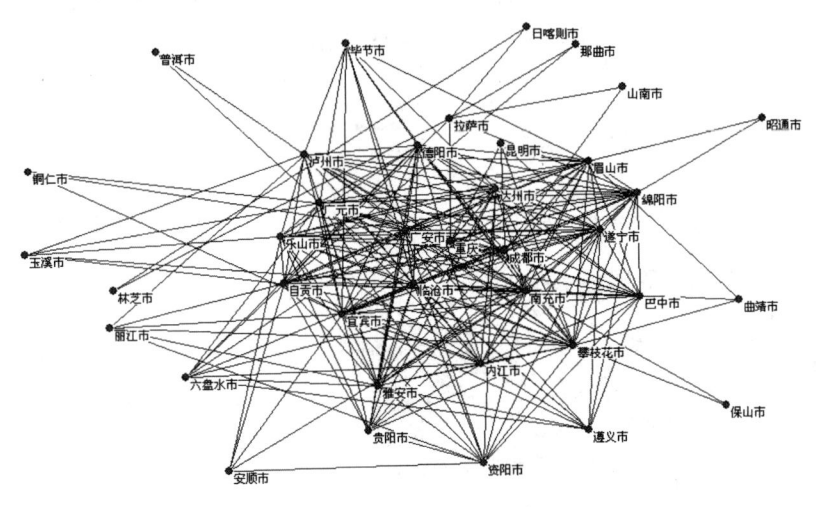

图3-24 聚类5(2008年)

第6个聚类包含西安市、延安市、咸阳市、汉中市、宝鸡市、铜川市、渭南市、榆林市、安康市、商洛市、兰州市、嘉峪关市、金昌市、白银市、天水市、武威市、张掖市、平凉市、酒泉市、庆阳市、定西市、陇南市、西宁市、海东市、银川市、石嘴山市、吴忠市、固原市、中卫市、乌鲁木齐市、克拉玛依市、吐鲁番市、哈密市、锡林郭勒盟、阿拉善盟、兴安盟、延边朝鲜族自治州、恩施土家族苗族自治州、湘西土家族苗族自治州、临夏回族自治州、甘南藏族自治州、甘孜藏族自治州、凉山彝族自治州、阿坝藏族羌族自治州、黔东南苗族侗族自治州、黔南布依族苗族自治州、黔西南布依族苗族自治州、昌吉回族自治州、伊犁哈萨克自治州、博尔塔拉蒙古自治州、巴音郭楞蒙古自治州、克孜勒苏柯尔克孜自治州、黄南藏族自治州、海北藏族自治州、海南藏族自治州、果洛藏族自治州、玉树藏族自治州、海西蒙古族藏族自治州、迪庆藏族自治州、楚雄彝族自治州、大理白族自治州、怒江傈僳族自治州、西双版纳傣族自治州、文山壮族苗族自治州、德宏傣族景颇族自治州、红河哈尼族彝族自治州、大兴安岭地区、阿里地区、和田地区、喀什地区、塔城地区、阿勒泰地区、阿克苏地区73个地级以上行政区，主要包括陕西、甘肃、青海、宁夏、新疆等省份的地级以上城市，从整体来看，节点度值差距不是很大，其中西安、乌鲁木齐节点度分别为22、19，在此聚集中处于一级核心地位，兰州、银川、西宁、宝鸡、咸阳节点度分别为10、9、9、8、7，处于二级核心地位，如图3-25所示。

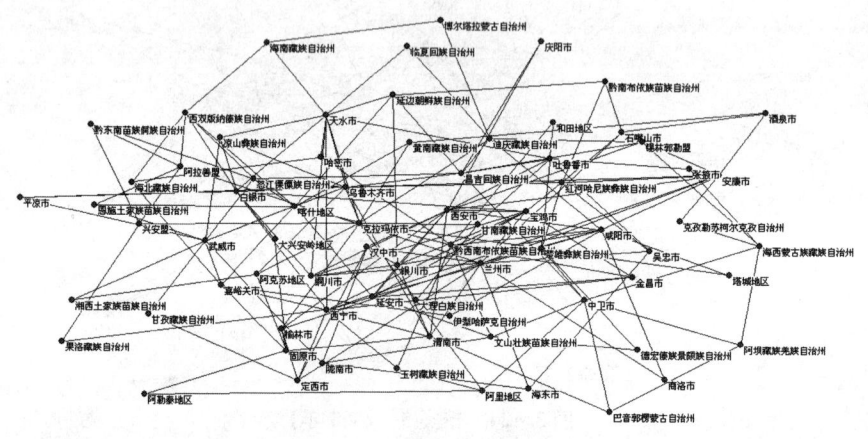

图3-25 聚类6（2008年）

2017年的数据最终形成的聚集结果分别如下所示。

第1个聚类包含上海市、北京市、广州市、深圳市、天津市、苏州市、杭州市、无锡市、青岛市、佛山市、宁波市、南京市、唐山市、烟台市、东莞市、济南市、泉州市、南通市、石家庄市、潍坊市、福州市、常州市、温州市、徐州市、淄博市、绍兴市、济宁市、台州市、临沂市、东营市、邯郸市、嘉兴市、盐城市、扬州市、沧州市、金华市、厦门市、泰安市、保定市、泰州市、镇江市、威海市、中山市、惠州市、德州市、聊城市、滨州市、江门市、茂名市、湛江市、漳州市、枣庄市、淮安市、廊坊市、湖州市、邢台市、汕头市、珠海市、菏泽市、连云港市、清远市、肇庆市、日照市、宿迁市、揭阳市、龙岩市、三明市、张家口市、秦皇岛市、承德市、莆田市、衡水市、衢州市、宁德市、南平市、韶关市、丽水市、阳江市、舟山市、梅州市、海口市、潮州市、莱芜市、河源市、汕尾市、云浮市、三亚市、儋州市88个地级以上行政区，主要包括河北省、江苏省、浙江省、福建省、山东省、广东省、海南省等省份的地级以上城市和北京、天津、上海三大直辖市,几乎囊括了中国东部沿海的主要城市和地区,是中国最发达的经济区。其中北京、上海、广州、深圳节点度分别为42、48、42、40,在此聚集中处于一级核心地位,杭州市、南京市、无锡市、莞市、天津市、青岛市、唐山市、烟台市、济南市、佛山市、苏州市节点度分别为37、33、36、32、39、36、33、333、31、36、38,处于二级核心地位。

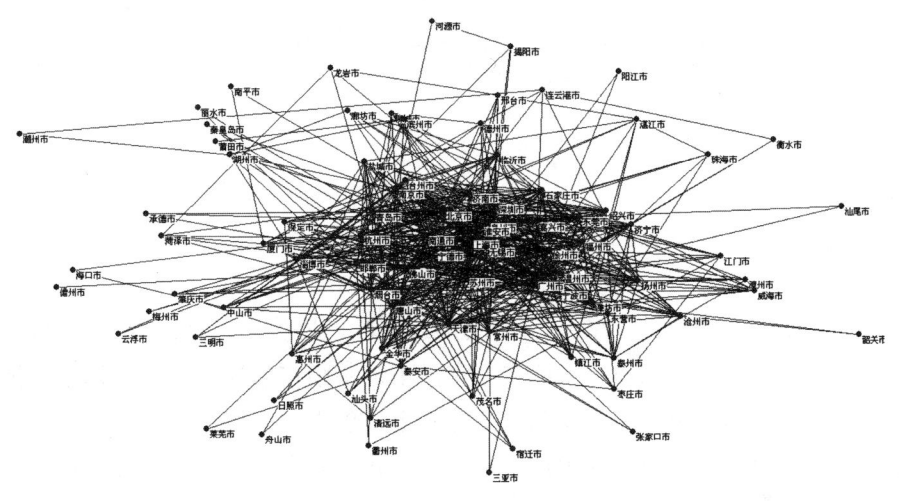

图 3-26 聚类1(2017年)

第2个聚类如图3-27所示,包含大连市、沈阳市、哈尔滨市、长春市、大庆市、鞍山市、吉林市、松原市、营口市、盘锦市、锦州市、抚顺市、本溪市、齐齐哈尔市、四平市、牡丹江市、辽阳市、绥化市、丹东市、铁岭市、朝阳市、通化市、延边州、葫芦岛市、佳木斯市、白城市、白山市、鸡西市、辽源市、双鸭山市、阜新市、七台河市、黑河市、鹤岗市、伊春市、大兴安岭地区36个地级以上行政区,主要包括辽宁省、吉林省、黑龙江省等省份的地级以上城市。其中大连、沈阳、哈尔滨、长春节点度分别为26、22、20、20,在此聚集中处于一级核心地位,吉林市、牡丹江、齐齐哈尔、大庆、鞍山、营口节点度分别为18、17、16、16、15、15,处于二级核心地位。

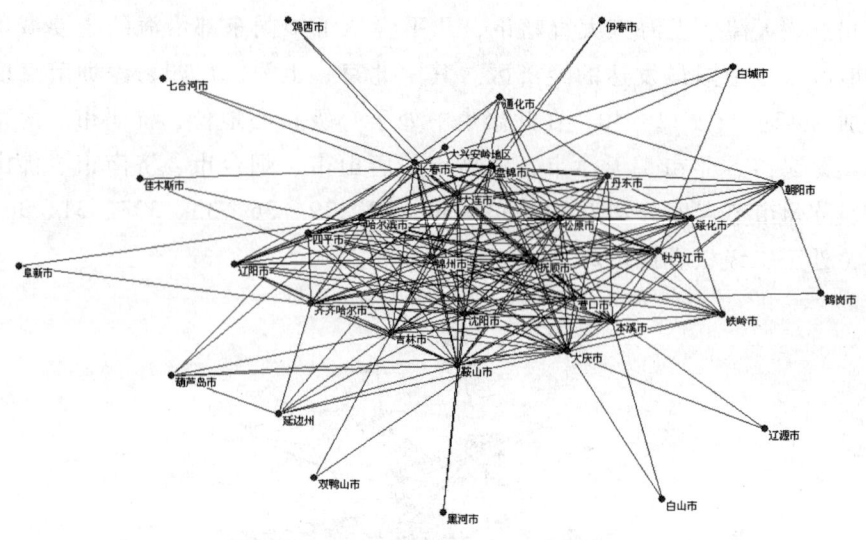

图 3-27 聚类 2 (2017 年)

第 3 个聚类如图 3-28 所示，包含武汉市、长沙市、郑州市、合肥市、洛阳市、南昌市、南阳市、太原市、宜昌市、岳阳市、襄阳市、常德市、衡阳市、许昌市、平顶山市、安阳市、株洲市、焦作市、周口市、新乡市、商丘市、赣州市、芜湖市、信阳市、郴州市、驻马店市、九江市、安庆市、开封市、长治市、上饶市、湘潭市、临汾市、三门峡市、宜春市、黄冈市、吕梁市、荆州市、运城市、马鞍山市、孝感市、濮阳市、永州市、晋中市、十堰市、晋城市、邵阳市、荆门市、吉安市、阜阳市、益阳市、滁州市、大同市、黄石市、漯河市、娄底市、六安市、怀化市、朔州市、宿州市、蚌埠市、新余市、抚州市、巢湖市、淮南市、宣城市、萍乡市、咸宁市、亳州市、铜陵市、淮北市、景德镇市、忻州市、阳泉市、鹤壁市、随州市、鄂州市、恩施州、济源市、鹰潭市、黄山市、湘西州、池州市、张家界市 84 个地级以上行政区，主要包括山西省、河南省、安徽省、江西省、湖北省、湖南省等省份的地级以上城市。其中武汉、长沙、郑州市的节点度分别为 39、38、37，在此聚集中处于一级核心地位，合肥市、洛阳市、南昌市、南阳市、太原市、宜昌市、岳阳市、襄阳市节点度分别为 26、25、25、24、23、22、21、20，处于二级核心地位。

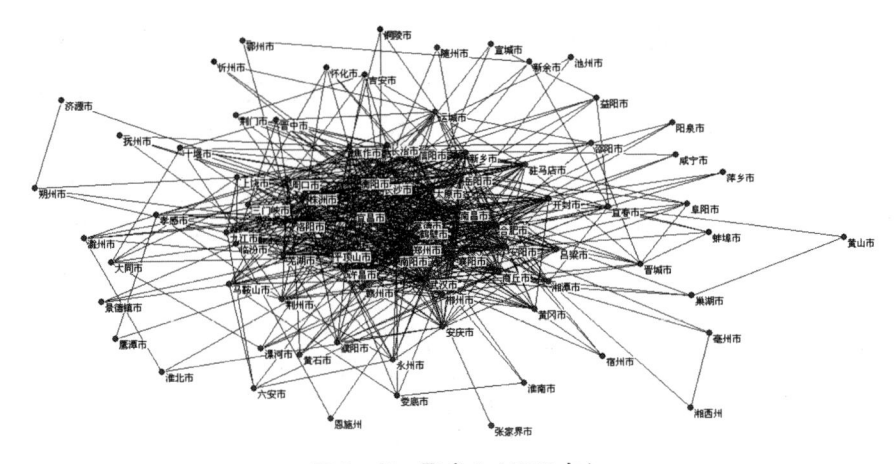

图 3-28 聚类 3（2017 年）

第 4 个聚类如图 3-29 所示，包含成都市、西安市、鄂尔多斯市、包头市、昆明市、呼和浩特市、南宁市、榆林市、乌鲁木齐市、柳州市、通辽市、贵阳市、桂林市、兰州市、咸阳市、赤峰市、曲靖市、宝鸡市、绵阳市、呼伦贝尔市、德阳市、遵义市、伊犁州、延安市、宜宾市、玉林市、南充市、达州市、渭南市、凉山州、银川市、乐山市、玉溪市、泸州市、克拉玛依市、内江市、资阳市、红河州、自贡市、巴音郭楞州、西宁市、巴彦淖尔市、阿克苏地区、毕节地区、锡林郭勒盟、梧州市、百色市、昌吉州、眉山市、乌兰察布市、广安市、贵港市、攀枝花市、汉中市、钦州市、六盘水市、遂宁市、大理州、河池市、酒泉市、楚雄州、北海市、乌海市、崇左市、来宾市、贺州市、昭通市、喀什地区、海西州、庆阳市、黔南州、文山州、安康市、黔西南州、广元市、防城港市、黔东南州、白银市、阿拉善盟、天水市、塔城地区、石嘴山市、铜仁地区、雅安市、商洛市、巴中市、兴安盟、保山市、普洱市、安顺市、平凉市、武威市、临沧市、张掖市、金昌市、吴忠市、铜川市、吐鲁番地区、嘉峪关市、拉萨市、海东地区、陇南市、中卫市、哈密地区、版纳州、定西市、丽江市、德宏州、阿勒泰地区、阿坝州、博尔塔拉州、甘孜州、临夏州、固原市、和田地区、日喀则地区、迪庆州、海南州、甘南州、昌都地区、海北州、山南地区、怒江州、林芝地区、那曲地区、杨凌示范区、黄南州、克孜勒苏州、玉树州、果洛州、阿里地区 131 个地级以上行政区和 1 个直辖市重庆，主要包括内蒙古自治区、广西壮族自治区、四川省、贵州省、云南省、西藏自治区、陕西省、甘肃省、青海省、宁夏回族自治区、新疆维吾尔自治区等省份的地级以上城市。其中重庆、成都、西安的节点度分别为 46、45、43，在此聚集中处于一级核心地位，昆明市、贵阳市、包头市、呼和浩特市、南宁市、兰州市、榆林市、乌鲁木齐市、柳州市、通辽市、桂林市、咸阳市、宝鸡市、绵阳市节点度分别为 20、20、19、19、18、18、18、17、17、17、16、15、15、14、14、12，处于二级核心地位。

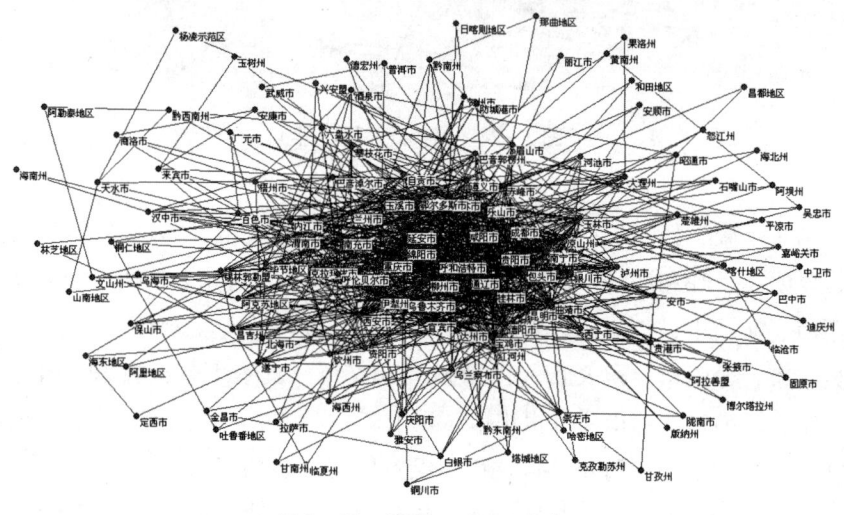

图 3-29　聚类 4（2017 年）

(5) 聚集的演化特征。

分别从网络密度、平均路径长度、网络直径、聚集系数、网络关联度等网络整体的统计指标来考察网络聚集的演化特征，计算了 2008 年和 2017 年中国经济网络的聚集统计指标，从中可以发现中国经济网络随时间演化的特征。如表 3-13 所示，在 2008 年，总共生成了 6 个聚集，网络密度分别为 0.0266、0.0259、0.0285、0.0278、0.0261、0.0257，而到了 2017 年，总共生成了 4 个聚集，网络密度分别为 0.0483、0.0392、0.0413、0.0374，网络聚集的数量在减小，而网络密度在增大，这说明从 2008~2017 年，网络节点之间的联系在增加，节点之间的组织性在增强，节点之间的集聚效应在增强，这些都是交通、物流、信息基础设施、政策的开放性作用的结果，使得经济主体之间的联系和交流更加广泛和频繁。聚集的平均路径长度从 2008 年的

23.56、23.53、23.61、23.58、23.54、23.51，变化到 2017 年的 49.85、38.36、47.41、29.13，网络平均路径长度普遍都增加了，这里的平均路径长度表征的是价值增值的量，可见随着时间的推移，价值链在增长，经济的附加值在增大。

表 3-13　　　　　　　2008 年、2017 年中国经济网络统计特征

统计特征	2008 年						2017 年			
	聚集 1	聚集 2	聚集 3	聚集 4	聚集 5	聚集 6	聚集 1	聚集 2	聚集 3	聚集 4
网络密度	0.0266	0.0259	0.0285	0.0278	0.0261	0.0257	0.0483	0.0392	0.0413	0.0374
平均路径长度	23.56	23.53	23.61	23.58	23.54	23.51	49.85	38.36	47.41	29.13
网络直径	18.77	18.74	18.85	18.79	18.75	18.71	39.98	26.89	32.57	21.59
聚集系数	0.1863	0.1859	0.1871	0.1867	0.1861	0.1858	0.2896	0.2011	0.2512	0.1998
网络关联度	0.0522	0.0519	0.0529	0.0526	0.0521	0.0517	0.1137	0.0813	0.10948	0.0795

聚集的网络直径从 2008 年的 18.77、18.74、18.85、18.79、18.75、18.71，变化到 2017 年的 39.98、26.89、32.57、21.59，这说明聚集的规模在变大，按照梅特卡夫定律：一个网络的整体价值与该网络所含节点数的平方成正比，聚集规模越大，所包括的节点数就越多，集聚的资源就越多，经济主体之间的互补性就越强，网络的外部性优势就越明显，经济网络所创造的价值就越大。聚集的整体聚集系数从 2008 年的 0.1863、0.1859、0.1871、0.1867、0.1861、0.1858 到 2017 年的 0.2896、0.2011、0.2512、0.1998，整体聚集系数是用来表征某个聚集中节点结合成聚集的程度的数值，具体来说，是某个集合内节点之间联系的密切程度。可见，从 2008~2017 年，节点之间聚集成团的凝聚性在增强。聚集的网络关联度从 2008 年的 0.0522、0.0519、0.0529、0.0526、0.0521、0.0517 到 2017 年的 0.1137、0.0813、0.10948、0.0795，网络关联度增加的幅度较大，网络关联度表征了网络结构的易毁性或鲁棒性。如果网络中任意两个节点之间都存在直接的连接（完全网络或完全图），则该网络的鲁棒性相对来说较强；如果两个节点之间均通过某个节点连接起来，那么这个网络依赖于该中介节点的程度较大，网络则表现出易毁性。可见，整个经济网络的鲁棒性在提高，抗风险的能力得到了提升。

二、面向大数据的世界贸易网络建模与分析

(一) 研究思路

经济学所研究的主要问题是"资源的有效配置",资源配置效率不断优化从而促进经济的持续增长。20 世纪中叶以来,世界经济呈现出全球一体化的发展趋势。世界各国通过国际贸易实现经济上共生与互补、交流与融合、竞争与合作,在全球范围内实现了资源更有效的配置,从而达到供给和需求更高层次的平衡,促进了各国经济的进一步发展。在这种大趋势下,世界经济不断融合发展,逐渐形成了相互依赖、优势互补的共同体,任何国家的经济系统都不可能关起门来搞经济,都需要与其他国家合作发展,宏观经济研究已从一国范围扩展到全世界多国范围,国际贸易是研究不同国家或地区之间资源有效配置的重要视角,是经济学理论重要的研究内容之一。斯密 (Smith,1776) 已经阐述过由于比较优势、分工等原因,形成国家间资源流动,对于促进世界经济发展的整体作用非常重要。18 世纪前,尽管存在生产资料的交换,但这种交换的成本很高,信息和技术的交流效率就更低了,造成传统农业社会生产力水平较低。经过工业革命,由于技术的进步,社会生产力水平突飞猛进,使得人们开始思考促进经济增长的内在原因。工业革命以来,研究西方经济的学者们在实践的基础上提出了一个经济增长的模型:$P = RF(C, M)$,其中 P 是生产量,R 是生产率,F 表示函数,M 是劳动力,C 是资本。两百多年以来,西方经济学一直以这个理论模型来解释和指导宏观经济的发展。劳动力、生产率、资本是现代经济发展的基本要素,国际贸易就是国与国之间生产要素流动的具体实践。

随着近三十多年信息经济、数字经济、网络经济的迅猛发展,经济发展的形态在部分领域已经改变了原有经济增长的模式,需要针对新的实践扩展原有的理论模型。随着信息、网络以及物流技术的发展,资本、劳动、资源和技术的流动成本在不断降低,资本、劳动力、资源和技术在国家之间的流动在不断加速,经济的互补性在不断加强,网络外部性的特征不仅体现在一

国范围内，而是已逐渐扩展到进行贸易的各个国家之间。各个国家通过贸易活动，交换资本、劳动力、资源、信息、技术等，彼此间形成了相互关联的贸易网络，一个国家的经济变化，会影响到网络中的其他国家，这种影响由于网络的放大作用，有时造成的结果可能是积极的，也有可能是致命的。由于各国间通过各种形式的贸易，经济系统间存在着各种关联关系，经济的偶发事件往往不再是一个国家的事情，而是可以通过贸易网络扩散到所有国家，如1997年爆发的亚洲金融危机，迅速波及东南亚各国，对许多国家的经济都造成了致命的打击，甚至是灾难性的后果。因此，世界经济稳定地发展，很大程度上是受到国际贸易网络的影响，进而受到国家间宏观经济政策的影响。作为世界最大的贸易国，我国对外贸易系数仍然高达30%以上（数据来源于海关总署），经济对外依存度仍然不低，经济发展受到外部环境的影响依然很大。要保证我国经济健康、持续的发展，必须对国际贸易网络进行深入研究，从而提出有针对性的措施。

如图3-30所示，首先通过网络爬虫和自然语言处理技术从相关网站上收集各个国家之间的贸易数据，进行初步的处理，使其结构化，通过相应的软件预处理，使其成为可以被Pajek接受的数据，然后通过Pajek建立国家之间的贸易网络模型，然后对网络模型的节点特征、网络的整体特征、网络的演化趋势进行分析。

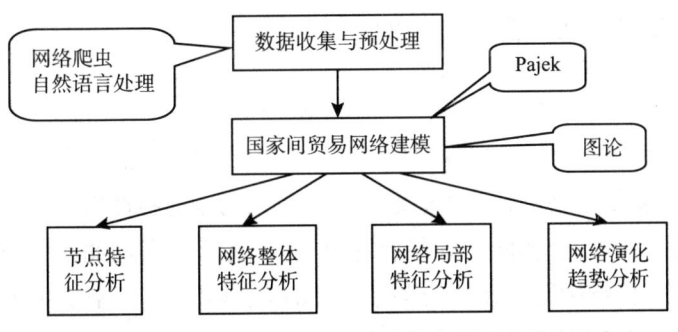

图3-30 各国家及地区之间贸易网络主要研究思路及内容

（二）世界贸易网络建模

数据来源于国际货币基金组织（International Monetary Fund，IMF）的Direction of Trade（DOT）数据库、联合国商品贸易统计数据库（uncomtrade）、World Export Data（WED）数据库。DOT 数据包括每年国家进口和出口的时间序列，以当年的百万美元为单位。另外，本书还使用网络爬虫从各国的统计网站、海关部门网站、新闻报道等搜集补充了大量的数据，经过预处理，最后得到 1977～2012 年 128～218 个国家或地区（随着信息化的发展，可获得贸易数据的国家越来越多）的贸易流量的数据矩阵 A，矩阵 A 的元素 a_{ij} 定义为 i 国出口到 j 国的贸易总额，a_{ij} 为 0 则表示 i 国出口到 j 国的贸易总额为 0。

（三）世界贸易网络特征分析

1. 网络的整体结构特征

整体特征主要包括：网络密度、平均的路径长度、聚集系数、网络关联度、聚类等。

（1）网络密度。网络密度（density）是表征网络节点彼此间互相连接程度的指标，其数值为某一网络所拥有的边与同等规模正则网络所拥有边的比值，在经济网络中常用来测量经济联系的频繁程度以及随时间变化的趋势。由于国家间的贸易量值差别巨大，这里忽略边的权重计算网络密度，关于数据的归一化处理可以见前面章节，这里不再赘述，具有 L 条边 N 个节点的经济网络，网络密度可按公式（3-27）计算：

$$d(G) = \frac{L}{N(N-1)} \tag{3-27}$$

其中，G 为网络图，L 为网络中实际存在有向边的数量，N 为节点个数，$N(N-1)/2$ 就是网络可容纳的边数上限（网络为全连接图时，网络中存在的边数）。网络密度可能的取值范围在 0 和 1 之间，当网络为正则网络时，$d(G)=1$。当网络中不存在连边关系时，$d(G)=0$，不过密度为 1 的网络基本上是不存在的。

利用公式（3-27）计算出世界主要国家及地区间贸易网络 1978～2012 年的网络密度，结果如表 3-14 所示，其变化曲线如图 3-31 所示，从中可以看出，从 1977～1993 年网络密度在 0.1 上下波动，从 1994 年开始，网络密度以近似指数型速率快速增长，到 1998 年网络密度达到 0.38 左右，从

1999年开始增长幅度变小,但是仍然在稳步增长,在2012年达到0.49左右。这说明1977~1993年,世界主要国家及地区之间的贸易联系处于一个较低的稳定时期,1994~1998年,世界主要国家及地区之间的贸易联系处于一个高速扩张时期,而1999~2012年,世界主要国家及地区之间的贸易联系处于一个稳步发展时期,而且越来越接近饱和。

表3-14　　1977~2012年主要国家或地区间贸易网络的网络密度

年份	网络密度	年份	网络密度	年份	网络密度	年份	网络密度
1977	0.10605	1986	0.09194	1995	0.16894	2004	0.43864
1978	0.11619	1987	0.09153	1996	0.19565	2005	0.44264
1979	0.11755	1988	0.08991	1997	0.28537	2006	0.45112
1980	0.10872	1989	0.08272	1998	0.37832	2007	0.46125
1981	0.09577	1990	0.07893	1999	0.38815	2008	0.47252
1982	0.10553	1991	0.07421	2000	0.39137	2009	0.48032
1983	0.10626	1992	0.08934	2001	0.40568	2010	0.49011
1984	0.10842	1993	0.09825	2002	0.41238	2011	0.49112
1985	0.09715	1994	0.13582	2003	0.42897	2012	0.49278

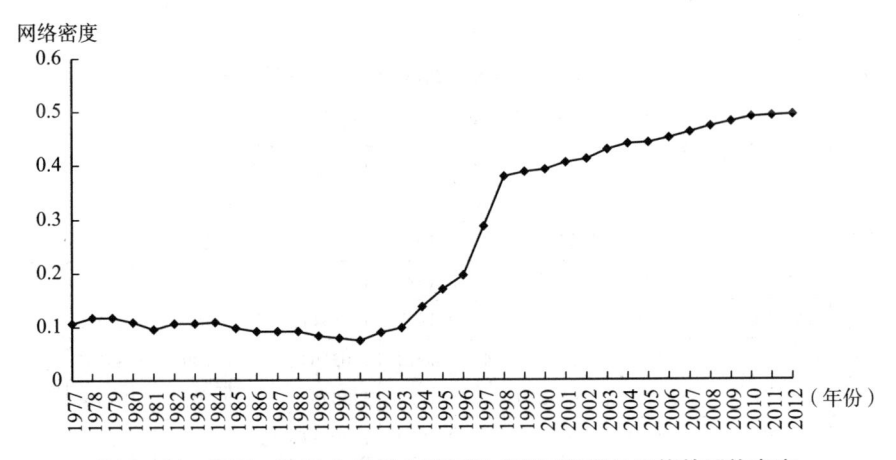

图3-31　1977~2012年世界主要国家或地区间贸易网络的网络密度

(2)平均路径长度、网络直径。贸易网络拓扑图G中任意两个节点V_i与

V_j 的路径长度 d_{ij} 定义为这两个节点通路所经过有向边的个数和,由此,贸易网络 G 的平均路径长度 AveL 定义为网络中任意两个节点间最短路径长度的平均值,它刻画了网络中节点之间进行交互的代价大小。平均路径长度计算方法如公式 (3-28) 所示:

$$AveL = \frac{1}{N} \sum_{i=1}^{N} \sum_{j=1}^{N} \min(d_{ij}) \qquad (3-28)$$

式中,N 为网络所拥有的节点数,$\min(d_{ij})$ 为最短路径长度,定义为从 V_i 到 V_j 所有通路中路径长度最短的通路的长度,网络直径 D 定义为网络所有路径中最短路径长度的最大值,如公式 (3-29) 所示:

$$D = \max\{\min(d_{ij})\} \qquad (3-29)$$

(3) 全局聚集系数。利用 Pajek 软件计算出世界主要国家及地区间 1977~2012 年的网络平均路径长度、网络直径,结果如表 3-14 所示,网络直径及平均路径长度随时间变化如图 3-32 所示,从表 3-15、图 3-32 可以看出,1977~1991 年,网络的平均路径长度基本稳定在 2 左右,从 1992 年开始,网络的平均路径开始缓慢下降,直到 2000 年,网络平均路径下降到 1.5,网络的平均路径代表网络中各点可达的代价,可见贸易网络的可达性在提高。网络直径从 1977~2012 年基本处在 3~4,表明贸易网络的网络直径处在一个比较合理的区间(小于 7)。

表 3-15　　　　1977~2012 年世界主要国家和地区贸易网络的
平均路径长度、网络直径

年份	平均路径长度	网络直径	年份	平均路径长度	网络直径	年份	平均路径长度	网络直径	年份	平均路径长度	网络直径
1977	1.95641	3	1986	2.04333	4	1995	1.88621	3	2004	1.46861	3
1978	1.96715	4	1987	2.04556	4	1996	1.89347	3	2005	1.46273	3
1979	1.97863	4	1988	2.05643	4	1997	1.78911	3	2006	1.45688	3
1980	1.98736	4	1989	2.06131	4	1998	1.63263	2	2007	1.45105	3
1981	1.99691	4	1990	2.07423	4	1999	1.55241	2	2008	1.44524	3
1982	1.99791	4	1991	2.07721	4	2000	1.49234	2	2009	1.43946	3
1983	1.99831	4	1992	1.99212	3	2001	1.48637	3	2010	1.43371	3
1984	1.99967	4	1993	1.95321	3	2002	1.48042	3	2011	1.42797	3
1985	2.01212	4	1994	1.91251	3	2003	1.47451	3	2012	1.42238	3

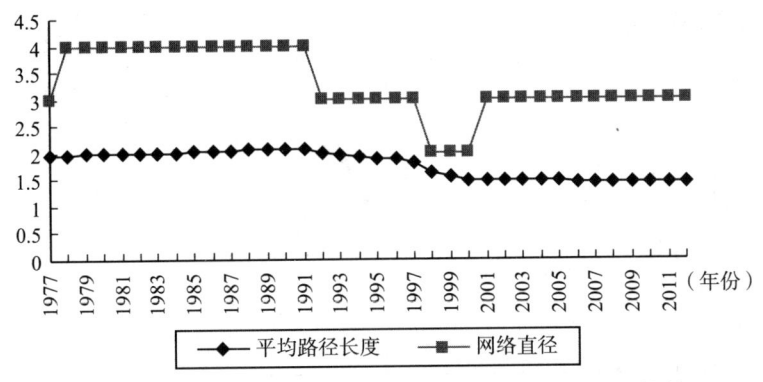

图 3-32 1977～2012 年世界主要国家或地区间贸易网络的
平均路径长度、网络直径变化趋势

全局聚集系数是网络中节点趋于聚集的一种度量，具体来说，是某个节点邻居节点之间彼此连接的程度。这里用来描述世界贸易网络的国家和地区之间结集成团的程度，其定义同前面章节，这里就不再赘述了。

利用 Pajek 计算了 1977～2012 年中国经济网络的全局聚集系数，结果如表 3-16 和图 3-33 所示，结合表 3-16 和图 3-33 可以看出，1977 年全局聚集系数为 0.29586，自此开始一直缓慢下降，到 1991 年达到最低点，全局聚集系数为 0.20801，从 1992 年开始，全局聚集系数以较高速度增长，到 2000 年达到了 0.67622，从 2001～2012 年增长速度比较平缓。

表 3-16　1977～2012 年世界主要国家或地区贸易网络的全局聚集系数

年份	全局聚集系数	年份	全局聚集系数	年份	全局聚集系数	年份	全局聚集系数
1977	0.29586	1986	0.24326	1995	0.43133	2004	0.68710
1978	0.28194	1987	0.24496	1996	0.52143	2005	0.68985
1979	0.28414	1988	0.22888	1997	0.55793	2006	0.69261
1980	0.27946	1989	0.22201	1998	0.59699	2007	0.69538
1981	0.27289	1990	0.21535	1999	0.63877	2008	0.69816
1982	0.26743	1991	0.20801	2000	0.67622	2009	0.70096
1983	0.26508	1992	0.24961	2001	0.67892	2010	0.70376
1984	0.25684	1993	0.29953	2002	0.68164	2011	0.70658
1985	0.25120	1994	0.35944	2003	0.68437	2012	0.70856

图 3-33　1977~2012 年世界主要国家或地区贸易网络的全局聚集系数变化趋势

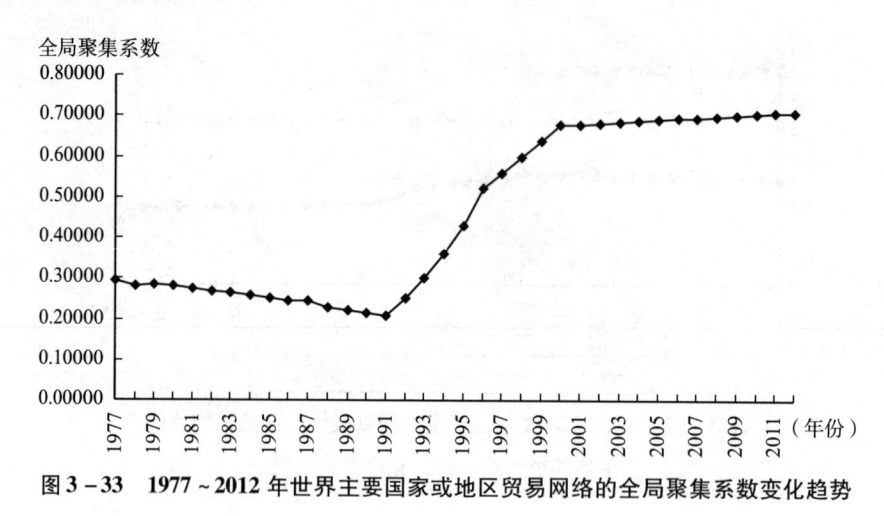

(4) 网络关联度。网络关联度可以表示贸易网络中节点与节点之间的连通程度,反映了贸易网络结构的脆弱性或鲁棒性。如果贸易网络中任意两个国家或地区之间都存在直接的链接(完全网络),则该贸易网络的鲁棒性相对来说最强;如果两个国家或地区之间均通过某个中介国家或地区建立贸易关系,则中介国家对于整个贸易网络的稳定性影响较大,整体网络则不太稳定。所建立的贸易网络是有向带权图,网络关联度 C 表示如公式 (3-30) 所示：

$$C = 1 - \frac{V}{N(N-1)} \tag{3-30}$$

式中,V 表示网络中不可直达的节点对数量,N 表示网络所拥有的节点总数。利用 Pajek 计算了 1977~2012 年世界主要国家或地区间的网络关联度,结果如表 3-17 所示,1977 年网络关联度为 0.08746,这说明在 1977 年大约有 91.3% 的国家或地区之间没有直接的贸易链接,而是通过第三方国家或地区实现链接的,如果这个第三方国家或地区出现问题,则这两个国家或地区间的贸易关系必将受到影响,甚至是致命的打击,这表明整个贸易网络发育不够充分,未来还有发展潜力。网络关联度变化趋势如图 3-34 所示,结合表 3-16 的数据,可以看出 1977~1985 年,网络关联度一直处在 0.07~0.1 区间,也就是说大约有 90~93 个国家或地区之间没有建立直接的贸易关系,1986 年关联度跃升到 0.17391,也就是说有 82% 的国家和地区之间没有建立直接的贸易关系,接着关联度逐年回落,到 1991 年又回到历史最低水平附近,随后从 1992 年开始关联度逐年攀升,到 2012 年达到 0.56834,也就是说只有 43% 的国家或地区之间没有建立直接的贸易关系,这反映了到 2012 年,整个世界主要国家或地区之间贸易网络的鲁棒性在提高,抗风险的能力得到了显著的提升。

表 3-17　　1977~2012 年主要国家或地区贸易网络的关联度

年份	关联度	年份	关联度	年份	关联度	年份	关联度
1977	0.08746	1986	0.17391	1995	0.17447	2004	0.23628
1978	0.07759	1987	0.14782	1996	0.18396	2005	0.26463
1979	0.09206	1988	0.12565	1997	0.17476	2006	0.29639
1980	0.09074	1989	0.10680	1998	0.16602	2007	0.33196
1981	0.09818	1990	0.09078	1999	0.15772	2008	0.37179
1982	0.09327	1991	0.08139	2000	0.15016	2009	0.41641
1983	0.08861	1992	0.09848	2001	0.16818	2010	0.46637
1984	0.07691	1993	0.11916	2002	0.18836	2011	0.52234
1985	0.07306	1994	0.14419	2003	0.21096	2012	0.56834

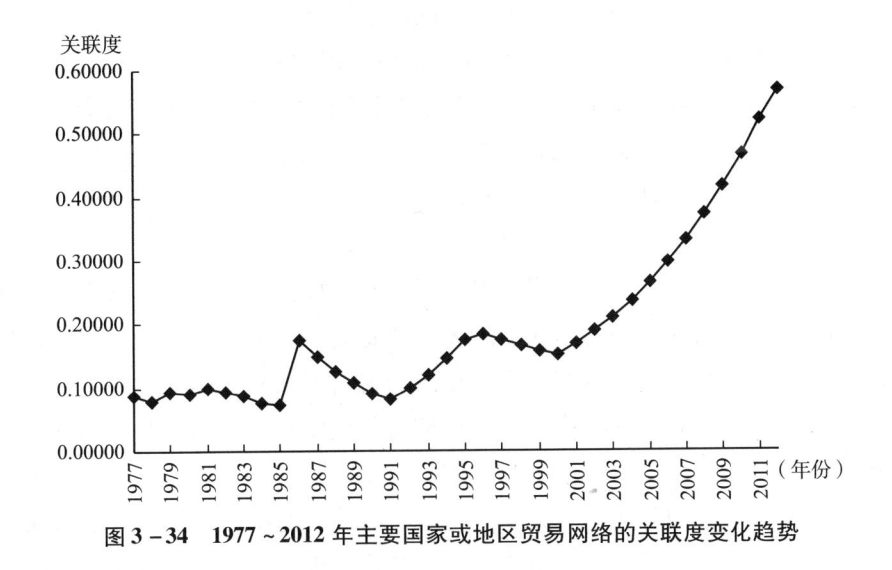

图 3-34　1977~2012 年主要国家或地区贸易网络的关联度变化趋势

(5) 度分布。度 (degree) 是描述节点属性的重要特征,度分布 (degree

distribution）是图论和网络理论中的概念，通过度分布能够刻画节点的重要性。

网络的入度分布指网络中节点的入度的概率分布或频率分布（统称分布），其表示如公式（3-31）所示：

$$P(k_{in}) = \frac{Count(k_{in})}{N} \qquad (3-31)$$

式中，N 为节点总数，$Count(k_{in})$ 表示入度为 k 的节点数量。

网络的出度分布即为网络中节点的出度的概率分布或频率分布（统称分布），其表示如公式（3-32）所示：

$$P(k_{out}) = \frac{Count(k_{out})}{N} \qquad (3-32)$$

式中，N 为节点总数，$Count(k_{out})$ 表示出度为 k 的节点数量。计算了1977年、1981年、1986年、1991年、1996年、2000年、2012年世界主要国家和地区贸易网络节点的入度和出度分布，其结果如表3-18、表3-19、图3-35、图3-36所示。观察表3-18、表3-19、图3-35、图3-36可以发现，无论节点的入度还是出度分布，都明显不符合随机网络模型的特征，关于随机网络模型节点度分布的特征可以参见前面章节介绍，这里就不重复了。而本书所得到的中国经济网络，各个节点彼此的连接分布并不均匀，大约80%的节点只拥有约20%的连接，而大约20%的节点却拥有高达80%以上的连接，近似符合无标度网络的特征，其度分布近似于无标度网络中的幂律分布，具体来说呈现出一种重尾（heavy-tailed distribution）现象，关于重尾现象的定义也可以参见前面章节。从表3-18、表3-19、图3-35、图3-36可以发现，世界主要国家和地区贸易网络节点的入度和出度分布不存在泊松分布一样的峰值，而是拖着一条长尾巴，当 k 增大时，并不像泊松分布一样以指数率迅速递减，而是比较平缓地趋近于0，从而表现出"长尾"特性，也就是说少数节点对无标度网络的运行起着主导作用，这里的无标度性是指的复杂系统内部分布不均匀。符合无标度网络特性的贸易网络具有鲁棒性与脆弱性并存的特点，也就是说如果出现贸易问题的节点是随机分布在每个节点上，由于大多数节点是不重要的节点，因此，对整体经济网络的破坏很小；但是如果贸易问题出现在具有极高度值的节点，一个节点的失常就能造成贸易网络的崩溃，可能会对整个国家的经济系统造成无法估计的损失。

表 3-18　1977 年、1981 年、1986 年、1991 年、1996 年、2000 年、2012 年世界主要国家或地区贸易网络节点入度分布（部分）

度	P(k)(1977)	度	P(k)(1981)	度	P(k)(1986)	度	P(k)(1991)	度	P(k)(1996)	度	P(k)(2000)	度	P(k)(2012)
0	0.0625	0	0.033057851	0	0.024793388	0	0.069230769	0	0.023121387	12	0.005952381	3	0.004587156
1	0.09375	1	0.115702479	1	0.140495868	1	0.184615385	1	0.052023121	13	0.005952381	7	0.004587156
2	0.046875	2	0.082644628	2	0.132231405	2	0.1	2	0.057803468	19	0.005952381	8	0.004587156
3	0.0625	3	0.090909091	3	0.099173554	3	0.107692308	3	0.01734104	21	0.005952381	27	0.004587156
4	0.0703125	4	0.074380165	4	0.107438017	4	0.092307692	4	0.046242775	23	0.005952381	28	0.004587156
5	0.03125	5	0.05785124	5	0.024793388	5	0.030769231	5	0.046242775	24	0.005952381	29	0.004587156
6	0.0703125	6	0.090909091	6	0.041322314	6	0.061538462	6	0.028901734	26	0.011904762	30	0.009174312
7	0.0234375	7	0.024793388	7	0.033057851	7	0.030769231	7	0.01734104	28	0.005952381	31	0.009174312
8	0.046875	8	0.05785124	8	0.05785124	8	0.038461538	8	0.01734104	29	0.011904762	35	0.013761468
9	0.0546875	9	0.024793388	9	0.033057851	9	0.023076923	9	0.005780347	30	0.005952381	39	0.004587156
10	0.0546875	10	0.024793388	10	0.008264463	10	0.023076923	10	0.011560694	33	0.017857143	44	0.009174312
11	0.078125	11	0.024793388	11	0.008264463	11	0.007692308	11	0.023121387	34	0.011904762	45	0.004587156
12	0.0390625	12	0.033057851	12	0.033057851	12	0.038461538	12	0.011560694	35	0.011904762	46	0.004587156
13	0.0078125	13	0.016528926	13	0.049586777	13	0.030769231	13	0.005780347	37	0.011904762	48	0.004587156

续表

度	$P(k)$ (1977)	度	$P(k)$ (1981)	度	$P(k)$ (1986)	度	$P(k)$ (1991)	度	$P(k)$ (1996)	度	$P(k)$ (2000)	度	$P(k)$ (2012)
14	0.03125	14	0.024793388	14	0.016528926	14	0.030769231	14	0.011560694	38	0.005952381	51	0.009174312
15	0.015625	15	0.024793388	15	0.033057851	15	0.023076923	15	0.01734104	39	0.005952381	52	0.004587156
16	0.0078125	16	0.033057851	16	0.024793388	16	0.023076923	16	0.028901734	40	0.005952381	53	0.009174312
17	0.0078125	17	0.008264463	17	0.008264463	19	0.007692308	17	0.023121387	41	0.005952381	54	0.004587156
18	0.015625	18	0.008264463	19	0.008264463	20	0.007692308	18	0.01734104	42	0.017857143	55	0.004587156
19	0.03125	19	0.016528926	20	0.008264463	25	0.015384615	19	0.023121387	43	0.005952381	56	0.004587156
21	0.015625	20	0.008264463	21	0.008264463	28	0.007692308	20	0.005780347	44	0.005952381	57	0.004587156
22	0.0078125	21	0.008264463	23	0.008264463	30	0.007692308	22	0.028901734	45	0.011904762	61	0.004587156
……	……	……	……	……	……	……	……	……	……	……	……	……	……

表3-19 1977年、1981年、1986年、1991年、1996年、2000年、2012年世界主要国家或地区贸易网络节点出度分布（部分）

度	P(k)(1977)	度	P(k)(1981)	度	P(k)(1986)	度	P(k)(1991)	度	P(k)(1996)	度	P(k)(2000)	度	P(k)(2012)
0	0.0546875	0	0.033057851	0	0.066115702	0	0.092307692	0	0.023121387	11	0.005952381	0	0.004587156
1	0.0703125	1	0.173553719	1	0.140495868	1	0.223076923	1	0.063383815	12	0.005952381	2	0.004587156
2	0.125	2	0.115702479	2	0.181818182	2	0.107692308	2	0.046242775	18	0.005952381	4	0.004587156
3	0.046875	3	0.05785124	3	0.115702479	3	0.092307692	3	0.063383815	21	0.005952381	6	0.009174312
4	0.046875	4	0.099173554	4	0.033057851	4	0.061538462	4	0.028901734	22	0.005952381	23	0.009174312
5	0.0703125	5	0.024793388	5	0.024793388	5	0.030769231	5	0.023121387	25	0.011904762	28	0.004587156
6	0.0703125	6	0.024793388	6	0.049586777	6	0.053846154	6	0.028901734	26	0.005952381	32	0.004587156
7	0.0546875	7	0.066115702	7	0.033057851	7	0.030769231	7	0.023121387	28	0.017857143	33	0.004587156
8	0.03125	8	0.041322314	8	0.041322314	8	0.046153846	8	0.028901734	30	0.005952381	34	0.004587156
9	0.078125	9	0.008264463	9	0.016528926	9	0.007692308	10	0.011560694	32	0.005952381	37	0.004587156
10	0.046875	10	0.033057851	11	0.033057851	10	0.023076923	11	0.028901734	33	0.011904762	38	0.004587156
11	0.0234375	11	0.008264463	12	0.024793388	12	0.023076923	12	0.01734104	34	0.017857143	45	0.004587156
12	0.0078125	12	0.033057851	13	0.016528926	13	0.030769231	13	0.023121387	35	0.005952381	47	0.004587156
13	0.0234375	13	0.024793388	14	0.008264463	14	0.046153846	14	0.023121387	36	0.011904762	48	0.004587156

续表

度	P(k) (1977)	度	P(k) (1981)	度	P(k) (1986)	度	P(k) (1991)	度	P(k) (1996)	度	P(k) (2000)	度	P(k) (2012)
14	0.0078125	14	0.016528926	15	0.024793388	15	0.015384615	15	0.005780347	37	0.005952381	49	0.004587156
16	0.0078125	15	0.016528926	16	0.008264463	16	0.007692308	16	0.034682081	38	0.005952381	52	0.004587156
17	0.0390625	16	0.024793388	17	0.033057851	17	0.015384615	17	0.005780347	40	0.011904762	53	0.004587156
18	0.0078125	17	0.033057851	18	0.016528926	18	0.007692308	18	0.005780347	41	0.005952381	54	0.018348624
19	0.015625	18	0.008264463	19	0.024793388	20	0.015384615	19	0.011560694	42	0.017857143	55	0.013761468
20	0.0078125	19	0.033057851	21	0.016528926	23	0.007692308	20	0.011560694	43	0.005952381	56	0.013761468
21	0.015625	20	0.016528926	29	0.008264463	31	0.015384615	21	0.01734104	45	0.017857143	57	0.009174312
……	……	……	……	……	……	……	……	……	……	……	……	……	……

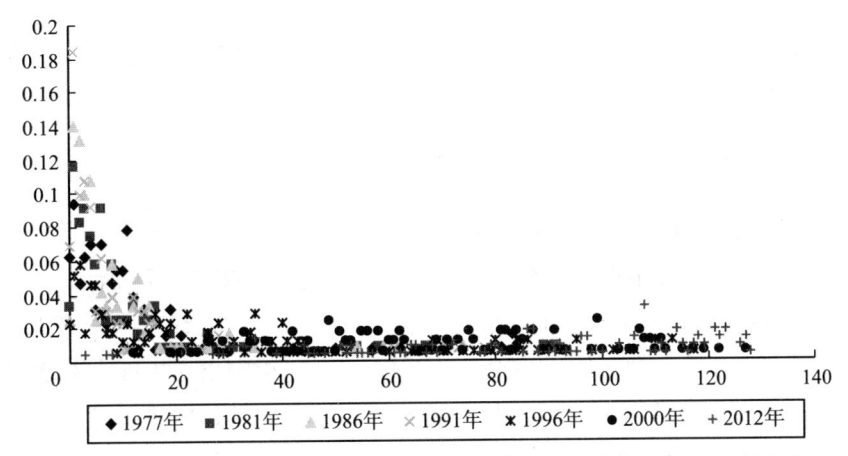

图3-35 1977年、1981年、1986年、1991年、1996年、2000年、2012年世界主要国家或地区贸易网络节点入度分布散点图

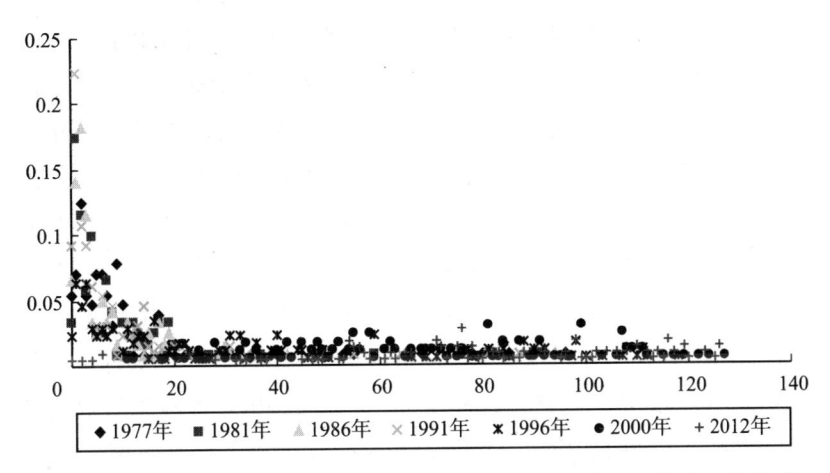

图3-36 1977年、1981年、1986年、1991年、1996年、2000年、2012年世界主要国家或地区贸易网络节点出度分布散点图

2. 网络的个体结构特征

（1）度。虽然本书的贸易网络是带权有向图，但是节点之间的贸易量差别非常大，如果以带权度来统计节点的个体特征，则不能表征节点的链接特征，所以这里忽略节点的权重，节点 i 的度为该节点连接的所有连接（边）数总和，即入度和出度的和，节点 i 的入度定义如公式（3-33）所示：

$$k_{iin} = \sum_{j=1}^{n} w_{ji} \qquad (3-33)$$

节点 i 的出度定义如公式（3-34）所示：

$$k_{iout} = \sum_{j=1}^{n} w_{ij} \text{ 为出度} \qquad (3-34)$$

1977年、1981年、1986年、1991年、1996年、2000年、2012年世界主要国家和地区贸易网络节点的中各节点出入度（前20名）如表3-20所示。

观察表3-20、表3-21，可以发现美国（USA）在1977年、1981年、1986年、1991年、1996年、2000年、2012年这7年中出、入度有4次排名第1，没有跌出过前5名，可见其与其他国家的直接贸易联系非常密切，贸易范围很广泛。但是2012年，其入度排名是第5名，其出度排名是第2名，也就是其进口贸易的国家或地区范围在变窄，其出口贸易的国家或地区范围也在变窄，但是比进口变化的名次要小得多，其出口的范围在降低，这个只是事实的结果，可能是其资本转移到国外投资生产，从而减少了本国出口的需求，也可能由于种种原因导致国内生产的萎缩，从而降低了出口的能力，其背后的原因尚需更深入的研究。观察中国（CHN）的入度在1977年、1981年、1986年、1991年、2000年都没有进入前20名，1996年、2012年排在第19名，这说明中国进口需求不高，这早期可能是由于比较低的经济水平决定的，2000年以来我国的经济总量逐渐增长，进口的需求也很大，但入度仍然不高，这说明我国的进口渠道比较单一，这是一个比较危险的情况，进口依赖几个单一的国家，一方面，我国的议价权得不到保障，不能够保证充分利用资金，使资源得到最优的配置；另一方面，一旦某些国家实施出口限制，对经济的影响可能是致命的。荷兰（NTH）也是一个值得关注的国家，1977年荷兰的入度排名第5，1981年入度排名第19，1986年入度排名第16，1991年没有进入前20名，1996年和2000年入度都是第7名，2012年入度是第1名。1977年荷兰的出度排在第5名，1981年出度排在第18名，1986年出度排在第17名，1991年出度没有进入前20名，1996年和2000年出度都排在第8名，2012年出度排在第1名。可见荷兰的贸易伙伴非常广泛，真的不愧为"贸易之国"，且出口和进口比较平衡，这对于国际贸易关系的稳定是非常重要的，这也是值得我国学习的地方。荷兰是北欧的一个人口和面积都不大的国家，却拥有巨大的贸易量，荷兰国际贸易发达作为重要的贸易中枢，连接

第三章 宏观网络经济学分析 | 87

表3-20 1977年、1981年、1986年、1991年、1996年、2000年、2012年世界主要国家或地区贸易网络节点的中各节点入度（前20名）

排序	1977年	度	1981年	度	1986年	度	1991年	度	1996年	度	2000年	度	2012年	度
1	美国	90	英国	91	美国	92	美国	92	美国	117	荷兰	167	210
2	瑞士	84	美国	89	加拿大	74	加拿大	78	德国	113	瑞士	166	209
3	法国	83	加拿大	71	巴西	70	巴西	73	英国	113	英国	166	209
4	英国	83	巴西	67	墨西哥	59	法国	61	法国	110	西班牙	165	208
5	荷兰	81	墨西哥	58	委内瑞拉	54	日本	52	美国	110	美国	165	208
6	加拿大	68	爱尔兰	54	哥伦比亚	35	意大利	30	日本	106	法国	164	207
7	巴西	62	委内瑞拉	52	阿根廷	30	荷兰	28	荷兰	105	波兰	164	207
8	爱尔兰	57	哥伦比亚	34	巴拿马	30	瑞士	28	韩国	102	韩国	163	206
9	西班牙	53	阿根廷	33	智利	29	西班牙	25	西班牙	98	加拿大	161	205
10	墨西哥	50	智利	31	古巴	28	巴西	20	丹麦	95	捷克斯洛伐克	160	205
11	委内瑞拉	42	巴拿马	27	秘鲁	26	泰国	19	印度	95	德国	160	205
12	阿根廷	29	古巴	26	厄瓜多尔	26	斯洛文尼亚	16	泰国	93	新加坡	159	204
13	巴拿马	27	秘鲁	25	联邦德国	26	澳大利亚	16	加拿大	92	比利时	157	204
14	智利	26	厄瓜多尔	22	瑞士	22	特立尼达和多巴哥	16	印度尼西亚	89	南非	156	203
15	哥伦比亚	26	瑞士	21	英国	21	哥斯达黎加	15	澳大利亚	88	印度尼西亚	155	203
16	秘鲁	25	联邦德国	20	荷兰	20	多米尼加	15	瑞士	86	爱尔兰	155	203
17	澳大利亚	22	西班牙	19	澳大利亚	19	危地马拉	15	马来西亚	86	泰国	152	203
18	厄瓜多尔	21	瑞典	19	日本	19	爱尔兰	14	葡萄牙	85	土耳其	151	203
19	瑞典	21	荷兰	18	西班牙	16	意大利	14	中国	84	中国	149	202
20	古巴	19	意大利	17	哥斯达黎加	14	牙买加	15	俄罗斯	84	比利时	148	202

表3-21　1977年、1981年、1986年、1991年、1996年、2000年、2012年
世界主要国家或地区贸易网络中各节点出度（前20名）

排序	1977年	度	1981年	度	1986年	度	1991年	度	1996年	度	2000年	度	2012年	度
1	美国	96	美国	91	美国	94	美国	93	英国	118	英国	167	荷兰	214
2	瑞士	85	英国	90	巴西	84	加拿大	87	意大利	112	德国	166	美国	213
3	法国	84	加拿大	82	加拿大	83	巴西	81	法国	111	意大利	166	中国台湾	212
4	英国	84	巴西	81	墨西哥	65	墨西哥	64	美国	111	美国	165	德国	212
5	荷兰	80	爱尔兰	66	委内瑞拉	49	委内瑞拉	55	日本	110	法国	164	马来西亚	212
6	巴西	78	墨西哥	59	阿根廷	42	哥伦比亚	34	德国	108	中国	164	西班牙	212
7	加拿大	76	委内瑞拉	48	智利	35	巴拿马	31	瑞士	108	日本	164	瑞士	212
8	爱尔兰	68	阿根廷	37	秘鲁	31	秘鲁	31	荷兰	107	荷兰	163	英国	211
9	墨西哥	55	哥伦比亚	31	哥伦比亚	30	古巴	23	泰国	103	韩国	161	比利时	211
10	西班牙	53	智利	29	古巴	29	厄瓜多尔	20	挪威	100	西班牙	160	印度尼西亚	211
11	阿根廷	40	巴拿马	27	巴拿马	27	爱尔兰	20	澳大利亚	98	丹麦	160	意大利	211
12	委内瑞拉	39	秘鲁	25	爱尔兰	21	英国	18	中国	98	印度	159	韩国	210
13	智利	29	古巴	23	厄瓜多尔	19	哥斯达黎加	17	瑞典	97	泰国	157	泰国	210
14	哥伦比亚	27	厄瓜多尔	20	瑞士	19	瑞士	19	巴西	96	比利时	157	法国	210
15	秘鲁	26	瑞士	20	乌拉圭	19	巴哈马	16	西班牙	92	加拿大	156	南非	209
16	巴拿马	25	联邦德国	19	荷兰	19	意大利	15	加拿大	92	印度尼西亚	155	巴西	209
17	挪威	24	日本	19	瑞典	18	挪威	15	丹麦	90	澳大利亚	155	日本	208
18	日本	22	荷兰	19	联邦德国	18	澳大利亚	14	芬兰	90	瑞士	152	澳大利亚	208
19	联邦德国	21	西班牙	19	日本	17	中国	14	爱尔兰	88	马来西亚	151	中国	208
20	瑞典	21	瑞典	18			德国	17	马来西亚		瑞典		瑞典	208

亚洲、非洲、拉美与欧洲的贸易，政府政策支持，相关配套产业完备。荷兰的贸易伙伴主要有欧洲、非洲、亚洲、中东的国家或地区，也包括中国，这正和它的对外贸易的总体目标是相对应的。图3-37、图3-38分别展示了1977年、1981年、1986年、1991年、1996年、2000年、2012年世界主要国家或地区贸易网络前20名节点入度和出度变化趋势。从图3-37、图3-38可以看出，1977年、1981年、1986年、1991年前5名的节点入度和出度与前16~20名之间的差距比较大，1996年、2000年、2012年前20名节点之间的入度和出度的差距开始变小，尤其是2012年的节点出度和入度曲线趋平，都在200以上，这说明排名靠前的国家或地区，贸易伙伴数量的差距在缩小，而且都呈现出多边贸易的趋势。

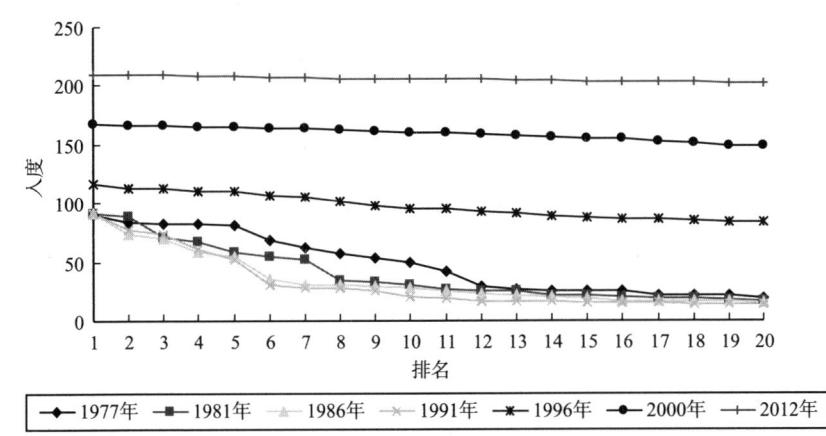

图3-37 1977年、1981年、1986年、1991年、1996年、2000年、2012年世界主要国家或地区贸易网络前20名节点入度变化趋势

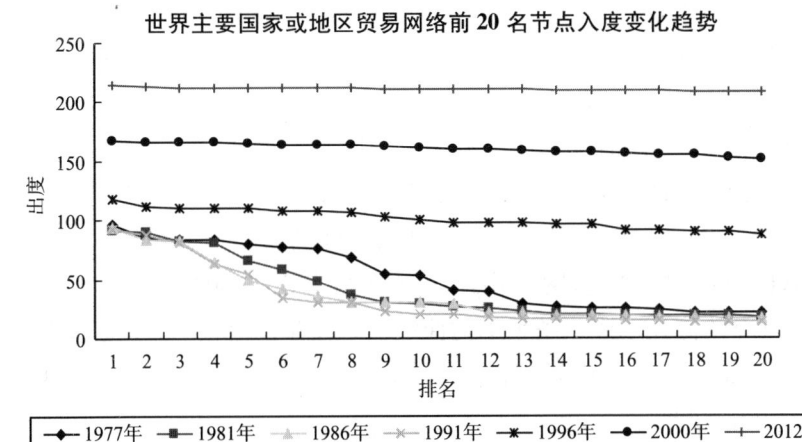

图3-38 1977年、1981年、1986年、1991年、1996年、2000年、2012年世界主要国家或地区贸易网络前20名节点出度变化趋势

(2) 介数。介数（betweeness）表征最短路径经过该节点的可能性，说明该节点的重要性。假设节点 j 和节点 i 彼此间最短路径数为 δ_{ij} 条，其中经过节点 k 的最短路径数为 $\delta_{ij}(k)$ 条。比值 $\delta_{ij}(k)/\delta_{ij}$ 能描述节点 k 在节点 i 和节点 j 之间的重要程度。在此基础上，将节点 k 的介数定义公式（3-35）所示：

$$C_B(k) = \sum_{i \in V} \sum_{j \neq i \in V} \frac{\delta_{ij}(k)}{\delta_{ij}} \qquad (3-35)$$

在贸易网络中，介数可以用来评价节点作为"贸易中介"的重要程度，某个节点的介数越大，说明该节点在相应国际贸易关系中的地位越重要，这对于发现关键的贸易节点具有重要意义。利用前面章节介绍的算法，计算出 1977 年、1981 年、1986 年、1991 年、1996 年、2000 年、2012 年世界主要国家和地区贸易网络前 20 名节点介数。结果如表 3-22 所示，从中可以看出美国 1977 年、1986 年、1991 年、2012 年的介数都是排名第 1，而未排第 1 的 1981 年处于第 2 位，1996 年处于第 3 位，2000 年处于第 4 位，可见美国在世界贸易网络中的重要性非常高。另外值得注意的是 2012 年马来西亚排在第 3 位，马来西亚出口国前 5 位依次为新加坡、中国、日本、美国、泰国，进口前 5 位和出口前 5 位相同，这说明马来西亚的进出口非常的平衡和稳定，且在世界贸易网络的地位相对来说非常重要。中国的贸易网络介数在 1977 年、1986 年、1991 年都没有进入前 20 名，直到 1996 年贸易网络介数排在了第 10 名，2000 年排在第 14 名，但是在 2012 年排到了第 2 名，说明中国在世界贸易网络中的相对重要性在大幅提高。

从图 3-39 可以看出，从 1977～2012 年，前 20 名节点之间介数差异性在变小，而且介数值也是越来越小，1977 年、1981 年、1986 年、1991 年、1996 年前 5 名和前 6～20 名之间的介数值差异很大，这说明前 5 名的国家在国际贸易网络中的重要性很突出，2000 年、2012 年前 20 名节点之间介数值几乎成一条平平的曲线，而且介数值很小。这说明随着时间的推移，国际贸易网络中各个节点的联系越来越发达，个别节点的重要性在减弱。

表3-22　1977年、1981年、1986年、1991年、1996年、2000年、2012年世界主要国家或地区贸易网网络前20名节点介数

排序	1977年	介数	1981年	介数	1986年	介数	1991年	介数	1996年	介数	2000年	介数	2012年	介数
1	美国	0.165628	英国	0.262809	美国	0.328925	美国	0.302051	英国	0.075994	英国	0.017328	美国	0.012223
2	法国	0.142524	美国	0.227407	巴西	0.170099	加拿大	0.207495	意大利	0.063384	德国	0.016889	中国	0.011113
3	英国	0.099244	巴西	0.118266	加拿大	0.165718	巴西	0.159005	美国	0.058957	意大利	0.016696	马来西亚	0.009854
4	瑞士	0.0965	加拿大	0.099432	墨西哥	0.077852	墨西哥	0.081092	法国	0.056735	美国	0.016094	英国	0.008657
5	荷兰	0.090868	墨西哥	0.06588	委内瑞拉	0.054271	委内瑞拉	0.038904	德国	0.047739	日本	0.015634	荷兰	0.008371
6	加拿大	0.067308	爱尔兰	0.055465	古巴	0.02847	英国	0.016588	日本	0.044089	韩国	0.015566	挪威	0.00835
7	巴西	0.053488	委内瑞拉	0.028402	英国	0.01766	荷兰	0.016334	泰国	0.037769	法国	0.015205	瑞士	0.008062
8	西班牙	0.039049	联邦德国	0.01513	联邦德国	0.01364	法国	0.011795	澳大利亚	0.037216	荷兰	0.014978	韩国	0.007928
9	爱尔兰	0.033459	阿根廷	0.009765	阿根廷	0.011955	智利	0.010423	荷兰	0.030828	印度	0.014239	西班牙	0.007795
10	墨西哥	0.031228	危地马拉	0.008537	荷兰	0.011828	德国	0.010033	中国	0.028195	西班牙	0.014008	德国	0.007457
11	委内瑞拉	0.01113	荷兰	0.006846	智利	0.010331	特立尼达和多巴哥	0.009589	沙特	0.026442	泰国	0.013255	泰国	0.007443
12	阿根廷	0.003332	哥伦比亚	0.005654	俄罗斯	0.00818	哥伦比亚	0.008256	瑞士	0.024979	比利时	0.012533	法国	0.007392
13	挪威	0.003312	智利	0.004632	意大利	0.008155	意大利	0.006323	西班牙	0.023341	丹麦	0.01251	孟加拉	0.00722
14	哥伦比亚	0.002682	意大利	0.004109	巴拿马	0.007494	秘鲁	0.005769	挪威	0.022781	中国	0.012495	日本	0.007152
15	厄瓜多尔	0.002535	瑞士	0.00357	哥伦比亚	0.007082	古巴	0.005653	加拿大	0.022301	加拿大	0.012146	巴西	0.007128
16	智利	0.002022	加拿大	0.002951	法国	0.005149	巴拿马	0.00548	葡萄牙	0.019477	印度尼西亚	0.012001	印度	0.007046
17	巴拿马	0.001731	古巴	0.002848	秘鲁	0.004824	巴哈马	0.003237	巴西	0.018535	马来西亚	0.01173	南非	0.00704
18	秘鲁	0.001528	厄瓜多尔	0.002552	瑞士	0.004646	厄瓜多尔	0.002952	斯洛文尼亚	0.016212	奥地利	0.011479	新加坡	0.006924
19	日本	0.001356	西班牙	0.002424	厄瓜多尔	0.004071	牙买加	0.002862	南非	0.01605	瑞士	0.010855	加拿大	0.006838
20	联邦德国	0.001281	秘鲁	0.002216	西班牙	0.003189	韩国	0.002836	瑞典	0.015612	瑞典	0.010145	丹麦	0.006814

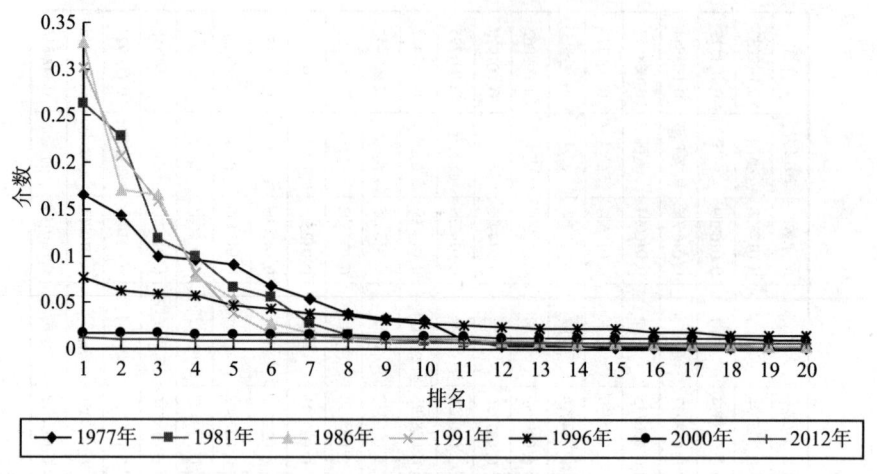

图 3-39　1977 年、1981 年、1986 年、1991 年、1996 年、2000 年、2012 年
世界主要国家或地区贸易网络前 20 名节点介数变化趋势

(3) 接近中心度。接近中心度用来表征某节点对于其他节点的距离远近,一般用距离的倒数来表示,接近中心度高的节点不一定就是核心节点,它的度值也许并不高,但此节点与网络中其他节点的距离总和最短,也就是该节点在网络中具有最佳视野,可以察知贸易网络中所发生的贸易活动,以及贸易的流通方向。接近中心度有入接近中心性以及出接近中心度,其中入接近中心度的定义如公式 (3-36) 所示:

$$C_c(v_i) = \frac{n-1}{\sum_{j \neq i}^{n} g(v_j, v_i)} \quad (3-36)$$

其中,n 为网络中节点个数,$g(v_j, v_i)$ 表示以节点 v_j 为起点,出发到节点 v_i 的路径长度。

出接近中心度的定义如公式 (3-37) 所示:

$$C_c(v_i) = \frac{n-1}{\sum_{j \neq i}^{n} g(v_i, v_j)} \quad (3-37)$$

其中,n 为网络中节点个数,$g(v_i, v_j)$ 表示以节点 v_i 为起点,出发到节点 v_j 的路径长度。

根据公式 (3-36)、公式 (3-37),计算出 1977 年、1981 年、1986 年、1991 年、1996 年、2000 年、2012 年世界主要国家和地区贸易网络节点入接近中心性和出接近中心性,其中前 20 名如表 3-23、表 3-24 所示。

表 3-23 1977年、1981年、1986年、1991年、1996年、2000年、2012年世界主要国家或地区贸易网络前20名节点入接近中心性

排序	国家或地区	1977年	国家或地区	1981年	国家或地区	1986年	国家或地区	1991年	国家或地区	1996年	国家或地区	2000年	国家或地区	2012年
1	美国	0.75625	英国	0.795499	美国	0.786429	美国	0.747887	英国	0.749386	英国	1	荷兰	0.96851
2	瑞士	0.727163	美国	0.784373	加拿大	0.692682	加拿大	0.680769	德国	0.735944	德国	0.994048	瑞士	0.964167
3	法国	0.722532	加拿大	0.696679	巴西	0.679189	巴西	0.659627	意大利	0.735944	意大利	0.994048	英国	0.964167
4	英国	0.722532	巴西	0.67979	墨西哥	0.633909	墨西哥	0.610345	法国	0.726175	法国	0.988166	西班牙	0.959862
5	荷兰	0.713443	墨西哥	0.644628	委内瑞拉	0.615265	委内瑞拉	0.583516	美国	0.726175	美国	0.988166	美国	0.959862
6	加拿大	0.65952	爱尔兰	0.630142	哥伦比亚	0.5505	哥伦比亚	0.515534	日本	0.713546	日本	0.982353	法国	0.955596
7	巴西	0.637289	委内瑞拉	0.62314	阿根廷	0.533648	古巴	0.513043	荷兰	0.710457	荷兰	0.982353	波兰	0.955596
8	爱尔兰	0.619877	哥伦比亚	0.566491	巴拿马	0.533648	巴拿马	0.510577	韩国	0.701349	韩国	0.976608	韩国	0.951368
9	西班牙	0.606618	阿根廷	0.563645	智利	0.530939	秘鲁	0.505714	西班牙	0.689561	西班牙	0.965318	加拿大	0.947177
10	墨西哥	0.597039	智利	0.558036	古巴	0.530939	厄瓜多尔	0.489401	丹麦	0.680978	丹麦	0.95977	捷克斯洛伐克	0.947177
11	委内瑞拉	0.572917	巴拿马	0.547148	秘鲁	0.522975	英国	0.487156	印度	0.680978	印度	0.95977	德国	0.947177
12	阿根廷	0.537618	秘鲁	0.544492	厄瓜多尔	0.515247	巴哈马	0.480543	泰国	0.672605	泰国	0.954286	新加坡	0.943023
13	巴拿马	0.53257	古巴	0.536676	联邦德国	0.51022	牙买加	0.476233	加拿大	0.672605	加拿大	0.943503	孟加拉国	0.943023
14	智利	0.530082	厄瓜多尔	0.53412	瑞士	0.50529	特立尼达和多巴哥	0.476233	印度尼西亚	0.664436	印度尼西亚	0.938202	南非	0.938905
15	哥伦比亚	0.530082	联邦德国	0.529082	英国	0.50529	爱尔兰	0.474107	挪威	0.661756	澳大利亚	0.932961	印度尼西亚	0.938905
16	澳大利亚	0.520356	瑞士	0.526598	荷兰	0.500455	德国	0.472	加拿大	0.656462	瑞士	0.932961	爱尔兰	0.938905
17	秘鲁	0.519979	荷兰	0.521699	澳大利亚	0.495711	意大利	0.472	沙特	0.656462	马来西亚	0.917582	泰国	0.938905
18	西班牙	0.519979	西班牙	0.521699	日本	0.495711	日本	0.472	土耳其	0.653847	瑞典	0.912568	土耳其	0.938905
19	瑞典	0.513292	瑞典	0.521699	西班牙	0.495711	荷兰	0.472	葡萄牙	0.651252	巴西	0.902703	中国	0.934822
20	古巴	0.513292	意大利	0.516891	爱尔兰	0.493373			中国	0.651252	俄罗斯	0.897849	比利时	0.934822
	联邦德国												日本	

表 3-24　1977 年、1981 年、1986 年、1991 年、1996 年、2000 年、2012 年
世界主要国国家或地区贸易网络前 20 名节点出接近中心性

排序	国家或地区	1977 年	国家或地区	1981 年	国家或地区	1986 年	国家或地区	1991 年	国家或地区	1996 年	国家或地区	2000 年	国家或地区	2012 年
1	美国	0.785651	美国	0.795499	美国	0.814994	美国	0.759812	英国	0.752824	英国	1	荷兰	0.986364
2	瑞士	0.729167	英国	0.784373	巴西	0.760661	加拿大	0.730015	意大利	0.732659	德国	0.994048	美国	0.9819
3	法国	0.724432	加拿大	0.742816	加拿大	0.755624	巴西	0.702467	法国	0.729403	意大利	0.994048	中国台湾	0.977477
4	英国	0.724432	巴西	0.73793	墨西哥	0.675143	墨西哥	0.634615	美国	0.729403	美国	0.994048	德国	0.977477
5	荷兰	0.706092	爱尔兰	0.671648	委内瑞拉	0.616752	委内瑞拉	0.603742	日本	0.726175	中国	0.988166	马来西亚	0.977477
6	巴西	0.697266	墨西哥	0.648354	阿根廷	0.594267	哥伦比亚	0.542196	德国	0.719805	日本	0.982353	西班牙	0.977477
7	加拿大	0.688657	委内瑞拉	0.609594	智利	0.567658	秘鲁	0.534413	瑞士	0.719805	荷兰	0.982353	瑞士	0.973094
8	爱尔兰	0.65625	阿根廷	0.572272	秘鲁	0.562065	巴拿马	0.531868	荷兰	0.716662	泰国	0.976608	英国	0.973094
9	墨西哥	0.609631	哥伦比亚	0.555274	古巴	0.55931	古巴	0.514711	泰国	0.704359	西班牙	0.965318	孟加拉国	0.973094
10	西班牙	0.603041	智利	0.54983	巴拿马	0.556581	厄瓜多尔	0.503119	西班牙	0.695405	丹麦	0.95977	印度	0.973094
11	阿根廷	0.563447	巴拿马	0.544492	哥伦比亚	0.553879	爱尔兰	0.498626	丹麦	0.689561	印度	0.95977	意大利	0.973094
12	委内瑞拉	0.560616	秘鲁	0.539256	英国	0.530694	巴哈马	0.49641	印度	0.689561	泰国	0.954286	韩国	0.96875
13	智利	0.533792	瑞士	0.529082	厄瓜多尔	0.525803	英国	0.49641	比利时	0.686676	巴西	0.943503	泰国	0.96875
14	哥伦比亚	0.528732	厄瓜多尔	0.526598	爱尔兰	0.523391	意大利	0.489879	加拿大	0.683815	西班牙	0.943503	法国	0.964444
15	秘鲁	0.526238	日本	0.526598	意大利	0.523391	瑞士	0.489879	印度尼西亚	0.672605	加拿大	0.938202	南非	0.964444
16	挪威	0.52132	荷兰	0.524137	瑞士	0.523391	哥斯达黎加	0.487739	澳大利亚	0.672605	印度尼西亚	0.932961	巴西	0.964444
17	日本	0.516493	联邦德国	0.524137	联邦德国	0.521001	挪威	0.487739	丹麦	0.667137	澳大利亚	0.932961	日本	0.960177
18	巴拿马	0.516493	西班牙	0.521699	西班牙	0.521001	丹麦	0.487739	芬兰	0.667137	瑞士	0.917582	澳大利亚	0.960177
19	联邦德国	0.514113	瑞典	0.519284	日本	0.518633	中国	0.485619	爱尔兰	0.667137	马来西亚	0.912568	中国	0.960177
20	瑞典	0.514113	澳大利亚	0.519284	西班牙	0.518633	澳大利亚	0.483516	马来西亚	0.661756	瑞典	0.912568	瑞典	0.960177

从表 3-23 可以看出，1977 年、1986 年、1991 年、1996 年美国的入接近中心性排在第 1 位，而未排第 1 位的 1981 年排在第 2 位、2000 年、2012 年都是排在第 5 位，可见美国在全球进口贸易网络中处于一个最佳视野，它可以感知到全球最多的进口贸易流通情况。1981 年、2000 年英国都排在第 1 名，同时 2000 年英国的入接近中心性的值为 1，可见英国同所有国家都有进口贸易。2012 年荷兰的入接近中心性排在第 1 名。可见荷兰的进口贸易发展很快，但是考察了贸易政策以及出接近中心性，认为这只是体现了荷兰转口贸易的发展比较快，并不是受其国内消费的影响。从表 3-24 可以看出，1977 年、1981 年、1986 年、1991 年美国的出中心性排在第 1 位，而未排在第 1 位的 1996 年、2000 年排在第 4 位、2012 年排在第 2 位，可见美国在全球出口贸易网络中处于一个最佳视野，它可以感知到全球最多的出口贸易流通情况。1996 年、2000 年英国都排在第 1 位，同时 2000 年英国的出接近中心性的值为 1，可见英国同所有国家都有出口贸易。2012 年荷兰的出接近中心性排在第 1 位。可见荷兰的出口贸易发展很快，但是考察了贸易政策以及入接近中心性，认为荷兰转口贸易的发展比较快。

从图 3-40、图 3-41 可以看出，入接近中心性和出接近中心性高度相似，这说明各个国家之间基本的贸易基本都是既有进口业务也有出口业务，但是否是对称的？对称性是否体现了贸易的互惠性，将在后面研究贸易的互惠性。

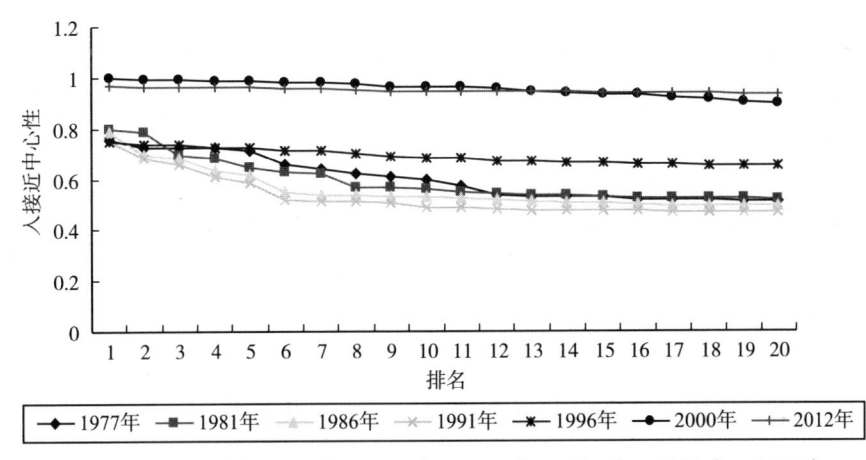

图 3-40　1977 年、1981 年、1986 年、1991 年、1996 年、2000 年、2012 年世界主要国家或地区贸易网络前 20 名节点入接近性变化趋势

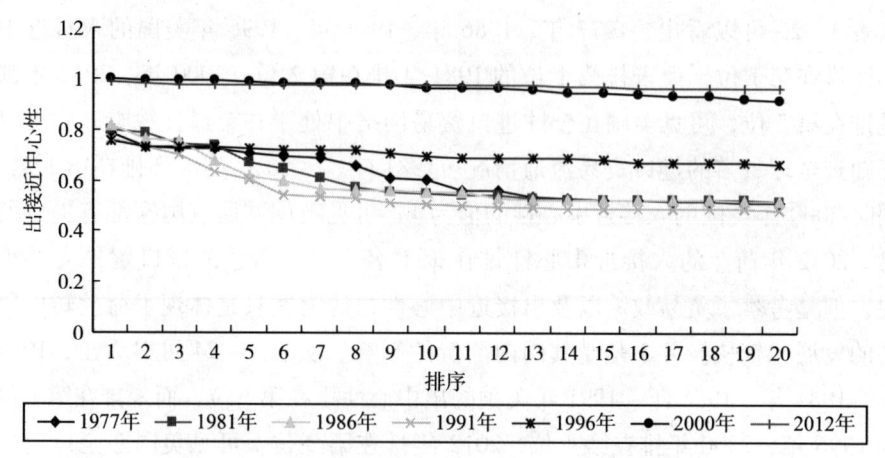

图 3-41 1977 年、1981 年、1986 年、1991 年、1996 年、2000 年、2012 年世界主要国家或地区贸易网络前 20 名节点入接近性变化趋势

随着时间的推移，前 20 名节点之间出、入接近中心性差异性越来越小，而且数值也是越来越大，1977 年、1981 年、1986 年、1991 年、1996 年前 5 名和前 6~20 名之间的介数值差异较大，这说明前 5 名的国家在国际贸易网络中的视野更广，2000 年、2012 年前 20 名节点之间介数值几乎成一条平平的曲线，而且数值接近于 1。这说明随着时间的推移，国际贸易网络中各个节点的联系越来越广泛，每个节点的视野都在扩大，排名靠前的节点差异性在降低。

（4）互惠性。互惠性是指有向图节点彼此之间存在双向连接的程度，如前面所述，现在国际贸易网络比较发达，基本上贸易关系都是双向的，如果仅仅用网络图中是否存在双向边来衡量，可能意义不大，所以这里用有向边的权重来衡量节点之间的互惠性。这里参考了加拉斯凯利等（Garlaschelli et al., 2004）[①] 的互惠性定义，结合研究对象和研究的目的，定义互惠性指标如下：

$$Mb_i = \sum_{j \neq i}^{n} \frac{|w_{ij} - w_{ji}|}{w_{ij} + w_{ji}} \qquad (3-38)$$

其中，n 为贸易网络中节点个数，i，j 为节点编号，w_{ij} 为节点 i 到节

---

① Garlaschelli D, Loffredo M I, Patterns of Link Reciprocity in Directed Networks. *Physical Review Letters*, Vol. 93, No. 26, 2004, pp. 26.

点 j 的边的权重（出口贸易量），w_{ji} 为节点 j 到节点 i 的边的权重（进口贸易量）。

根据公式（3-38）计算出1977年、1981年、1986年、1991年、1996年、2000年、2012年世界主要国家或地区贸易网络节点互惠性指标，由于许多国家或地区贸易总量很小，互惠性指标实际意义不大，所以选取全世界贸易总量前20名的国家或地区，展示在表3-25中，其趋势展示在图3-42中。从表3-25可以看出，1977年、2012年排在第1名的是意大利，1981年排在第1的是联邦德国，1986年排在第1名的是法国，1991年排在第1名的是新加坡，1996年和2000年排在第1名的是荷兰，可以看出除了1991年，其他排在第1名的都是欧洲国家，这说明欧洲国家在贸易的互惠性上是领先的。对比一下美国与中国的互惠性指标，1977年美国排在第13名，中国由于贸易总量太小，没在此表中列出，1981年美国处于第6名，同样中国由于贸易总量太小，没在此表中列出，1986年美国处于第11，中国处于第3，1991年美国处于第8，中国处于第18，1996年美国处于第12，中国处于第19，2000年美国处于第20，中国处于第8，2012年美国处于第17，中国处于第13，总体来看中国的贸易互惠性指标发展趋势好于美国，不过与欧洲的一些国家相比，还有很大的提升空间。

从图3-42可以看出，互惠性指标排名靠前10名的相互差异不大，排名越往后的，差异开始加大，分化现象较明显。随着时间的推移，互惠性指标有降低的趋势（越低互惠性越强），1977年、1981年、1986年、1991年、1996年前10名和前10~20名之间的介数值差异较大，这说明前5名的国家在国际贸易网络中互惠性更强。

（5）聚集。下面进行聚类分析，目的是发现全局视角下的局部聚合特征。这里仅对2001年、2012年世界各国及地区的贸易网络进行聚类分析，通过对比2001年、2012年的聚类特征，以期发现贸易网络的聚集规律。聚集算法仍然采用前面章节所提出的算法，这里不再赘述。基于2000年和2012年的世界主要国家或地区的贸易数据，最终生成的2000年、2012年贸易网络聚类。

表 3-25　1977 年、1981 年、1986 年、1991 年、1996 年、2000 年、2012 年世界主要国家或地区贸易网络贸易总量前 20 名节点互惠性指标

排序	国家或地区	1977 年	国家或地区	1981 年	国家或地区	1986 年	国家或地区	1991 年	国家或地区	1996 年	国家或地区	2000 年	国家或地区	2012 年
1	意大利	0.020805786	联邦德国	0.005181347	法国	0.017283213	新加坡	0.006685433	荷兰	0.0009299	荷兰	0.007600325	意大利	0.000604064
2	西班牙	0.024825381	英国	0.006427458	加拿大	0.057622642	德国	0.017829425	法国	0.009928305	意大利	0.018396565	加拿大	0.000639347
3	加拿大	0.036155238	韩国	0.025011672	中国	0.080934195	韩国	0.045034991	意大利	0.012159256	比利时	0.026920588	荷兰	0.003009579
4	联邦德国	0.041432161	巴西	0.025474817	英国	0.099584006	马来西亚	0.04852449	墨西哥	0.023026776	德国	0.036818814	日本	0.009938376
5	英国	0.049254601	意大利	0.035769722	委内瑞拉	0.106393363	加拿大	0.056100645	英国	0.047676099	墨西哥	0.039381486	韩国	0.027247806
6	丹麦	0.051827243	美国	0.042939862	西班牙	0.110171085	意大利	0.059112504	意大利	0.053368993	韩国	0.046294564	比利时	0.029353842
7	瑞士	0.052400612	加拿大	0.042998566	新加坡	0.139983058	墨西哥	0.068715435	德国	0.053406461	法国	0.046718173	中国台湾	0.052682104
8	澳大利亚	0.053405194	瑞典	0.046055087	阿根廷	0.169335938	美国	0.070916399	马来西亚	0.069969691	中国	0.047323775	西班牙	0.072844397
9	挪威	0.062528014	墨西哥	0.069124216	沙特	0.175008398	英国	0.104814634	瑞士	0.074357982	瑞士	0.07582238	新加坡	0.083289549
10	荷兰	0.063172173	法国	0.088831646	荷兰	0.176960046	瑞士	0.153208336	日本	0.085690224	英国	0.084376632	法国	0.083774438
11	法国	0.063866795	荷兰	0.102348616	美国	0.230448765	法国	0.18751249	瑞典	0.097960852	加拿大	0.08972611	德国	0.099192003
12	委内瑞拉	0.064018385	爱尔兰	0.140214831	意大利	0.230735742	泰国	0.199668462	美国	0.098143671	泰国	0.105969798	中国	0.115141377
13	美国	0.118464633	阿根廷	0.162797732	巴西	0.232814954	委内瑞拉	0.200365889	加拿大	0.099130405	新加坡	0.124676507	中国香港	0.116384828
14	爱尔兰	0.136466829	委内瑞拉	0.16283084	联邦德国	0.247294771	巴西	0.208031352	泰国	0.109572337	瑞典	0.129436913	俄罗斯	0.134232957
15	墨西哥	0.15530303	日本	0.190141728	瑞典	0.258859118	日本	0.248323188	西班牙	0.114867383	中国台湾	0.131193657	英国	0.153552833
16	巴西	0.165916109	瑞士	0.219948849	澳大利亚	0.270359697	荷兰	0.307789607	澳大利亚	0.123466118	西班牙	0.138479409	美国	0.166555353
17	瑞典	0.183346883	西班牙	0.274841843	韩国	0.277723425	澳大利亚	0.339911578	韩国	0.145054328	日本	0.141521578	沙特	0.175149464
18	沙特	0.201214421	澳大利亚	0.320401118	墨西哥	0.365975575	中国	0.355034065	新加坡	0.198447627	马来西亚	0.18620744	印度	0.191008304
19	日本	0.218831403	尼日利亚	0.368876267	瑞士	0.405067124	西班牙	0.355206311	中国	0.221732767	俄罗斯	0.526915107	俄罗斯	0.222913773
20	尼日利亚	0.254380582	沙特	0.427280939	日本	0.42222671	沙特	0.361972104	俄罗斯	0.310353643	美国	0.551918819	沙特	0.45997138

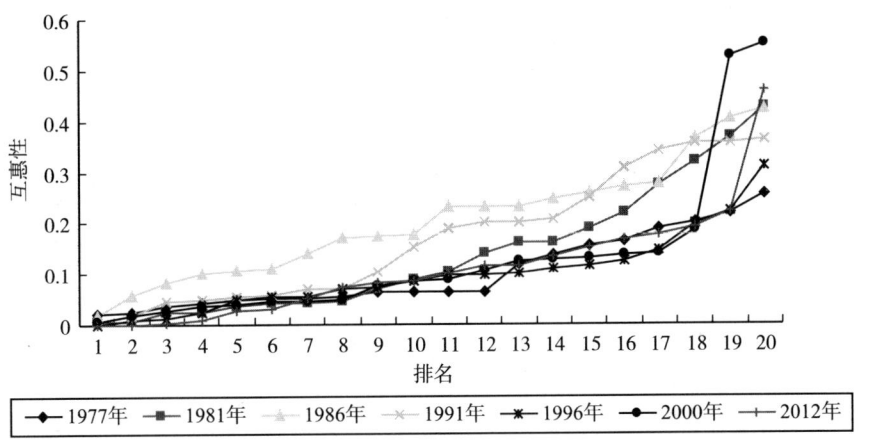

图 3-42　1977 年、1981 年、1986 年、1991 年、1996 年、2000 年、2012 年
世界主要国家或地区贸易网络贸易总量前 20 名节点互惠性指标趋势

2000 年贸易网络第 1 个聚类包含美国、中国、德国、日本、法国、英国、意大利、荷兰、加拿大、比利时、西班牙、瑞士、马来西亚、印度、澳大利亚、巴西、泰国、瑞典、波兰、奥地利、土耳其、爱尔兰、捷克、丹麦、芬兰、葡萄牙、以色列、新西兰、斯洛文尼亚 29 个国家或地区，主要涉及北美、亚洲、欧洲、南美洲、大洋洲等大洲的国家或地区，从地理位置来看，只有非洲没有被包括进来，可见非洲的国家和这些国家不处于一个贸易的层级和体系。从整体上来看，每个节点的节点度（不带权度）完全相同，都是 56（出入度合计），单从不带权度值来看，处在这个聚集里的国家之间的贸易关系非常发达，已经是个完全网络了。此聚集中带权度排前 10 名的数据如表 3-26 所示，观察一下带权度，排名第 1 的美国、排名第 4 的法国、排名第 5 的英国、排名第 10 的比利时的入度是大于出度的，美国的入度和出度的差值比较大，法国、英国、比利时差值比较小，但这似乎与他们国家的经济总量相关。其他国家如德国、日本、中国、加拿大、意大利、荷兰的出度大于入度，其中日本、中国、加拿大差值较大，德国、意大利、荷兰比较平衡。

表 3-26　　　2000 年世界主要国家或地区贸易网络
聚集 1 中带权度排名前 10 数据

排序	国家（地区）	入度	出度	度
1	美国	827222	526050	1353272
2	德国	409355	454597	863952
3	日本	237045	364907	601952
4	法国	276739	248458	525197
5	英国	278767	244888	523655
6	中国	197059	289302	486361
7	加拿大	206107	265529	471636
8	意大利	179592	182363	361955
9	荷兰	169325	187348	356673
10	比利时	150275	143814	294089

2000 年贸易网络第 2 个聚类包含墨西哥、俄罗斯、新加坡、沙特阿拉伯、印度尼西亚、挪威、匈牙利、南非、菲律宾、智利、阿根廷、斯洛伐克、乌克兰、希腊、哥伦比亚、埃及、秘鲁、摩洛哥、保加利亚、卢森堡、突尼斯等 21 个国家或地区，主要涉及南美洲、欧洲、亚洲、非洲等大洲的国家或地区，从地理位置来看，欧洲主要包括东欧、北欧，亚洲主要包括东南亚，非洲主要包括北非和南非。从整体上来看，节点度（不带权度）值差别不大，其中墨西哥度值为 39（出入度合计），斯洛伐克度值为 38，智利和哥伦比亚度值都为 37，秘鲁、突尼斯、卢森堡的度值都为 36，其他国家的度值都是 40（满度），单从不带权度值来看，处在聚集 2 里的国家之间的贸易关系，虽然不及聚集 1 发达，但也是较发达的。此聚集中带权度排名前十名的数据如表 3-27 所示，观察一下带权度，排名第 1 的新加坡、排名第 5 的乌克兰、排名第 7 的墨西哥、排名第 8 的智利、排名第 10 的匈牙利的入度是大于出度的，其中新加坡、匈牙利的入度和出度的差值比较大，乌克兰、墨西哥、智利的入度和出度差值不大。出度大于入度的国家有俄罗斯、印度尼西亚、沙特阿拉伯、菲律宾、阿根廷，其中俄罗斯、沙特阿拉伯、印度尼西亚、阿根廷出度和入度差值很大，这其中俄罗斯和沙特阿拉伯尤为显著，菲律宾的出度和入度比较均衡。

表 3 – 27　　　　2000 年世界主要国家或地区贸易网络
聚集 2 中带权度排名前 10 数据

排序	国家（地区）	入度	出度	度
1	新加坡	16159	7986	24145
2	俄罗斯	4851	16107	20958
3	印度尼西亚	6279	9382	15661
4	沙特	1540	11685	13225
5	乌克兰	6441	5249	11690
6	菲律宾	4393	4481	8874
7	墨西哥	4637	2740	7377
8	智利	4358	2985	7343
9	阿根廷	2039	4699	6738
10	匈牙利	4678	1629	6307

2000 年贸易网络第 3 个聚类和聚集 1、聚集 2 相比无论是网络规模，还是不带权度、带权度，已经不是一个数量级的了，网络规模很小，只有 8 个节点，包含阿尔及利亚、卡塔尔、哈萨克斯坦、白俄罗斯、阿曼、立陶宛、哥斯达黎加、厄瓜多尔 8 个国家或地区，主要涉及非洲、亚洲、南美洲等大洲的国家，从地理位置来看，主要集中在地中海、黑海、波罗的海沿岸国家，从整体上来看，节点度（不带权度）值差别较大，其中只有哈萨克斯坦度值为 14（满度），白俄罗斯、立陶宛度值为 10，阿曼、哥斯达黎加、厄瓜多尔度值为 8，阿尔及利亚度值为 6，卡塔尔度值为 4，其中与卡塔尔具有贸易关系的只有哈萨克斯坦和阿曼。此聚集中带权度排名前 10 名的数据如表 3 – 28 所示。观察一下带权度，排名第 2 的立陶宛、排名第 4 的阿尔及利亚、排名第 8 的卡塔尔的入度是大于出度的，其中立陶宛、卡塔尔的差值较大，阿尔及利亚差值不大。其他国家都是出度大于入度，其中出度比较大的是哈萨克斯坦。

表3-28　2000年世界主要国家或地区贸易网络聚集3中带权度数据

国家（地区）	入度	出度	度
白俄罗斯	194	201	395
立陶宛	135	97	232
哈萨克斯坦	89	121	210
阿尔及利亚	81	75	156
哥斯达黎加	56	59	115
厄瓜多尔	25	27	52
阿曼	13	23	36
卡塔尔	19	9	28

2012年贸易网络第1个聚类包含美国、中国、德国、日本、法国、英国、意大利、荷兰、加拿大、韩国、比利时、西班牙、印度、巴西、瑞典、波兰、奥地利、土耳其、捷克、丹麦、以色列、斯洛伐克、中国台湾、中国香港24个国家或地区，主要涉及北美、亚洲、欧洲、南美洲等大洲的国家或地区，从地理位置来看，大洋洲、非洲没有被包括进来，可见大洋洲、非洲的国家和这些国家不处于一个贸易的层级和体系。从整体来看，每个节点的节点度（不带权度）没有差别，都是46（出入度合计），单从不带权度值来看，处在这个聚集里的国家之间的贸易关系非常发达，已经是个完全网络了。此聚集中带权度排名前10名的数据如表3-29所示。观察一下带权度，排名第2的美国、排名第5的中国香港、排名第7的法国、排名第8的英国的入度是大于出度的，美国的入度和出度的差值比较大，是中国香港、法国、英国的4倍还要多，显然这与美国的经济总量相关。其他如中国、德国、荷兰、日本、加拿大、比利时的出度大于入度，其中中国的差值较大，超出第2名德国的2倍多。

表 3-29　　2012 年世界主要国家或地区贸易网络聚集 1 中带权度排名前 10 数据

排序	国家（地区）	入度	出度	度
1	中国	1010476329	1381758422	2392234751
2	美国	1399301008	916289738	2315590746
3	德国	863197162	1034791543	1897988705
4	荷兰	426287100	535731702	962018802
5	中国香港	536150136	423714621	959864757
6	日本	390537628	541724232	932261860
7	法国	527998707	403806435	931805142
8	英国	480817290	327332464	808149754
9	加拿大	386456910	417796713	804253623
10	比利时	332439146	361892563	694331709

2012 年贸易网络第 2 个聚类包含墨西哥、俄罗斯、新加坡、瑞士、马来西亚、澳大利亚、泰国、印度尼西亚、爱尔兰、挪威、匈牙利、南非、越南、芬兰、葡萄牙、菲律宾、智利、阿根廷、乌克兰、希腊、埃及、新西兰、秘鲁、摩洛哥、斯洛文尼亚、保加利亚、卢森堡 27 个国家或地区，主要涉及北美洲、亚洲、欧洲、大洋洲、南美洲、非洲等大洲的国家或地区，从地理位置来看，除了南极洲，所有的大洲都包括进来了。从整体上来看，每个节点的节点度（不带权度）具有差别，但差别不大，只有摩洛哥、秘鲁的度值是 51（出入度合计，下同）、越南的度值是 50，其他各个国家或地区的度值都是 52（满度）。从不带权度值来看，处在这个聚集里的国家之间的贸易关系还是很发达的，近似于完全网络。此聚集中带权度排名前 10 名的数据如表 3-30 所示。观察一下带权度，排名第 2 的马来西亚、排名第 3 的印度尼西亚、排名第 6 的澳大利亚、排名第 7 的瑞士、排名第 8 的越南、排名第 10 的菲律宾的入度是大于出度的，其中马来西亚、印度尼西亚、澳大利亚、菲律宾的差值比较大，这与所在国的经济体量相关。其他国家如新加坡、泰国、俄罗斯、乌克兰的出度大于入度，其中新加坡的差值较大，是第 2 名德国的 3 倍多。

表 3-30　　　　2012 年世界主要国家或地区贸易网络
聚集 2 中带权度排名前 10 数据

排序	国家（地区）	入度	出度	度
1	中国	1010476329	1381758422	2392234751
2	美国	1399301008	916289738	2315590746
3	德国	863197162	1034791543	1897988705
4	荷兰	426287100	535731702	962018802
5	中国香港	536150136	423714621	959864757
6	日本	390537628	541724232	932261860
7	法国	527998707	403806435	931805142
8	英国	480817290	327332464	808149754
9	加拿大	386456910	417796713	804253623
10	比利时	332439146	361892563	694331709

2012 年贸易网络第 3 个聚类包含沙特阿拉伯、阿尔及利亚、卡塔尔、哈萨克斯坦、白俄罗斯、阿曼、立陶宛、哥斯达黎加、厄瓜多尔、突尼斯、哥伦比亚 11 个国家或地区，主要涉及地中海、红海、波罗的海、加勒比海沿岸国家或地区。从整体上来看，每个节点的节点度（不带权度）具有差别，但差别不大，只有哥斯达黎加的度值是 17，阿尔及利亚的度值是 18，哈萨克斯坦、立陶宛、阿曼的度值是 19，其余的国家或地区的度值都是 20（满度）。从不带权度值来看，处在这个聚集里的国家之间的贸易关系还是很发达的，近似于完全网络。此聚集中带权度的数据如表 3-31 所示，观察一下带权度，排名第 4 的厄瓜多尔、排名第 6 的卡塔尔、排名第 8 的阿尔及利亚、排名第 9 的突尼斯、排名第 10 的哈萨克斯坦、排名第 11 的哥斯达黎加的入度是大于出度的，其中哈萨克斯坦、厄瓜多尔的差值比其他国家大得多。其他国家如沙特阿拉伯、白俄罗斯、立陶宛、哥伦比亚、阿曼的出度大于入度，其中沙特阿拉伯的差值较大，是第 2 名哥伦比亚的 2 倍多。

表 3-31　　　　　2012 年世界主要国家或地区贸易网络
聚集 3 中带权度数据

排序	国家（地区）	入度	出度	度
1	沙特	1307905	3979945	5287850
2	白俄罗斯	1547489	2069499	3616988
3	立陶宛	1378509	1925735	3304244
4	厄瓜多尔	2075247	1217654	3292901
5	哥伦比亚	1077826	2207557	3285383
6	卡塔尔	2639222	459947	3099169
7	阿曼	1271620	1449151	2720771
8	阿尔及利亚	1148295	1144868	2293163
9	突尼斯	1276110	568401	1844511
10	哈萨克斯坦	1307845	283274	1591119
11	哥斯达黎加	313894	37931	351825

（6）聚集的演化特性。分别从网络密度、平均路径长度、网络直径、聚集系数、网络关联度等网络整体的统计指标来考察网络聚集的演化特征，计算了 2000 年和 2012 年的世界主要国家或地区间贸易网络的聚集统计指标，从中可以发现世界贸易网络随时间演化的特征。如表 3-32 所示，在 2000 年，总共生成了 3 个聚集，网络密度分别为 0.96551724、0.92743764、0.53125，而到了 2012 年，同样生成了 3 个聚集，网络密度分别为 0.95833333、0.96021948、0.87603306，网络密度在增大，这说明从 2000～2012 年，节点彼此间的连接在增长，节点之间的组织性在增强，节点之间的集聚效应在增强，这说明世界贸易交往更加频繁，贸易关系更加丰富。

表 3-32　　　　　2000 年、2012 年世界贸易网络聚集统计特征

网络统计特征	2000 年			2012 年		
	聚集 1	聚集 2	聚集 3	聚集 1	聚集 2	聚集 3
网络密度	0.96551724	0.92743764	0.53125	0.95833333	0.96021948	0.87603306
平均路径长度	1	1.02619	1.39286	1	1.00285	1.03636

续表

网络统计特征	2000年			2012年		
	聚集1	聚集2	聚集3	聚集1	聚集2	聚集3
网络直径	1	2	2	1	2	2
全局聚集系数	1	0.97489475	0.75535714	1	0.997151	0.96363636
网络关联度	0	0.00037153	0.28798186	0	0.00001479	0.00132716
平均度	56	38	8.5	46	51.85185185	19.27272727

聚集的平均路径长度从2000年的1、1.02619、1.39286，变化到2012年的1、1.00285、1.03636，网络平均路径长度还是减小了，这里的平均路径长度，表征的是贸易中转的次数，可见随着时间的推移，贸易中转的次数在降低，从而贸易的成本在降低，贸易更加快捷高效。聚集的网络直径无论是2000年，还是2012年，都是1、2、2，虽然贸易在发展，但是聚集的网络直径是由最差的节点决定的。这说明贸易网络内，贸易水平较低的国家或地区，没有提高，从而拖累了整个聚集的网络直径。聚集的全局聚集系数从2000年的1、0.97489475、0.75535714，到2012年的1、0.997151、0.96363636，全局聚集系数是对集合中节点彼此之间聚集程度的度量。可见，从2000~2012年，贸易网络节点之间聚集成团的凝聚性在增强。聚集的网络关联度从2000年的0、0.00037153、0.28798186，到2012年的0、0.00001479、0.00132716，网络关联度增加的幅度较大，网络关联度表征网络的稳定性或易毁性。如果网络中任两个节点间都存在连接（正则网络），则该网络的可靠性较强；如果很多节点都通过某一个节点，则该节点对网络整体的可靠性影响很大，此时网络表现出易毁性。可见，整个贸易网络的可靠性在提高，抗风险的能力得到了提升。

第四章

微观网络经济学分析

微观经济学（microeconomics）主要是以单独的经济主体及其活动作为分析对象的一门学科。这里沿用微观经济学的概念，但所研究的问题不完全等同于一般意义上的微观经济学，本书主要研究了网络经济环境中，消费者、生产者的行为特征与网络产品的网络外部性特征、垄断与竞争，通过实际案例分析了基于社会网络的网络服务业市场行为，基于博弈论分析了网络资源及服务共享的演化过程。

一、网络产品及其网络经济学分析

网络经济环境中，消费者、生产者的行为特征与产品的外部性相关，这里外部性往往表现为网络外部性。当消费者在超市购买香蕉时，往往可以根据自己的口味偏好以及香蕉的价格，独立决定购买哪一种香蕉。但当消费者需要购买手机时，可能考虑的因素就比较多了，除了手机本身的性能，可能还要考虑应用软件硬件、外部接口的兼容性、其他朋友的喜好等，这些都体现出网络产品与传统产品不同的性质。网络经济环境下，消费者、生产者之间构成或虚或实的网络，他们的行为彼此之间互相影响，与传统的消费者、生产者行为有着明显的不同。本章首先对网络外部性进行了概述，然后阐述了网络外部性对市场作用、网络产品的定义及生产特性，最后分析了网络经济下的垄断与竞争的形成机制，并结合社会网络分析，针对网络外部性，分析了网络服务业的市场行为。

（一）网络外部性概述

1. 网络外部性的定义

1974 年，罗尔斯（Rohlfs）首次谈及网络外部性，他认为某种产品的价值和使用该产品的消费者的数量正相关。1985 年，卡茨（Katz）和夏皮罗（Shapiro）对网络外部性做了进一步的说明，指出随着消费者的增加，某一服务或产品给消费者所带来的效用的变化。2001 年，以色列经济学家奥兹（Oz）做了更完整的定义[①]，网络外部性是指网络产品的价值决定于使用该网络产品的消费者的数量，该价值与消费者的数量正相关。张铭洪（2007）[②]给出的定义是指一个经济主体（个人、家庭、企业或其他经济主体）的经济活动对其他经济主体的利益产生了影响，而该经济主体无须对其做出补偿。当某种商品的价值随着消费者的增加而扩大时，网络外部性就产生了。本书在总结现有定义的基础上，结合网络产品的特性，得出定义：网络外部性是指在网络经济的环境下，由于产品本身、生产者或消费者之间，形成了外在或内在的网络，这种网络增加或减少了产品本身所拥有的价值，而没有对人为这部分价值付出补偿。由于网络经济中存在网络外部性，这使得网络经济与工业经济的运行规律有了很大的不同，出现了很多新的现象如正反馈和边际报酬递增等，市场优化的结果和工业经济也不太一样了，最优均衡可能不存在了，取而代之的是一种多态均衡，如次优产品获胜、存在垄断等。可以说现实的经济发展已经发生了某些质的变化，而经济学的理论发展有些滞后，必须面向现实积极拓展经济学的理论和方法，尤其对于网络外部性研究更是必须和急迫的。

2. 网络外部性的分类

网络外部性的分类有很多种，可以从增加或减少效用的角度分为负网络外部性或正网络外部性。负网络外部性价值不大，所以如果不特别强调，默

[①] Oz Shy. The Economics of Network Industries. England：Cambridge University Press，2001.
[②] 张铭洪：《网络经济学教程》，科学出版社 2008 年版。

认的一般指的是正网络外部性。电子邮件的应用就具有正网络外部性,假如只有一个人使用,电子邮件将毫无价值,随着使用的人数增加,电子邮件的价值在增长,而且和人数成正比。小区宽带一般具有负网络外部性,因为小区宽带一般是共享带宽的,用户越多,每个用户上网的速度反而变慢,造成服务效应降低。

如图 4-1 所示,从厂商角度,当 MC = MR 时(MC 为边际私人成本,MR 为边际收益),是它的最大生产量,即 Q_1。不过基于社会整体考虑,当 MSC = MR 时(MSC 边际社会成本),是最大的产量,即 Q^*。这里 $Q^* < Q_1$,所以综合来看,由于存在负的外部性(即边际社会成本大于边际私人成本),导致厂商生产过多产品,也就是说社会成本(如污染)由社会承担了,厂家并没有承担。

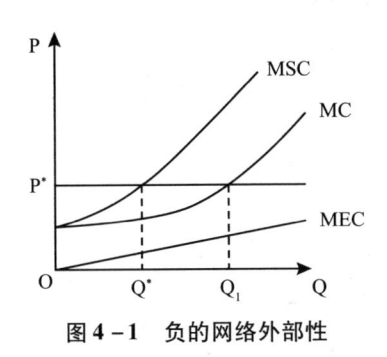

图 4-1 负的网络外部性

如图 4-2 所示,从厂商角度,当 MC = MR 时(MC 为边际私人成本,MR 为边际收益),是它的最大生产量,即 Q_1。但是从整个社会的角度来看,

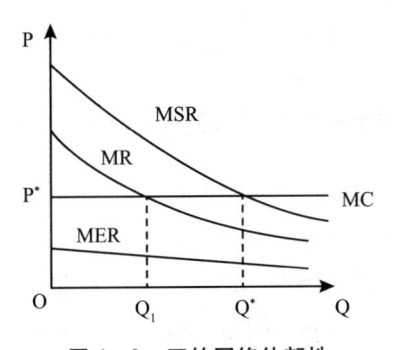

图 4-2 正的网络外部性

当 MSC = MR 时（MSC 边际社会成本），是最大的产量，即 Q^*。这里 $Q^* > Q_1$，所以综合来看，由于正的外部性（即边际的社会收益 MSR 大于边际的私人成本 MR），导致厂商生产过少，也就是说由于网络外部性所产生的那部分成本并没有人承担，出现了"搭便车"的行为（如某些专利、商业模式被模仿、P2P 网络），长期来看，企业生产意愿不足。也可以从外部性实现的途径分为间接网络外部性和直接网络外部性。直接网络外部性是因为很多用户购买相同产品获得的效用，如上面所提到的电子邮件，既是正网络外部性，同时也是直接网络外部性，因为直接使用电子邮件的人越多，获得的效用越高。间接网络外部性是由于产品之间的互补作用而获得的额外的效用，典型的例子如手机和应用软件，手机的用户越多，那么使用应用软件的人就越多，使用应用软件的人越多，购买手机的人也越多，这二者是互补和相互促进的。

如图 4-3 所示，k 种商品 X 和 p 种商品 Y（商品 X 和商品 Y 互相兼容）构成了 kp 种可能的组合商品，基于互补商品的互补性，一个用户对于商品 X 或 Y 使用量的增加会引起市场中商品数量的增长，进而促进复合商品数量的增长。

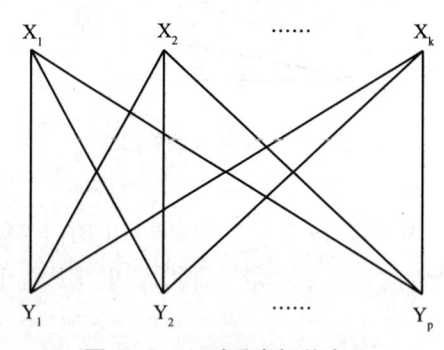

图 4-3　一对垂直相关产业

3. 网络外部性的产生原因和影响因素分析

（1）网络外部性的根源。网络外部性源自产品之间的互补性或是关联性，由于互补性和关联性产生了协同价值。

（2）网络外部性的影响因素。产品的互补性和关联性的大小，必然影响网络外部性的大小，除此以外，网络的规模、网络的结构以及网络随时间变化的速度也会影响网络外部性的大小。

(二) 网络外部性对市场的作用

1. 网络外部性对市场效率的破坏

需要特别说明的是，不管是负的网络外部性，还是正的网络外部性，对市场的效率都可能产生破坏作用，从而损失社会整体福利，违反了传统经济学的效益—成本的基本准则，如果经济系统中存在网络外部性，则市场最终的均衡状态没有达到帕累托最优（Pareto Optimality），因此还有提高的空间。帕累托最优是指资源配置的最佳状态，假设若干经济主体和可供支配的资源，从一种配置方案演化到另一种配置方案，在没有使其他经济主体效用减小的情况下，至少使一个经济主体的效用增加。

如图 4-4 所示，网络外部性导致实际产出与社会有效产出的偏离，当更多用户使用某网络产品时，该产品的协同价值会提高。表明使用者越多，用户的支付意愿（包括自由价值和协同价值）越高。在边际成本曲线 MC 上，假设该产品的生产企业能够要求用户为额外的效用付费，这时该产品的最优生产数量是 Q^*，产品价格是 P^*。但是，如果这个企业不能要求用户支付这部分额外的效用，用户只支付价格 P_1，此时产量为 Q_1。因此，由于厂家的边际成本比消费者愿意支付的价格低，将导致不能够足量生产这种商品。也就是说，由于网络外部性带来的边际社会收益要远远大于企业的边际收益，因此完全竞争是无效率的，导致实际产出小于社会有效产出。网络外部性将导致另一个违反传统经济学理论的现象：收益递增，我们知道传统经济学一个基本假设就是收益递减，最后才能达到供给平衡，但是在网络经济中，厂家生产的产品越多，产品的价值不但不会递减，反而递增，根本原因还是网络外部性。网络外部性还带来另外一种网络经济现象，就是次优产品获胜。以柯蒂键盘（QWERTY 键盘）为例，它并不是最优的键盘，因为绝大多数人是右手比左手灵活，科蒂键盘使得右手只负责了 43% 的动作，此外最笨拙的无名指和小指的使用频率却高于其他手指，还要不断移动手掌和手指。但是由于历史的原因，大家已经习惯了这种键盘，即使有了最优的键盘，人们仍然选择使用这个次优的键盘。

图 4-4 网络外部性

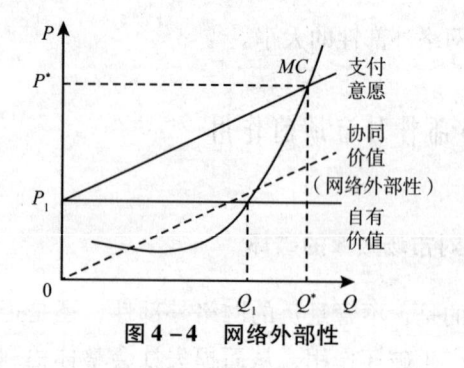

2. 具有网络外部性商品的效用函数

1985 年，夏皮罗（Shapiro）和卡茨（Katz）针对网络外部性，提出了新的效用函数，基于古诺双寡头模型（Cournot duopoly model）[①]，研究了具有网络外部性的市场结构以及企业兼容性等内容，提出预期均衡的理论，建立了相应的效用函数 $U = r + v(n^e) - p$。网络外部性商品所带来的效用包括商品自有价值 r、商品价格 p 和协同价值 $v(n^e)$。$v(\ )$ 是网络大小的函数，n^e 表示用户对市场大小的预期，根据预期均衡理论，商品的预期的市场大小应等于商品真实的市场大小，那么 $n^e = n$。对照传统经济学的效用函数，同时进行了简化，令 $v(N) = aN$，则网络经济中效用函数 $U = aN + r - p$，此处 a 表示网络外部性的强度（见图4-5）。

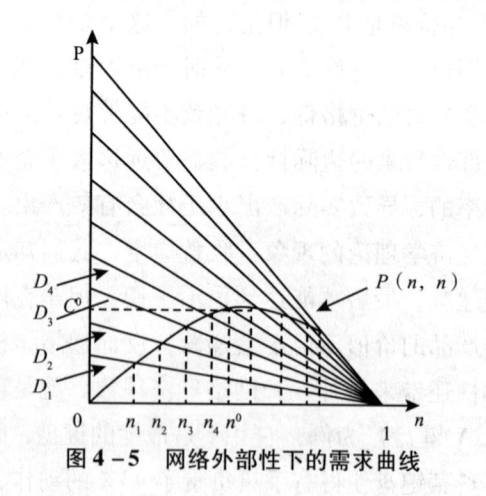

图 4-5 网络外部性下的需求曲线

[①] Katz M. L., ShaPiro C. Network Externalities, Competition, and Compatibility, American Economic Review, No. 2, 1985, pp. 424-440.

3. 具有网络外部性的市场需求曲线

传统的市场中，某商品随着需求量 n 的增加，商品的价格 P 是下降的，但是在具有网络外部性的市场中，随着该商品需求量 n 的增加，使用该商品的人越来越多，由于具有网络外部性，该商品的协同价值在增大，那么该商品的价格 P 反而上升了，例如网络约车服务，一开始人们并不习惯网络约车，但是随着车辆的增加，使用约车服务的人也越来越多，驾乘体验获得了提升，那么约车服务的价格就逐步提高了，但是人们还是可以接受的。在传统经济中，我们分析需求曲线，一个重要的前提是市场的整体需求规模是相对固定的，但是在网络经济中，市场的整体需求规模是可变的。

如果假设网络产品市场整体需求规模是固定的，由于消费边际效用递减的原因，随着消费量的增长，消费边际效用逐渐递减，随着消费量 n 的增加，需求曲线向下弯曲，那么就与传统需求曲线一样了。但是由于网络外部性，商品随着购买者的增加，它给用户所带来的效用在增加，市场的规模也变成了一个可变量。假设消费者对某一商品的价值取向一致，而且可以对想购买的商品的市场规模有一个较乐观的预期（$n^e = n$），那么随着消费量 n 的增加，由于网络外部性的原因，单个商品的边际效用不降反升，边际用户愿意支付的价格 P 也会提高，也就是说新用户愿意以更高的价格购买该商品。假设用户对于 X 商品的预期销售数量为 n^e，那么该用户愿意以价格 $P(n, n^e)$ 购买第 n 个 X 商品，随着 n 的增加，$P(n, n^e)$ 是递减的，但是随着 n^e 的增加，$P(n, n^e)$ 却是递增的。在预期需求数 $n = n^e$ 的前提下需求曲线 $D_i (i = 1, 2, 3 \cdots)$，如图 4-5 所示，函数 $p(n, n)$ 是由许多点 $p(n_i, n_i)$ 形成的曲线，设 $\lim\limits_{n \to \infty} p(n, n) = 0$，当 n 超过市场临界规模时，$p(n, n)$ 如同传统市场一样，也是随着 n 的增加而减少，此时 $p(n, n)$ 也开始向下弯曲，退化为传统商品市场。

4. 网络外部性与正反馈

（1）收益递增机制。网络经济中，由于存在协同效用，导致市场竞争的结果可能是一个生产厂家独占市场，不像传统经济中寡头垄断，而且网络经济的市场中最终可能是多种均衡共存，这与传统经济中的唯一最终均衡截然不同。出现这种现象的根源在于网络经济是一种收益递增的经济形态，其表现为需求方的规模效应以及供给方的规模效应。供给方规模效应指的是随着生产商品数量的增长，商品的平均成本逐渐下降。能够体现供给方规模效应商品如软件，它的成本主要是研发成本，这是一个固定的成本，研发出来后，再增加产量，几乎没有成本，仅仅就是复制，随着产量的增加，它的平均成本逐渐降低，最后变得非常低。如最有名的计算机操作系统 Windows，它最初的研发成本非常高，但是一旦研发成功，再增加产量的成本几乎为零，这个就完全不受边际成本的限制了。特别要指出的是，传统的经济也有规模效应，但网络经济中的供给侧规模效益和传统经济还是有明显的不同，因为传统经济中受到边际成本的影响，产量不能无限增加，但是网络经济中却可以，而且网络经济还具有需求方规模效应。需求方规模效应是网络外部性的主要根源，主要是由于同类或互补性的商品使用者增多，导致单个商品的效用也增加了。此外，网络经济还具有学习效应，学习效应也可以带来收益递增，尤其是在科学技术对网络经济增长的贡献越来越大的情况下。亚瑟（Arthur，1962）[1] 曾指出，采用新的技术工艺后，增产一架飞机的代价反比于该飞机已有产量的立方根，原因就在于学习效应，这种学习效应不仅体现在生产端，也体现在消费端。生产端的学习可以提高生产者的熟练程度，改进生产工艺，从而降低生产成本，提高生产效率，而消费端的学习可以使商品的功能发挥更大的效用，从而提高用户购买的意愿。在网络经济中，其实生产者和消费者有时是模糊的，角色互换的，例如某些开源软件的消费者同时也是生产者，在使用软件的同时可以修改软件，使其功能得到提升。所以说网络经济最大的特征就是网络外部性，所有的经济主体都处在一个彼此联系的网络中，生产者、消费者、流通者之间保持无障碍的交互合作，从而进一步促进经济系统的发展。

（2）正反馈的过程分析。在经典的经济学理论中，之所以可以得到一个最优的均衡，根本原因在于边际效应递减，这是一个负反馈过程。也就是说，当生产者的产量达到一定程度后，边际收益逐步下降，总的收益最终达到一个最大值，从而市场处于一个供需平衡。但是在网络经济形态下，具有网络外部性特征的商品，打破了这种假设，边际收益递减变成了边际收益递增，市场形成了自增强的正反馈机制，一开始的微弱的优势或者劣势，在这种正

---

[1] Arthur W. B. Positive Feedbacks in the Economy. Mckinsey Quarterly, No. 2, 1990, pp. 92–99.

反馈机制下不断地迭代，最终，最初微弱的优势会变成压倒性的优势，独占市场。如图4-6所示，正反馈过程分为三个阶段，呈现出一种剪刀的形状。第一阶段是新技术试用期，这个在过去时间比较长，但是随着网络经济的发展，新技术的更新迭代速度越来越快，这个阶段越来越短；第二阶段由于网络外部性的作用，市场容量迅速扩大，丰厚的超额利润吸引越来越多的企业加入这一市场；第三阶段由于正反馈的作用，具有优势的企业迅速扩大，最终占领了市场，成为唯一的赢家。这个正反馈的过程是动态的，可以说无时无刻不在进行着，当前所谓的赢家，如果不能抓住新的技术发展趋势，有可能迅速被市场所淘汰，所以网络经济中的唯一的市场占有者并不等同于传统经济里的垄断者。在这个过程中我们也可以看到，一开始可能有的企业仅仅只是差一点点而已，但最终这种劣势会迅速扩大，被市场无情地淘汰。

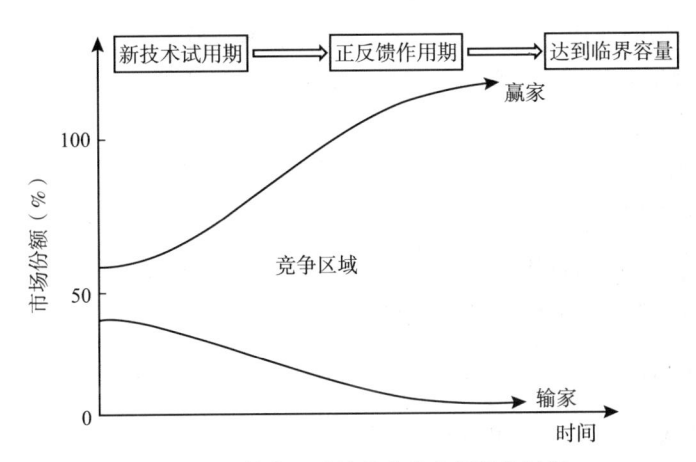

图4-6 具有正反馈效应的市场竞争过程

正反馈过程是一个动态的过程，具有四个重要特征：第一个特征是多态均衡，即市场中存在多个均衡结果，但市场最终处于哪种平衡，是不可预测的。第二个特征是路径依赖，指的是对于技术的选择，导致不可逆的结果或虽然可逆但付出的代价太大。第三个特征是锁定，即市场一旦进入某种状态就被锁定无法退出[1]。克伦珀（Klemperer，1995）认为锁定是由于转移成本

---

[1] Arthur W. B. Competing Technologies, Increasing Returns, and Lock in by Historical Events. The Economic Journal, No. 99, 1989, pp. 116–131.

过大导致的，他认为转移成本就是机会成本、交易成本、学习成本[①]。其实，在网络经济中，转移成本往往在于网络外部性，是由于网络外部性使得某些商品的效用被锁定。例如大多数用户可能觉得 Windows 非常不好用，它越来越庞大，耗费的硬件资源还很多，市场上其实存在一些操作系统，性能是优于 Windows 的，但是最终这些用户还是年复一年地在使用 Windows，原因就在于网络外部性，Windows 在软硬件以及用户之间形成了庞大的网络，如果换成另一种操作系统，成本太高了。不过随着技术的进步，如果选择别的操作系统的转移成本低于收益，那么用户就可能选择别的操作系统了。纳加德和曼索（Nagard and Manceau，2001）[②]利用计算机仿真推演的方法，模拟了对于具有网络外部性的商品，预先告知消费者这种网络外部性所带来的效用，将会如何影响消费者的购买意愿，发现消费者对这种网络效用的预期越高，他们购买的意愿就越高。第四个特征是可能会导致市场的低效率或无效，因为在收益递增的作用下，市场最终的结果可能不是最优的，可能是次优市场。

（3）网络外部性市场的市场结构。在传统经济学理论中，市场结构一般是指生产某类商品的企业市场占有率，市场结构的影响因素主要有商品的区分度、集中度、互补性、转移成本、监管政策等。根据垄断的程度将市场结构分为完全垄断、寡头垄断、竞争垄断、自由竞争等类型。在理论研究和实践中，一般用市场集中度指标来划分市场结构，赫芬达尔 - 赫希曼指数（Herfindahl – Hirschman index，HHI）是最为常用的一个指标，将每个生产企业所占市场份额平方进行求和来表示 [$HHI = \sum_{i=1}^{n}(X_i/X)^2$]，其数值越高，代表市场垄断性越高，竞争越不充分[③]。

传统的经济学理论认为，资源配置是通过市场竞争实现的，竞争的程度越充分，市场的效率越高，垄断的程度越高，对于市场的效率越不利，甚至造成消费者效用的损失，反垄断是网络经济始终要重视的监管重点。不过对于网络经济，不能仅仅从市场占有率来判断是否存在垄断，或者这种垄断是

[①] Paul Klemperer Competition when Consumers have Switching Costs: An Overview in Applications to Industrial Organization, Macroeconomics, and International Trade. The Review of Economic Studies, No. 4, 1995, pp. 515 – 539.

[②] E. L. Nagard, D. Manceau. Modeling the Impact of Product Preannouncements in the Context of indirect Network Externalities. International Journal of Research in Market, No. 3, 2001, pp. 203 – 219.

[③] 吴婷婷：《局部性网络效应探讨》，厦门大学学位论文，2009。

否造成了社会福利的损失，需要从更多方面综合权衡：第一种情况，市场占有率和市场利润并不成正比，短期内市场占有率高的企业并不一定利润就高，而且由于商品的互补性，产品 A 市场占有率高，但 A 有可能没有利润，而是通过产品 B 获得利润。第二种情况，垄断未必会损害社会福利，当某种商品具有网络外部性，而且不与其他商品互补时，垄断反而会增加商品的效用，从而促进社会福利的最大化。第三种情况，在保证自由竞争的情况下，最终仍然可能会形成垄断，只不过这种垄断不是通过合谋、权力获得的，它实际上是网络经济的一个典型的特征，只要不是互相捆绑的商品，就不算不正当竞争，例如 Windows 操作系统虽然在市场上占有垄断地位，但并不属于不正当竞争，但是其曾经将浏览器捆绑在 Windows 上销售，这就是不正当竞争。第四种情况，网络经济中的垄断结构并没有弱化竞争，其实竞争无处不在，例如 Windows 虽然在操作系统的市场占据垄断地位，但它还是不断地升级，而且随着技术的变迁，Android 系统后来居上，占据了移动设备操作系统的主要市场。生产企业之间的竞争更加激烈，形式也更加复杂，不仅仅通过价格，还可能通过质量、标准体系、专利、文化、产品生态等[①]。

（三）网络产品

1. 网络产品的定义

在网络经济环境中，产品具有自有价值和协同价值，协同价值大于 0 的产品称为网络产品，当然协同价值占的比重越高，其网络属性越强，例如电子邮件这种产品，其自有价值为 0，协同价值占到 100%，所以电子邮件这种产品是纯网络产品。不论是何种网络产品，它们必然存在于某个网络之中，或者它们直接构成某个网络。网络的各节点不是孤立的，它们之间必然存在某种形式的信息交流。网络间的信息交流能够驱动网络各节点间的协同价值，使网络外部性发生作用进而使整个网络中所有用户获益。网络中的产品不一定是网络产品，而网络产品必在网络之中。

---

① 张丽芳：《网络经济与市场结构变迁》，载《财经研究》2006 年第 5 期。

2. 网络产品的分类及特点

具有网络外部性的产品称为网络产品，其价值包括两部分，一部分是其自有价值，另一部分是网络协同价值，依据产品在网络经济中所起的作用的不同，可以将网络产品分为以下三类：

（1）利用网络在线传播的服务或者内容产品。该类网络产品指可在网络上传播的数字产品及服务，其信息与载体一起构成网络，是网络经济中的核心产品。内容性的产品如新闻、书籍、音像的数字版本。然而，不仅仅局限于以数字的形式通过互联网这一载体进行，例如通过有线电视网络传播的电视节目、在电影院放映的电影、都属于这类内容性网络产品。其特点是可复制的生产方式、同一网络中内容产品之间的竞争与互补、长尾市场。交易型工具产品，代表某种交易过程和结果的数字产品，如审计证据、交易证明和价值符号等。具体如电子商务类、支付类（如网上购物、订票、预订宾馆等）以及财务金融工具（电子支票、电子货币、信用卡、有价证券等），这些都是可以被数字化成为数字产品的金融工具。另外数字过程和服务性产品任何可以被数字化的交互行为都是一个数字过程或服务。这里所说的交互行为，实质上是通过相应的软件来驱动和激发的。具体包括网络授课、网络影响、虚拟图书馆、数字博物馆等。

（2）作为网络节点的终端设备。作为终端构成网络节点的这类产品，它们在被用户反复使用的过程中不断产生用户间信息交换的需求，同时它们也是这些信息的聚合器。一类是数字类终端，例如 Windows 操作系统软件、Office 办公软件、软件开发工具、杀毒软件、媒体播放工具等。另一类则是硬件终端，例如构成移动通信网络的手机、构成互联网的各种类型的计算机、构成电视游戏机用户网络的终端设备等。其特点是终端型网络产品与内容性网络产品共同组成了一个"硬件—软件范式"。不同终端型网络产品的生产者可能会独立使用不同的技术，这样它们的产品因为不能相互兼容而形成了不同的网络。

（3）提供共同生产条件与流通条件的网络基础设施。网络经济下，基础设施主要指为网络产品提供传送和交互服务的物理载体，是网络经济中的共同生产条件和共同流通条件。如果将终端产品理解为网络的节点，那么网络基础设施就是连结这些节点的连线。随着通信技术的进步，网络基础设施属于自然垄断这一命题也受到了一定的挑战。

3. 网络产品的生产特性

（1）以物质为基础的生产者行为理论。

①要素投入与生产函数。

以物质为基础的生产，投入的生产要素，如劳动、土地、原材料、资本等。其企业通过某些生产要素的投入组合生产出既定产量的产品，$y=f(x_i)$ 表示生产函数关系，这里 x_i 是投入，Y 是产出。如果只有一种要素 X_L 投入生产，图4-7则展示了 Y 与 X_L 的对应关系，随着横轴 X_L 要素投入的增加，产量也相应地增加，但增加的速度不断降低，最终趋于平坦。

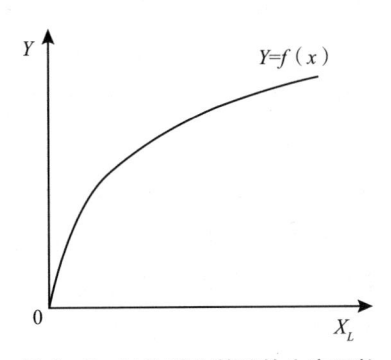

图4-7 以物质为基础的生产函数

②短期供给曲线。

利用企业的成本曲线，可以描绘出一个典型的完全竞争市场中的企业短期成本约束与生产行为，如图4-8所示。假设生产者处于完全竞争市场中，是价格的接收者，只能根据市场现有价格 P 销售自己生产的全部产品。因此，生产者面临的需求曲线是水平的。生产者销售产品的边际收益 MR 与平均收益 AR 均等于 $\bar{P}$。利润最大化的生产者将选择在边际收益等于边际成本处的产量上生产，也即图4-8中 A 点所对应的产量。从短期来看，需求相对于供给来说可能很高，也可能很低，因而生产者每出售一个单位产品可能得到或损失利润 AB（阴影）部分。当平均成本曲线高于市场价格 P 时（$P=\bar{P}=AR=MR$），生产者是处在亏损状态的。如果生产者不能在短期内降低平均的可变成本，生产者就不会再生产了。因此，短期的供给曲线必然是 MC 曲线上高于平均的可变成本 AVC 那段。

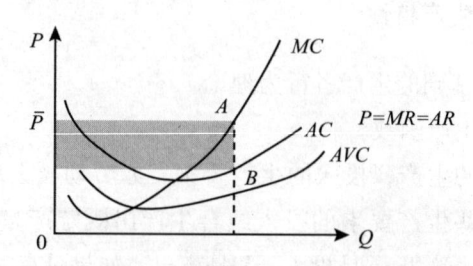

图 4-8　以物质为基础的成本曲线与短期供给曲线

③企业长期生产行为。

从长期来看,企业可以根据市场的状况,扩大或缩小企业的规模,新建工厂或关闭工厂,短期内所谓的不变要素在长期内也是可变的。企业长期的成本曲线与短期的成本曲线是不同的,长期内企业可以选择其生产的规模。

当企业投入生产的所有要素都增加的时候,就会获得产品的规模效应,产出的增加速度将大于投入的增加速度。这是因为较高的产量水平允许实现专业化分工,而分工带来生产率增长的速度提高。这就意味着,每单位产出的长期平均成本在生产的初期是下降的,即规模收益递增,或称规模经济。但是,随着规模的进一步扩大,最终当生产规模超过一定的临界值,除了经典经济学的边际收益递减原因外,由于企业组织的管理也将达到上限,企业规模过大,企业的管理效率降低,将导致管理成本急剧上升,进而导致长期平均成本上升,从而使规模效应不再存在了。如图 4-9 的 "U" 型长期平均成本曲线所示(ATC: average total cost, ATC_S: average total cost small, ATC_M: average total cost middle, ATC_L: average total cost large),A 区间内企业处在规模收益逐渐上升的阶段,B 区间为企业规模收益逐渐下降的阶段。长期内,企业一般在规模收益不变的区间,即 C 区间选择生产规模。可见,供给方存在规模收益递增与规模收益递减的区间,并且随着生产规模的不断扩大,规模收益递减是必然的。换句话说,供给方规模经济存在自然限制。

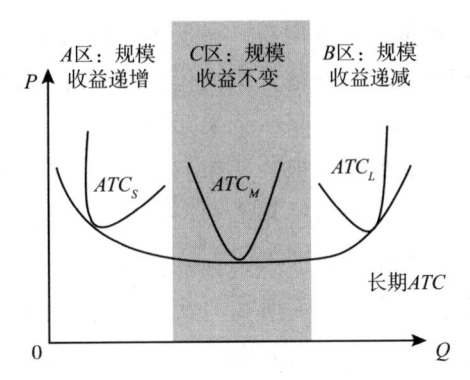

图 4-9　企业的长期平均成本曲线与规模收益

（2）以知识资源为基础的生产者行为理论。经典经济学理论在分析市场行为的规模效应时，无论是规模收益递增还是递减，都是基于生产端的，而网络经济学在分析网络外部性时，所讨论的网络效应是基于需求方的，或者是基于需求和供给方两个方面的，虽然从外表来看，他们都是基于数量和规模的，但其本质是不同的，网络外部性是在一定规模基础上的内在结构的不同所带来的收益递增，但是其起作用的内在机理并不相同，供给方规模经济的收益递增主要是由于生产者的社会分工导致的生产率的提升，而需求方规模经济则主要是由于产品的协同效应产生了附加值。物质资源的不可共享、不可复制以及稀缺性对企业的生产形成约束，由于要素边际产量递减与规模报酬递减规律的作用，边际成本 MC 的绝对上升趋势限制了企业的产品提供规模。在以知识资源为基础的网络经济环境下，这种稀缺性的制约是否依然存在呢？当然这种制约依然起作用，但是更多的是知识变成了一种稀缺资源，由于知识具有非独占性、创新性和不确定性，所以导致这种制约有了新的表现和规律。①研发的作用：以智力、信息、数据等知识资源为基础的生产与以不可共享的消耗型资源为支撑的生产有其共同点，同样需要投入资金、劳动力等生产要素，不同的是研发在网络经济中起到非常重要的作用，在整个生产过程中要不断投入研发，研发的目的可能是技术、产品、工艺、商业模式，可以改变生产者创造价值的方式，从而提升用户的效用。一旦研发的成果投入应用，它在生产中就起到类似于固定要素的作用，不会随产量的变化而变化。网络经济下知识在生产中所起的作用较之传统经济有空前的提高。由于产品生命周期缩短、盈利策略的需要及市场中的竞争者或潜在竞争者的威胁迫使企业不断地投资于研发创新。在现实的网络经济市场中，体现为新产品的大量涌现与产品版本不断地升级换代。②研发中的不确定性，在开始研发项目之前，其成功的可能性是一个未知数。研发可以类似看作一个知识的生产过程，它与具体有形产品生产过程的一个最大区别就在于投入与产出之间的不确定性。研发者的直觉、相关知识的积累、偶然事件的作用等都与研发结果息息相关，这些不确定的因素直接左右着知识生产的产出表现。现实中不乏投入大量研发资金却一无所获的案例，同样也存在似乎毫不费力的"偶然所得"的成功研发。③研发成果的使用可能和最初研发的目的完全不同，研发可以分为基础理论与应用研究。基础理论的研究，如广义相对论、量子力学等，研发的动机可能只是出于人类探索自然、追求真理的好奇心，但是它们却使核能的开发和商业应用成为可能；电话的发明初衷只是让人们能通过电话欣赏交响乐；初期服务于科研与军事需要的计算机网络，成为网络经济这一新兴经济模式的重要推动力。④研发成果最终对于社会的收益可能无法完全计算，正是由于研发成果使用方向的不确定性，知识"积累与组合式创新"的生产特点使研发成果的最终社会效益难以准确计量。今天仍然没有办法估计鼠标的发明对人类起到了多大作用。换个角度来说，哪些所谓毫不费力的"偶然所得"，很大程度上也要归功于未被计量的已有的研发成果。

（3）以知识资源为基础的生产成本函数。

①固定成本：往往还是沉没成本（sunk cost），沉默成本指的是这部分成本一旦付出，是无法再收回的。在网络经济学中，研发活动带来了巨大的沉没成本。例如，软件企业研发一款新的软件，投入的主要是工资等人力资本，如果停止研发则无法收回成本。

②边际成本：网络经济一般具有低边际成本，高沉没成本，如移动通信服务，只要基站等基础设施建设好之后，在达到信道容量之前，提供额外的通信服务，其边际成本几乎为零。

③短期供给曲线消失。如图 4-10 所示，MC 为边际成本曲线，AC 为平均成本曲线，假定 D 为需求曲线，它和消费者的边际收益 MR 为同一条曲线。不难发现，网络经济下的生产成本特征从根本上否决了供应曲线的存在。特殊成本结构决定，供给方规模经济更加显著；由于边际成本相对于固定成本而言很低，以知识资源为基础的生产在短期内随着产量的增加平均成本急剧地下降，甚至具有零成本复制的特性。

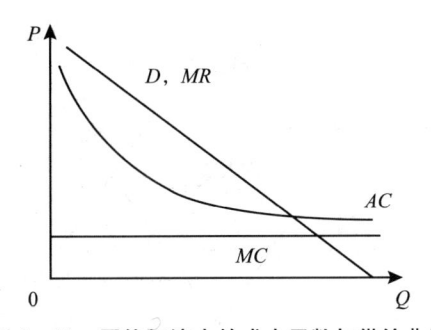

图 4-10 网络经济中的成本函数与供给曲线

（四）网络经济下的垄断与竞争

如图 4-11 所示，影响市场结构的因素主要包括进入壁垒、政策与法规、成本、差异化、需求方规模效应、在位厂商策略等，其中最为关键的因素就是进入壁垒，进入壁垒包括战略性壁垒和结构性壁垒。结构性壁垒是外生的、厂商无法支配的，由技术、自然资源、法律法规、行政管理、用户偏好、社会文化背景等造成的壁垒，其中技术因素在网络经济中占据主导地位。战略壁垒一般是指在位厂商利用其优势，制定相应的策略，以阻止新的竞争者进入市场。如图 4-12 所示，结构性壁垒主要包括产品互补性、稀缺资源、资本优势、需求方规模效应、学习效应、成本优势等。

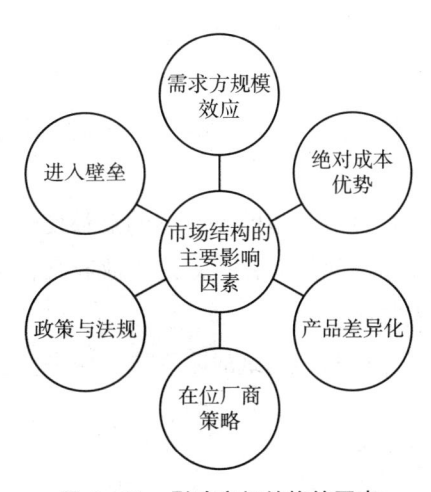

图 4-11 影响市场结构的因素

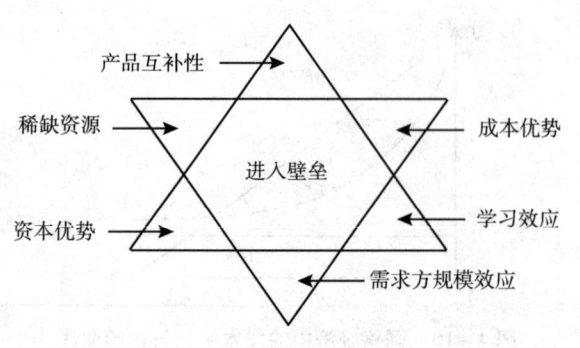

图 4-12 结构性进入壁垒

1. 网络经济下的进入壁垒

（1）需求方规模效应形成的进入壁垒。工业经济都是以不可再生的资源为基础的生产，追求的是供给方规模效应，而网络经济是供给方规模经济与需求方规模经济共同起作用。通过网络效应、安装基础、锁定、正反馈等在这一过程中发挥作用。需求规模越大，协同价值就越大，产品给用户带来的协同效用就越大。需求方规模经济更多的是直接网络外部性导致的，进而形成新进入厂商的市场壁垒。计算机软件就是一种需求方规模效应的产品，随着用户的增加，用户所获得的效用越来越大。这种产品天然具有需求方规模效应的特点，所以用户选择这类产品时，不仅仅是考虑单个商品的性价比，还要考虑其他人的选择以及兼容的软硬件等因素。

（2）成本优势。网络经济中，在位厂商在成本上拥有先天的优势，这种优势来自于技术的独占性、用户的先入为主，再加上网络效应的增大，这些都使后来者很难进入市场。

（3）互补性。产品的互补性指的是天然的互补性，如软件和硬件，而不是人为的捆绑销售。商品之间的互补性，使得放弃某种商品的代价加大，从而阻止新的生产者进入市场。

（4）在位厂商采取策略行为构筑战略性进入壁垒。已经在市场上占据主导地位的厂家，运用价格策略、标准策略、操纵消费者预期、捆绑销售等战略行为，以阻止潜在进入者进入市场。

（5）学习效应。学习效应（learning curve effect）是指随着厂商的生产经验和累积产出的增加，单位产出所需要的投入数量不断下降的过程。学习效应与规模经济有何不同？如图 4-13 所示，学习效应与规模经济有些类似，但实际上二者是不同的。学习效应来源于经验积累带来的流程改造和效率提高，而规模经济则来源于规模扩大所带来的成本下降。随着生产过程的不断重复、累积生产量的不断增加，学习效应所发挥的作用就越来越大，成本下降得越来越快。对于网络经济中以知识资源为基础的行业，学习效应的作用尤为明显。因而，对于新进入厂商而言，在位厂商利用先进入市场的先发优势产生的学习效应，构成了结构性进入壁垒。

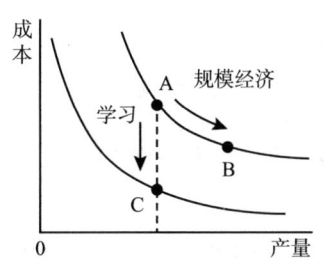

图 4-13 规模经济与学习效应

（6）资本要求。资本规模要求（capital requirement）主要指新进入厂商会比在位厂商以更高的成本获取资金。由于风险、信息不对称、交易成本等原因，新厂商无法获取更多的贷款。因此，在位厂商与新进入厂商相比就具有资本方面的不对称优势。

2. 网络经济下的垄断与竞争

网络经济中垄断与竞争的关系是否发生变化？网络经济下的垄断有什么新的表现形式？垄断的强化是否意味消费者将会遭受净福利损失，社会整体效率也将下降呢？

（1）网络经济下垄断的新模式。如图 4-14 所示，在网络经济下，竞争主要体现为创新的竞争，胜出者为了保持地位，必须继续进行技术创新，同时由于该产品具有网络外部性，使边际收益递增，价格下降，产量增加，由于正反馈的作用，需求和供给同步上升，该产品占领了市场，形成了事实的标准，达到垄断地位，一家独大，赢家通吃，但是技术的更新换代非常快，而且具有不确定性，随时会有潜在的颠覆性的技术产生，由此又展开了新一轮的创新竞争①。企业获得垄断地位的内因：通过研发新技术、新产品，并迅速占领市场。外因：网络的外部性、正反馈、需求方规模效应等。

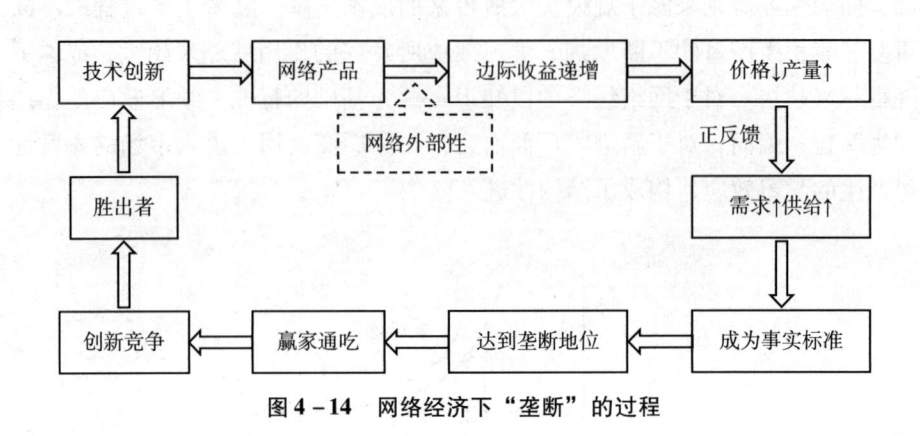

图 4-14　网络经济下"垄断"的过程

（2）如何判断网络经济下的垄断。传统经济中，以勒纳指数和贝恩指数衡量单个厂商垄断势力的大小，勒纳指数 $= (P - MC)/P$，取值范围在 $0 \sim 1$ 之间，数值越大表明垄断程度越强。市场价格和边际成本的偏离程度。贝恩指数 $= \pi_e / V$，π_e 指经济利润，V 指投资总额。但是在网络经济中，主要是以知识资源为基础的生产，判断是否是垄断的依据不仅仅是市场结构，更重要的是企业的市场行为。网络经济下垄断的具有必然性与一定的合理性。从起因上看，垄断源于竞争，由于创新竞争导致了垄断。从过程中看，争取垄断也是一种竞争机制，由于垄断使得企业获得超额利润，这也是竞争的动力源泉。

（3）网络经济下垄断和竞争之间关系的特征。

①传统经济学理论认为垄断是抑制竞争的，但是在网络经济下，垄断没有完全抑制竞争，可以说即使存在所谓的垄断，但竞争无时不刻在进行，因为网络经济是以技术创新来支撑的，技术更新迭代的速度超过以往所有经济时代，允许垄断适度地存在，是有利于竞争的，例如专利保护看似维护了垄断者的地位，实则是保护了技术创新的积极性。

②在工业经济时代，生产厂商为了追求规模效益，最终会导致垄断，这

---

① 苗小玲：《对网络经济下垄断的解析》，载《经济师》2002 年第 10 期。

就是所谓的马歇尔冲突,网络经济存在网络外部性,虽然也可能导致垄断,但在一定规制下,这种垄断是竞争性垄断,是不稳定的,竞争仍然始终存在,并没有削弱市场竞争的活力,潜在的竞争者一直都存在,这就迫使当前在位厂商不断创新技术,研发新的产品。

二、基于社会网络的网络外部性分析案例

(一) 社会网络分析概述

社会网络分析是使用网络理论来理解社会关系,个体无论简单或复杂,一律抽象节点,个体之间的纷杂的关系,一律抽象为边,这样就形成了图结构。现有研究表明社会网络在人类社会的很多领域都发挥着重要的作用,如社交网络、科研合作网络、蛋白质网络、传染病扩散、技术扩散、经济网络等,网络的结构往往决定了社会网络的作用效果,主要的社会网络结构指标有:聚类系数、中心势、路径长度等。

(1) 中心势。中心势主要是用来衡量一个节点的重要性和影响力,它又可以细分为四个:度中心度、介数、亲密度和特征向量中心度。

度中心度 (degree centrality):定义为网络中节点的链路个数与其他节点个数的比值。经常被解释为获取网络中所流经的内容(如病毒、消息等)的即时风险。一般定义网络的度中心度的计算如公式 (4-1) 所示:

$$c(v) = \frac{\deg(v)}{n-1} \tag{4-1}$$

亲密度 (close centrality):close 在拓扑学上的意思是接近。该参数是指某节点到其他节点距离的均值。假设网络中共有 n 个节点,则节点 v 的亲密度的计算如公式 (4-2) 所示:

$$c(v) = \frac{\sum_{t \in V \setminus v} d_G(v, t)}{n-1} \tag{4-2}$$

介数 (between centrality):节点对其他节点对之间通信的控制能力。如图 4-15 所示,在左边图中,节点 A 在节点 B 和节点 C 的通信链路

上，可以控制一对节点的通信。在右边图中，节点 A 链接三个节点，在 BD、BC、CD 的通信链路上，可以控制三对节点的通信。据此可知，右图中的节点 A 的控制能力将强，拥有较高的介数。介数大的节点在网络中的作用比较大，如果此节点失效，将严重影响整个网络的连通性。

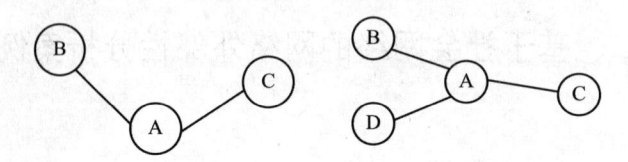

图 4-15 节点 A 介数的意义与对比

用 x_i 表示第 i 个节点，邻接矩阵 A_{ij} 用来表达节点之间的连接关系，$A_{ij}=1$ 表示节点 i 和节点 j 相邻，反之不相邻。特征方程为：$Ax=\lambda x$，求得一组特征值，第 i 个特征值对应第 i 个节点。最大特征值代表中心势最高。为了让节点的中心势分数与连接节点的总分成比例，节点 i 的特征向量中心度的计算如公式 4-3 所示：

$$x_i = \frac{1}{\lambda}\sum_{j\in L(i)} x_j = \frac{1}{\lambda}\sum_{j=1}^{N} A_{ij}x_j \quad (4-3)$$

（2）聚类系数。聚类系数（clustering coefficient）：描述网络中节点倾向于聚集成簇的程度。高的聚类系数表示网络存在较高水平的集团化。图 $G(V,E)$ 包含一系列节点 V 和连接它们的边 E，e_{ij} 表示连接结点 i 与结点 j 的边，$N_i = \{v_j : e_{ij} \in E \cap e_{ji} \in E\}$ 表示 v_i 的第 i 个相邻节点，k_i 表示 v_i 相邻节点的数量，节点 v_i 的局部集聚系数 C_i 是该节点邻居节点们之间的连接数与最大可能连接数的比值。对于一个有向图，e_{ij} 与 e_{ji} 是不同的，因而对于每个邻节点 N_i 在邻结点之间可能存在有 $k_i(k_i-1)$ 条边（k_i 是结点的出入度之和）。因此，如果用有向图表示网络，那么网络中一个节点的聚类系数可以通过公式（4-4）计算：

$$C_i = \frac{|\{e_{jk}\}|}{k_i(k_i-1)}, \quad v_j, v_k \in N_i, e_{jk}\in E \quad (4-4)$$

全网聚类系数由节点的聚类系数的平均值表示，可以用公式（4-5）计算：

$$\bar{C} = \frac{1}{n}\sum_{i=1}^{n} C_i \tag{4-5}$$

(二) 基于社会网络分析的互联网服务业市场行为分析

1. 互联网服务业的分类

互联网服务业一般指基于互联网所提供的服务，主要包括应用服务和基础设施服务。应用服务是基于互联基础层之上所提供的各种应用，如电子商务、交友软件、在线教育、新闻推送、信息搜索等。基础设施服务主要是提供数据存储及数据传输功能，如云计算、接入服务等。互联网服务业与传统服务业存在明显的不同：第一大多数互联网服务业是无形的，服务基本是在线的，是一系列数字化的抽象的知识或感觉，无法用传统方式去度量，如人工智能在线授课服务，这个就无法用传统的方式来评价。第二是交互性，这种服务一般都是由消费者和服务提供者之间的交互实现的，如在线问答服务。第三是个性化，针对不同的服务对象提供个性化的服务，满足不同用户的个性需求，如个人新闻定制服务，可以根据用户兴趣推送不同的新闻内容。第四个是服务具有体验性，如搜索服务、在线游戏等，在没有消费这项服务时，你不知道服务的质量到底如何，只有体验后才知道，但体验之后，就已经消费了该商品，该价值可能已经被用户获得，这与传统的商品不同。

由于以上这些不同之处，互联网服务业往往无法在购买前对其品值和价值做出准确的判断，那么购买之后，由于已经消费了服务，也很难进行查证，这就导致网络服务的不确定性，带来了一些风险，尤其是一些涉及大量资金的网络服务，如互联网金融、网络众筹服务等[①]。对于厂商来说，消费者的购买行为特征和规律对于其市场战略特别重要，根据互联网服务的特点及消费者的行为特征将其分为三种：第一种是个体理性消费行为，这类消费者能够根据自己的需求及互联网服务的特点，合理选择网络服务，以使得自己的效用最大化，只不过这类消费者完全是根据自己的利益来判断，没有参考其他消费者的行为；第二种是群体理性消费行为，这类消费者会根据相关人的

---

① 陶纪明：《服务业的内涵及其经济学特征分析》，载《社会科学》2007年第1期。

购买行为，做出群体效用最大化，如可能会考虑朋友、亲人的购买行为，来决定自己的购买行为；第三种是非理性消费，这类消费者，可能会完全从自己的社交圈出发，依据社交群体内其他人的消费行为，来决定自己的消费行为，处于一种盲目消费的状态。

第一种与传统经济形态下的服务是相同的，不需要再研究了，第三种研究价值也不大，第二种群体理性消费行为和以往的消费不同，这里体现了网络外部性对于消费决策的影响，因此，本书借鉴哈克（Huck）[①] 对于经验性服务的市场策略研究，利用动态博弈模型进一步深入研究社会网络对于具有网络外部性的商品的消费决策的影响。

2. 消费者行为对互联网服务业效用影响模型

互联网服务业的虚拟和不可逆性决定了消费者只有实际消费了该服务，才能真正对该服务的效用做出判断，假设消费者在购买某项互联网服务时，生产商提供劣质互联网服务，生产商与消费者得到的收益为 $1+x$ 和 $-x$。如果生产商提供优质互联网服务，由于互联网服务的可复用性，消费者和生产商的效用都为 1，如果消费者不购买该互联网服务，则消费者生产商的收益皆为零。

3. 基于消费者社会网络互联网服务业市场博弈分析

在网络经济形态下，特别是互联网服务存在网络外部性，消费者之间的关联关系，对于互联网服务的市场结构产生了巨大的影响，这里用无向图来表示消费者之间的社会网络，用节点表示消费者，节点之间的边表示消费者之间的关联关系，为了简化模型，以利于分析，假设图中每个节点的度值均为 d，也就是说每个消费者与 d 个消费者存在关联关系，按照图的性质，可以推导出这 d 个节点之间最大的连接数为 $d(d-1)/2$，按照公式（4-4）可以求得每个节点的聚类系数 c_i，令 $c = \sum_{i=1}^{n} c_i/n$，c 称为整体聚集系数，c 的值在 0 和 1 之间，表征的是整个网络成员之间的关系密切程度，c 越大，表明消费者之

[①] Huck S, Tyran J R. Reciprocity, social ties, and competition in markets for experience goods. Journal of Socio-Economics, Vol. 36, No. 2, 2007, pp. 200–203.

间关系越密切，网络的协同价值越大，网络的外部性越强，消费者受到其他节点消费行为的影响越大。这里假设市场中只存在两个生产商，消费者包括个体理性（占 $s\%$）、群体理性（占 $r\%$）和非群体理性（占 $l\%$），经过多轮次博弈[①]：

（1）无论消费者是否有购买意愿，企业无视消费者网络，都提供劣质的互联网服务。

（2）已经购买过服务的非理性消费者会选择购买上次购买过的互联网服务，已经购买过服务的个体理性消费者如果预计该生产商将提供劣质服务，将不再选择继续购买同一生产商的服务。已经购买过服务的群体理性消费者，会根据其社会网络来判断、选择相应的生产商。

（3）每个生产商将根据竞争厂商的行为和消费者的行为做出决策。假设生产商 i 估计生产商 j 将出售优质服务，则生产商 i 出售优质服务可能的收益为 $k_i + (r+l)/2 + \delta(1+x)(r+l)/2$，这里 k_i 表示生产商 i 的 $s\%$ 个体理性中有 $k_i\%$ 仍然选择购买服务，δ 为贴现系数，x 为厂商提供劣质服务的额外收益，那么生产商提供优质服务的约束如公式（4–6）所示：

$$k_i \leqslant \frac{r}{2}\left(\delta\frac{1+x}{x} - 1\right) - \frac{1}{2} = k \qquad (4-6)$$

当生产商 i 认为生产商 j 将出售劣质互联网服务时，他出售劣质服务的收益与其提供劣质服务的预期收益不变，但由于可能吸引到生产商 j 所流失的部分群体理性消费者，出售优质服务的预期收益为 $k_i + (r+l)/2 + \delta(1+b)[r(1+c)+l]/2$，其中 c 是网络聚集系数，表征生产商 j 的消费者获知生产商 i 所出售服务优劣的概率，c 越大，表明消费者所组成的社会网络聚集系数越高，消费者之间的关系越密切，相互的影响力越强，生产商 i 选择提供优质互联网服务的约束如公式（4–7）所示：

$$k_i \leqslant \frac{r}{2}\left(\delta\frac{(1+x)(1+c)}{x} - 1\right) - \frac{1}{2} = \bar{k} \qquad (4-7)$$

公式（4–6）、公式（4–7）说明两个生产商的最优策略选择是相互影响的，该博弈结果如表 4–1 所示。用 E_i 表示生产商 i 出售优质互联网服务的概率，当这两家生产商达到博弈均衡，得到 E_i 如公式（4–8）所示：

[①] 陈艳莹：《买方行为、社会网络与服务业的产业政策》，载《财经研究》2007 年第 12 期。

$$E_i^* = \frac{1+c}{c} - \frac{b(2k_i + r + 1)}{\delta_r(1+b)c} \qquad (4-8)$$

（4）如果两个生产商按表 4-1 来选择策略，消费者和生产商之间的博弈不存在均衡，所示的纯策略博弈均衡选择服务质量，顾客和服务企业之间的动态博弈将不存在均衡，个体理性的消费者会不断比较购买优质互联网服务所得收益与购买到劣质服务的损失，直到 $E_i^* - \sigma(1 - E_i^*) = 0$，根据公式（4-8），选择购买生产商 j 的互联网服务的个体理性的消费者数量如公式（4-9）所示。

表 4-1　　　　　　　　基于社会网络的互联网服务博弈

	$\overline{k} < k_j$	$\underline{k} < k_j < \overline{k}$	$\underline{k} \leq k_j \leq \overline{k}$
$k_i < \underline{k}$	（优质，劣质）	（优质，优质）	（优质，劣质）
$\underline{k} \leq k_i \leq \overline{k}$	（优质，劣质）	（劣质，优质）	（优质，劣质），（劣质，优质）
$\overline{k} < k_i$	（劣质，劣质）	（劣质，优质）	（劣质，优质）

$$k_i^{*T} = \frac{1}{2}\delta_r \frac{c(1+x)}{x(1+\delta)c} + k \qquad (4-9)$$

整个互联网服务行业收益如公式（4-10）所示：

$$k^{*T} = k_1^{*T} + k_2^{*T} = r\left[\delta \frac{(1+x)(1+\delta+c)}{x(1+\delta)} - 1\right] - 1 \qquad (4-10)$$

将公式（4-10）变形为公式（4-11）：

$$k^{*T} = k^{M*} + \delta r \frac{c(1+x)}{x(1+\delta)} \qquad (4-11)$$

公式（4-11）中的 $\delta r \dfrac{c(1+x)}{x(1+\delta)}$ 表示网络外部性与市场竞争的相互作用效果，从中可以看出，当消费者之间存在关联关系的时候，生产商之间的市场竞争使市场容量变大，并且该增量正相关于消费者网络聚集系数，网络外部性的存在可以促进互联网服务业的发展。

三、基于博弈论的网络资源及服务共享的经济学分析

共享经济的萌芽大约在 50 年前就出现了，但直到 2010 年后，才逐渐普

及，如共享单车、共享汽车、共享办公等，都给我们的生活带来了便利，当然也带来了新的问题，不过共享经济具有强大的生命力，这些问题在发展的过程中都会得到解决。共享经济从最初的网络上的数字资源，逐步扩展到日常生活领域，如房屋、汽车、自行车等，再到教育、科研、金融等高端领域，共享经济正在成为网络经济的重要形态，它突出体现了网络经济的网络外部性特征，由于网络资源和服务的共享发展得比较成熟，应用也比较广泛，对于它的研究具有一般性，因此，我们将重点讨论网络资源及服务的共享激励机制，以期发现可以扩展到共享经济的其他领域的规律。

（一）博弈论概述

博弈论（game theory）又称赛局理论、对策论等，主要研究不同主体在一定策略空间下的最优决策问题，是现代数学的一个重要研究领域。1928年，诺依曼（Neumann）提出并证明了博弈论的理论和方法，随后诺依曼等人将2人博弈扩展到多人博弈，使其更加适用于实际的决策分析[①]。自此之后，越来越多的研究者将博弈论作为经济学领域最主要的分析方法。其相关概念如下：

参与者（player）：指在一定决策空间下，理性地进行策略选择以最大化自身利益的主体。

行为（action）：指策略选择的组合变量。如生产商进行价格、产量的制定，希望获得最大利润。

策略（strategies）：指供选择的决策，就有一定的限制性，一般来讲付出和收益是对等的，由一系列的条件和对应的收益（或损失）组成。

信息（information）：指和决策相关的知识、消息、认知等，包括策略空间信息、环境信息、对手信息等。

收益（payoff）：指所有博弈主体在某种策略选择下得到的利益，一般取决于策略空间和决策行为。

均衡（equilibrium）：决策的行为达到稳定状态，决策者不再改变其决策。

---

① 张维迎：《博弈论与信息经济学》，上海人民出版社2004年版。

纳什均衡（Nash Equilibrium）：指每个决策人的选择不受其他人的决策影响，都是独立做出的最优策略，这种决策过程所达到的稳定状态称为纳什均衡。

纳什定理：在确定且有限的策略空间下的二人博弈，至少存在一个均衡状态。纳什定理的提出很重要，使得在理论上证明一定存在最优解。下面将基于博弈论的思想，建立互联网资源及服务共享竞价模型以及价格博弈模型。

（二）互联网资源及服务竞价模型

如果将每个网络共享经济的"参与者"看作网络的节点，它们各自服从自己所属资源及服务管理域的管理策略，网络资源及服务的共享可以被形式化为多个"参与者"共同决策的博弈问题。每个参与者 i 拥有一个策略集 $s_i = (s_1, \cdots, s_n)$，并且它可以从中任意选择一个策略 s_i，在策略组合 $(s_1, \cdots, s_n)$ 被所有参与者选择的情况下，参与者 i 的收益函数表示为 $\pi_i(s_1, \cdots, s_n)$，它是参与人策略或行为的函数。假设每个参与者都选择一个最优策略，以使自己的收益最大化，最终将产生一个均衡状态。这里考虑的是完全信息静态博弈，也就是说每个参与者将收益函数作为自己的通用知识。在完全信息静态博弈中，一个特殊的策略组合 $(s_1^*, \cdots, s_n^*)$ 是纳什均衡（Nash equilibrium）[①]，满足公式（4-12）所示条件：

$$\pi_i(s_i^*, s_{-i}^*) \geq \pi_i(s_i, s_{-i}^*) \ \forall s_i \in s_i \qquad (4-12)$$

这里，$s_{-i}^* \equiv (s_1^*, \cdots, s_{i-1}^*, s_{i+1}^*, \cdots, s_n^*)$。

考虑一个网络资源及服务集为 J，C_j 是资源 j 的容量（$j \in J$），令 R 表示用户节点集，共享给每一个用户的资源及服务是 J 的非空子集，令 A_{jr} 表示共享函数，如果资源及服务 j 共享给用户 $r(r \in R)$，则 $A_{jr} = 1$，否则 $A_{jr} = 0$，这里定义了一个 0-1 分配矩阵 $A = (A_{jr}, j \in J, r \in R)$。

用户 r 拥有一个共享概率 x_r，在概率 x_r 下，这个用户的效用函数为 $U_r(x_r)$，满足下面的条件：

条件1：$U_r(x_r)$ 为递增的严格的凹函数，且在 $x_r \geq 0$ 范围内持续可微。

[①] 曹怀虎、朱建明、郭树行：《基于博弈论的移动社交网络数据转发激励算法》，载《小型微型计算机系统》2014年第7期。

令 $U = [U_r(\cdot), r \in R]$，$C = (C_j, j \in J)$，设想寻求一个分配概率 $x = (x_r, r \in R)$，以解决下面的最优化问题，表示为 $SYSTEM(U, A, C)$，如公式（4-13）所示：

$$SYSTEM(U, A, C) = \max \sum_{r \in R} U_r(x_r) \qquad (4-13)$$
$$\text{s. t.} \quad A_x \leq C, \ x \geq 0$$

这里主要考虑用户节点竞争某一种容量为 C_k 的资源及服务情况，$SYSTEM'(U, A, C)$ 则如公式（4-14）所示：

$$SYSTEM'(U, A, C) = \max \sum_{r \in R} U_r(x_r)$$
$$\text{s. t.} \sum_{r \in R} U_r(x_r) \leq C_k, \ x \geq 0 \qquad (4-14)$$

在这种情况下，假设每一个节点 r 收到价格为 u 的某种资源请求时，它将试图最大化它的收益 $U_r(x_r)$。由此得出下面的定理。

定理 4-1 总存在一个价格 u^* 将决定一个唯一的共享矢量 $(x_r^*, r \in R)$，这个共享矢量是 $SYSTEM'(U, A, C)$ 的解。

证明：根据纳什均衡理论，只要效用函数满足单调性和凹性，最合理的资源及服务共享方案就一定存在。对于网络资源及服务共享问题，如果一个解在某价格向量下处于均衡状态，那么这个解是最优的。

这里需要说明的是：每个参与者都获得了最大效用，同时系统也获得最大的总效用，个体优化和整体优化的统一意味着个体间的公平和整体效率的提高，因此，这个解就是最合理的资源及服务共享方案。

（三）网络资源及服务价格博弈

1. 网络资源及服务价格博弈模型

这里考虑共享网络中有 n 个节点和 m 个被请求的资源及服务，资源及服务请求概率是一个向量 $(q_1, q_2, \cdots, q_m)$，$\sum_{i=1}^{m} q_i = 1$，这个请求概率对所有节点都是可知的。对于每一个资源及服务的请求，节点可以按概率 x_i 选择共享或者不共享，由此也形成了一个向量 $(x_1, \cdots, x_m)$。这里为了简化问题，共享网络可以根据实际情况随时更新节点的信息。进一步假设每一种资源及服务有一个单位度量，每一个节点拥有 ρ 个单位的资源及服务容量。因此在这种价格博弈中每个参与者的策略是一个向量 $(x_1, \cdots, x_m)$，满足 $\sum_{i=1}^{m} x_i \leq \rho$。

为了实现资源及服务的最优配置，必须要解决公式（4-15）所示的最小化问题：

$$\min \sum_{i=1}^{m} \frac{q_i}{p_i}$$

$$\text{s.t} \sum_{i=1}^{m} p_i = 1, \ p_i \geq 0, \ i=1, \cdots, m \qquad (4-15)$$

这里 p_i 是系统的选择策略，定理 4-2 给出了该最小化问题的解。

定理 4-2 资源及服务最优共享解是一个平方根的形式，如公式（4-16）所示：

$$p_i = \frac{\sqrt{q_i}}{\sum_{i=1}^{m} \sqrt{q_i}}, \ i=1, \cdots, m \qquad (4-16)$$

从式（4-16）可以看出资源及服务的供给和请求是相关的，证明过程如公式（4-17）、公式（4-18）、公式（4-19）。

证明：令

$$h(\bar{p}) = \sum_{i=1}^{m} \frac{q_i}{p_i} \qquad (4-17)$$

$$g(\bar{p}) = 1 - \sum_{i=1}^{m} p_i \qquad (4-18)$$

使用拉格朗日乘数法（Lagrange multiplier）求解：

$$\Delta h(\bar{p}) = \lambda \Delta g(\bar{p}) \qquad (4-19)$$

这里 λ 是拉格朗日乘数，从上面的等式可以得到：

$$\left[\frac{\partial h(\bar{p})}{\partial p_1}, \frac{\partial h(\bar{p})}{\partial p2}, \cdots, \frac{\partial h(\bar{p})}{\partial pm}\right]^T = \lambda \left[\frac{\partial g(\bar{p})}{\partial p_1}, \frac{\partial g(\bar{p})}{\partial p2}, \cdots, \frac{\partial g(\bar{p})}{\partial pm}\right]^T$$

由，$\left[-\frac{q_1}{p_1^2}, -\frac{q_2}{p_2^2}, -\frac{q_m}{p_m^2}\right]^T = -\lambda[1, 1, \cdots, 1]^T$

得出 $\frac{q_1}{p_1^2} = \frac{q_2}{p_2^2} = , \cdots, = \frac{q_m}{p_m^2} = \lambda$

所以 $p_i = \dfrac{\sqrt{q_i}}{\sum_{i=1}^{m} \sqrt{q_i}}$

问题得证。

2. 网络资源及服务共享价格博弈问题的转化

在网络资源及服务共享价格博弈中,如果所有节点都选择相同的策略 $(x_1, \cdots, x_m)$,m 个资源及服务请求的预期量将是 $\rho \sum_{i=1}^{m} \frac{q_i}{x_i}$。为了得到纳什均衡 $(x_1^*, \cdots, x_m^*)$,必须解决公式(4-20)所示的优化问题[80]。

$$\min \sum \frac{q_i}{x_i}$$
$$\text{s.t.} \sum_{i=1}^{m} x_i \leq \rho, \ x_i \geq 0, \ i=1, \cdots, m \qquad (4-20)$$

在这样一个价格博弈中,每个参与者对应一种资源或服务和一个资源或服务的效用函数如公式(4-21)所示:

$$U_i(x_i) = -\frac{q_i}{x_i} \qquad (4-21)$$

显然,这里的 $U_i(\cdot)$ 满足条件 1。

进一步将针对资源及服务共享问题,考虑到每一个节点的容量。下面的定理说明对于这种约束将是有效的。

定理 4-3 如果每一个节点实行价格博弈,那么对于这种资源及服务配置问题,分配的结果向量 $(x_1^*, \cdots, x_m^*)$ 是每个节点共享资源及服务的最优策略,同时带来全局的最优策略。

证明:根据条件 1,价格机制为每一个价格博弈确定一个唯一的优化共享向量 $(x_1^*, \cdots, x_m^*)$,而且,如果所有节点都选择这样一种共享向量,这就是纳什均衡,在这个平衡点,整个系统资源及服务实现了全局的最优共享。

为了实现这个竞价策略,下面为价格博弈的参与者设计专门的收益函数。

3. 价格博弈的收益函数

为价格博弈的每一位参与者 i 设计的收益函数如公式(4-22)所示:

$$\pi_i(x_i) = U_i(x_i) - u x_i, \ u > 0 \qquad (4-22)$$

这里 $U_i(x)$ 是在公式(4-21)中定义的,u 是代价系数。

下面将更精确地设计这个收益函数,以使得最后的平衡状态汇聚于资源及服务的最优配置。对于 $i=1,\cdots,m$,定义函数 D_i,以使得 $D_i(u)$ [如公式 (4-24) 所示] 是公式 (4-27) 所示最大化问题的最优解:

$$\max_{x\geq 0}\{U_i(x)-ux\} \qquad (4-23)$$

也即:$D_i(u) = alloc \max_{x\geq 0}\{U_i(x)-ux\},\ u\geq 0 \qquad (4-24)$

函数的一个例子如图 4-16 (a) 所示。

根据条件 1,总存在一个唯一的解 $(x_1^*,\cdots,x_m^*)$,同时存在一个参数 u^* 使得满足公式 (4-25):

$$x_i^* = D_i(u^*) \qquad (4-25)$$

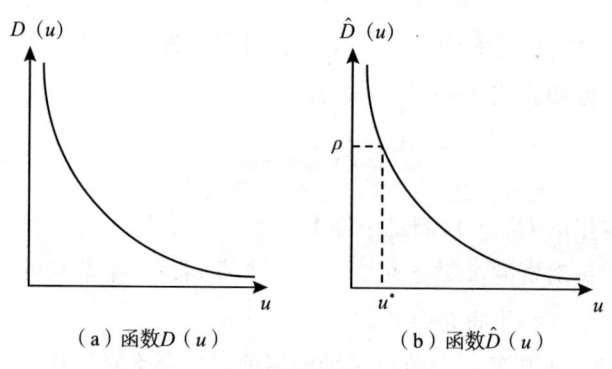

(a) 函数 $D(u)$ (b) 函数 $\hat{D}(u)$

图 4-16

进一步定义函数如公式 (4-26) 所示:

$$\hat{D}(u) = \sum_{i=1}^{m} D_i(u) \qquad (4-26)$$

这个函数展示在图 4-16 (b) 中,

令 $\hat{D}(u) = \rho \qquad (4-27)$

这个收益函数按下面步骤确定:

(1) 为了定义收益函数,首先定义效用函数 $U_i(x)$,$U_i(x)$ 满足条件 1,本书定义的效用函数如公式 (4-21) 所示。

(2) 由于效用函数 $U_i(x)$ 是凹函数,并且是严格递增的、二次可微的,如果结合等式 (4-24) 和 $x_i^* = D_i(u)$,从而解得函数 $D_i(u)$,这里 x_i^* 是最优分配矢量。

(3) 根据公式（4-23）可以解出 $\hat{D}(u)$。

(4) 通过解 $u^* = \hat{D}^{-1}(\rho)$ 可以得到 u^*，这里 $\hat{D}^{-1}(\rho)$ 是的倒数 $\hat{D}(\cdot)$。

经过以上步骤，可以定义每一个参与者 i 的收益函数。

现在用一个例子展示上面的结果，假设：

$$D_i(u) = c_i - a_i u, \ u \geq 0$$

根据公式（4-23）的定义，得到：

$$\hat{D}(u) = \sum_{i=1}^{m} c_i - u \sum_{i=1}^{m} a_i, \ u \geq 0$$

结合等式（4-26）得到：

$$u^* = \frac{\sum_{i=1}^{m} c_i - \rho}{\sum_{i=1}^{m} a_i}$$

从而确定收益函数 π_i。

根据上面的分析，给定收益函数，一个利己的理性的参与者将采取最优的共享策略，以使他们的收益最大化。定理4-3说明每个节点的最优共享将带来全局的最优结果，这个博弈理论可以用于网络的资源及服务共享问题，将实现全局的资源最优共享。

4. 网络资源及服务共享仿真实验

在前面，假设每一个节点的资源及服务代理（agent）拥有效用函数 U_i (·) 的知识，并且可以被这个知识所操纵，从而这个系统将达到纳什均衡。这里将前面所提出的网络资源及服务共享博弈模型进一步扩展，以使它能够应用于实际的网络共享环境中。

设想网络共享环境中每个资源代理运行若干个线程，每个线程负责一种资源或服务的管理，执行一个特定的收益函数，来实现它的收益最大化。每一个代理并不需要知道这些线程的收益函数。如果改变这个收益函数，就可以得到不同的全局优化问题。前面所提出的问题 $SYSTEM'(U, A, C)$ 可以被分解为两个问题：一个是资源或服务的消费者，另一个是网络共享系统[82]。假设，任一个节点 r 针对每单位资源或服务给出价格 u，然后，r 在单位时间内支付 w_r，同时收到 $x_r = \dfrac{w_r}{u}$。对于任一个节点的效用最大化问题如公式

(4-28) 所示：

USER($Ur; u$)

$$\max U_r\left(\frac{w_r}{u}\right) - w_r \quad (4-28)$$

整个网络共享系统的效用最大化问题如公式（4-29）所示：

NRSS($A, C; w$)

$$\max \sum_{r \in R} w_r \log x_r$$
$$\text{s.t.} \sum_{r \in R} x_r \leq C_k, \quad x \geq 0 \quad (4-29)$$

注意，求解 NRSS($A, C; w$) 并不要求知道效用函数 U。

基于上述的基本思想，提出了一个分布式的仿真算法，其主要步骤如下：

(1) 运行在每一个节点的算法：

step1：在每一个阶段 k，每一个节点 i 收到价格 $u^{(k-1)}$，这个价格是节点 i 在阶段 $k-1$ 产生的；

step2：选择一个新的 $x_i^{(k)}$：$x_i^k = D_i(u^{(k-1)})$；

step3：向代理报告 $x_i^{(k)}$。

(2) 运行在每一个代理上的算法：

Step1：随时接收域内节点的资源或服务申请（互联网资源或服务的要求由应用代理在申请时给出）；

Step2：按照先申请先接受的原则确定下一个长度为 T_j 时间段里使用资源或服务 r_j 的应用代理集合 A_j 确保他们所申请的互联网资源或服务总量不超过 r_j 所能承受的范围；

Step3：在每一个长度为 T_j 时间段的开始执行算法 Step4~Step13；

Step4：互联网资源或服务的初始价格为当前价格 u，价格变化速率初值为 a，终止迭代参数为 E；

Step5：将价格 u 通知集合 A_j 中的所有应用代理；

Step6：在价格 u 下，回收应用代理最优的互联网资源或服务需求量，计算超出能力范围的需求量 $z_j^{(k-1)}$；

Step7：如果 $|z_j^{(k-1)}| \leq e$（e 为互联网提供商可提供的最大资源或服务能力），u 就是最优的解，此次资源或服务交易结束，返回 Step1；

Step8：根据下式更新价格 u：

$$u^{(k)} = u^{k-1} + \left[a\left(\sum_{i=1}^{m} x_i^{(k)} - \rho \right) \right]^+$$

这里 a 是价格变化速率，$\left[a\left(\sum_{i=1}^{m} x_i^{(k)} - \rho \right) \right]^+ = \max\left\{ a\left(\sum_{i=1}^{m} x_i^{(k)} - \rho \right), 0 \right\}$；

Step9：如果 $u^{(k)} < 0$，那么依照公式 $a = \dfrac{a}{2}$ 调整价格变化速率 a，返回到 Step8；

Step10：将现有信息广播给集合 A_j 中的代理；

Step11：每个代理按照价格 $u^{(k)}$ 重新申请最优互联网资源或服务的需求量，超级代理计算总的超额需求 $z_j^{(k)}$；

Step12：如果 $|z_j^{(k)}| \geqslant |z_j^{(k-1)}|$，那么按照 $a = \dfrac{a}{2}$ 调整价格变化速率 a 返回步骤 Step8；

Step13：将 $u^{(k-1)}$ 调整为 $u^{(k)}$，$z_j^{(k-1)}$ 调整为 $z_j^{(k)}$，返回 Step7。

该算法的基本思想是：当互联网资源或服务的供给大于资源或服务的需求，即 z_j 小于 0 时，价格下降；反之，当资源或服务的供给小于资源或服务的需求，即 z_j 大于 0 时，价格上升，并且价格升降的速度和 z_j 的绝对值成正比。

（四）仿真实验结果分析

为了评价互联网资源或服务协同共享的机制及其分布式算法，用 C++ 编程对本书所提出的算法进行了两组仿真实验。

仿真实验一：拥有 1000 个网络节点，10 种不同的资源或服务。所有节点有相同的资源或服务数量为 [1, 5] 随机分布，价格变化速率 a 设为 0.025。

表 4-2 中的 4 列分别为资源或服务编号，请求概率，期望的优化共享概率，实际的共享概率，这个结果是随机抽取任一节点的结果。从表 4-2 可以看出，x_i 与期望的概率 p_i 成正比，这与定理 4-3 的结论是相吻合的，也说明了资源或服务的供需是成正比的。图 4-17 也是随机抽取的一个节点，图 4-17（a）是共享概率 $(x_1, \cdots, x_m)$，图 4-17（b）是价格，在

大多数情况下经过 30 个时间单位，将汇聚在一个稳定的平衡点。这表明所设想的结果是成立的，能够实现全局资源或服务的最优共享。

表 4-2　　　　　　　　　互联网资源及服务共享概率

i	q_i	p_i	x_i	i	q_i	p_i	x_i
1	0.01	0.034	0.174	6	0.1	0.112	0.556
2	0.02	0.048	0.244	7	0.1	0.111	0.555
3	0.02	0.048	0.244	8	0.2	0.157	0.785
4	0.05	0.079	0.391	9	0.2	0.157	0.785
5	0.05	0.079	0.391	10	0.25	0.175	0.875

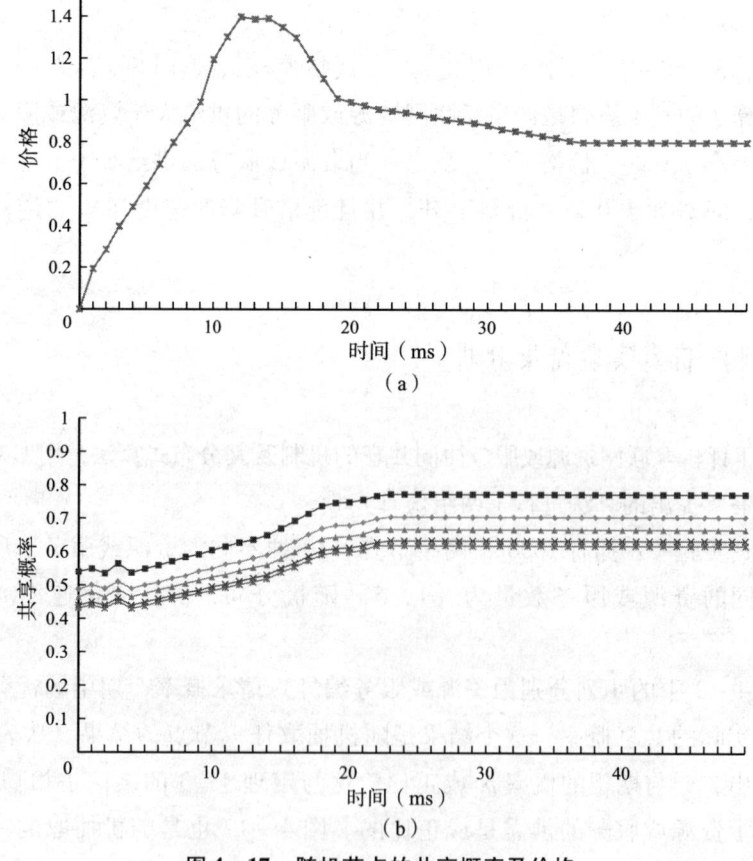

图 4-17　随机节点的共享概率及价格

仿真实验二：拥有 500~1000 个网络节点，资源及服务的供给与需求服从 Gamma 分布，考察整体的资源及服务需求与供给情况。实验结果如图 4-18 所示。资源及服务的供给可以随着资源及服务的需求的变化而变化，实现了资源及服务的供给的平衡。

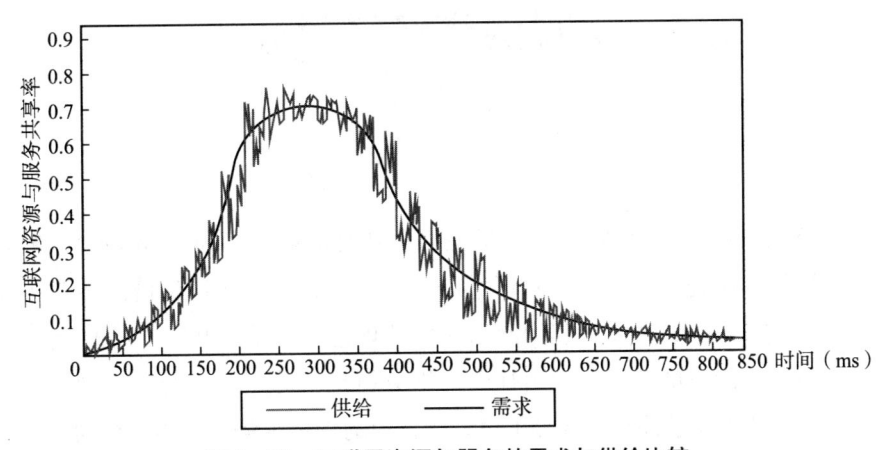

图 4-18　互联网资源与服务的需求与供给比较

综合实验的结果可以看出，以经济学中的纳什均衡理论为基础证明了均衡状态是兼顾效率和公平的资源及服务的最优共享方案，迭代算法可以使仿真的资源及服务的共享结果逼近均衡状态；通过资源及服务共享的价格浮动实现了资源及服务共享对于资源及服务供需变化的自适应以及使用效益意义上的资源及服务利用率的最大化。

第五章

中观网络经济学分析

1975年，彼得斯（Peters）最早提出中观经济学（meso economics）的理论，所涉及的研究对象有三个：区域经济、部门经济、集团经济。本章主要针对中观经济的研究对象，利用网络科学的理论、技术，基于"信息熵"分析了区域经济网络的特征；利用社会网络分析工具分析了银行金融网络的风险状况；利用人工智能技术预测了房地产行业的价格走势；利用系统动力学分析了电子商务对产业结构升级转型的促进作用和实践路径。

一、基于熵及信息熵理论的区域经济网络结构特征分析

（一）区域经济研究的界定及意义

区域经济（regional economy）也叫"地区经济"，一般指在某个地理范围内，彼此关联的经济主体相互作用而形成的经济系统①。区域经济过去曾是发展经济学所涉及的一个核心的领域，主要研究在某个自然资源、社会环境相似且相对落后的地理范围内，实现落后的农业经济向发达工业经济转换的路径、策略等。虽然目前我国工业经济体系基本完善，但是由于发展过于快速，经济结构存在很多隐蔽的问题，而且在国际国内双

---

① 萧浩辉：《决策科学辞典》，人民出版社1995年版。

循环、工业化向网络经济转换的背景下，研究区域经济能够促进国内循环，有利于经济的进一步发展。我国已经发展为世界第二大经济体，国内经济区域较多，且具有一定的特色，资源禀赋也各不相同，经济发展不平衡、不充分的问题仍然很突出，如何发挥各个区域的优势，形成互补效应是一个急需解决的问题。

（二）信息熵的定义与演化规律

1865年，克劳斯（Clause）[①]首次提出熵的概念，此后，普朗克（Plank）与玻尔兹曼（Boltzmann）提出了微观统计熵的公式，利用熵来度量系统的混乱度，使得熵为研究者们所重视[②]。香农（Shannon）于1848年提出了信息熵的理论，将统计熵用于信息论中，赋予了熵新的应用。不过信息熵和经典的热力学熵的值是相反的，从信息扩散的价值来看，信息熵能够代表信息所蕴含的价值，从此就可以度量信息的价值了。进一步，杰恩斯（Jaynes）引入了最大信息熵的理论和方法，可以用来确定各种不同系统的分布函数，从此，熵扩展到社会学、经济学等领域。为了区分熵的不同应用，本书将物理学上的熵称为物理熵，将信息学上的熵称为信息熵[③]。

近些年，复杂性理论越来越受到人们的关注，研究者们利用信息熵开始研究信息熵与复杂性的动态关系。邢修三等人根据信息理论与物理熵的对应关系，定义了信息熵[④]：

$$S(t) = -\int p(\alpha_0, \alpha; t)\log\frac{p(\alpha_0, \alpha; t)}{p_m(\alpha_0, \alpha)}d\alpha + S_m = \int S_a(t)d\alpha + S_m$$

(5-1)

其中，$S_a(t) = -p\log\frac{p}{p_m}$ 称为信息熵密度，将公式（5-1）对 t 求导，得到信息熵的变化速率：

[①] ［美］特德.霍华德、杰里米.里夫金：《熵：一种新的世界观》，吕明、袁舟译，上海译文出版社1987年版。
[②] 于伟佳、张国平：《经济系统的熵的分析》，载《学习与探索》1991年第5期。
[③] 槌田敦：《资源物理学》，华东工学院出版社1991年版。
[④] 李继宗：《物理熵、信息熵及其演化方程》，载《中国科学（A辑）》2001年第1期。

$$\frac{\partial S}{\partial t} = -\int \frac{\partial p}{\partial t}\left(\log \frac{p}{p_m} + 1\right)d\alpha = -\int \frac{\partial}{\partial \alpha}(J_t + J_d)d\alpha + \int \sigma d\alpha \quad (5-2)$$

通过公式（5-2）可以看出对于无序的系统，信息熵总是趋向于增加，所以从宏观上来看，在没有认为干预的情况下，很多的系统的信息熵是趋向增加的。

（三）区域经济网络建模

目前计算机、互联网、人工智能、物联网等信息技术的发展与应用十分迅速，全球化已使得经济主体逐渐跨越地理位置，参与到国际的竞争与合作中，但作为发展中国家，由于自然禀赋、文化背景、历史背景等原因，再加上过去遗留下来的公共管理体制、行政壁垒、合作的交易成本、地方保护主义等消极因素的存在，严重地阻碍了各地区、各城市之间信息、人才、科技、资本、劳动力等的有效流动，对于经济一体化的发展起到了严重的阻碍作用，经济全国化、全球化是一个渐进的过程，首先要实现区域内的经济要素自由流动和配置，相当长的时间内，区域经济仍然对一国的经济的发展起着举足轻重的作用，随着经济活动的网络时代的到来，为了获取整体竞争优势，地区内经济主体之间经济联系更加紧密，区域经济网络就是描述某一地理位置区间内经济主体之间经济联系的网络。区域经济网络中的主体相互影响、相互制约，如何优化整个区域经济网络，从而获得区域性的竞争优势，是一个值得研究的问题。在生态系统网络中，不同物种依靠彼此在营养物质上的相互依赖、相互制约，维持动态的平衡，从而获得生存与发展，可用前面所介绍的信息熵概念为基础来定量分析经济网络的这种动态的平衡。下面将从系统论角度，结合信息熵的概念，应用生态网络分析理论建立区域内经济主体之间联系的网络模型，然后应用该模型来定量分析一个区域经济系统中经济主体之间相互作用的强度、网络结构熵、稳定性等，同时将不同区域的经济网络进行比较研究，从而揭示出区域经济发展的差距和优势，从而取长补短，促进区域经济更快地发展。此处仍然采用前面章节所提出的经济网络链接的测度方法，即改进的引力模型，除了GDP总量、交通、人口流动、物流、信息流、企业依存度等指标数据外，还采用了政策捕获方法，可以从网络收集大量非正式的文件信息①。

为了对比分析区域经济发展的优势和劣势，选取了环渤海经济区和长江三角洲经济区的主要城市作为研究对象，进行经济网络建模。环渤海经济区主要包括北京市、天津市、青岛市、大连市、沈阳市、唐山市、烟台市、济南市、石家庄市、潍坊市、淄博市、东营市、邯郸市、沧州市、保定市、威海市、太原市、滨州市、廊坊市、邢台市、营口市、张家口市、秦皇岛市、锦州市、承德市、衡水市 26 个主要城市，长江三角洲经济区主要包括上海市、南京市、无锡市、徐州市、常州市、苏州市、南通市、连云港市、淮安市、盐城市、扬州市、镇江市、泰州市、宿迁市、杭州市、宁波市、温州市、绍兴市、湖州市、嘉兴市、金华市、衢州市、舟山市、台州市、丽水市 25 个主要城市。数据主要来源于这些城市的统计局网站、政府网站、各大经济财经、新闻网站，利用爬虫工具搜索 2017 年相关城市的合作信息、经济统计数据、政府工作报告、财经要闻、合作协议、宣言、规划、方案、纲要、备忘录等，利用前面章节所采用的自然语言处理技术，将一些自然语言描述的数据进行结构化处理，然后进行归一化处理，得到主要城市之间的网络邻接矩阵，如图 5－1、图 5－2 所示。

	A	B	C	D	E	F	G	H	I	J	K	L	M	N	O	P	Q	R	S	T	U
1		天津市	唐山市	烟台市	北京市	大连市	青岛市	沈阳市	济南市	沧州市	石家庄市	潍坊市	淄博市	东营市	威海市	保定市	张家口市	邯郸市	锦州市	太原市	营口
2	天津市	0	33	25	20	16	14	12	11	10	9	0	0	7	0	6	0	0	0	5	
3	唐山市	66	0	40	33	28	25	0	0	0	0	0	0	0	0	0	0	0	0	0	
4	烟台市	75	60	0	42	37	33	0	27	0	0	0	0	0	17	0	0	0	0	0	
5	北京市	80	66	57	0	44	40	36	33	30	28	0	0	0	0	21	20	0	0	17	
6	大连市	83	71	62	55	0	45	41	0	0	0	0	0	0	26	0	0	0	21	0	
7	青岛市	85	75	66	60	54	0	46	42	0	0	35	0	0	30	0	0	0	0	0	
8	沈阳市	0	0	0	63	58	0	0	0	0	0	0	0	0	0	0	0	0	28	0	
9	济南市	88	0	72	66	0	57	0	0	0	0	42	40	38	0	0	0	0	0	0	
10	沧州市	90	0	0	69	0	0	0	0	0	47	0	0	0	0	37	0	0	0	0	
11	石家庄市	90	83	0	71	0	0	0	55	52	0	0	0	0	0	40	0	37	0	34	
12	潍坊市	91	84	0	73	0	0	0	57	0	0	0	47	45	0	0	0	0	0	0	
13	淄博市	92	0	0	75	0	0	0	60	0	0	52	0	48	0	0	0	0	0	0	
14	东营市	92	86	81	76	72	68	0	61	0	0	54	52	0	0	0	0	0	0	0	
15	威海市	93	87	82	77	73	70	0	63	0	0	0	0	0	0	0	0	0	0	0	
16	保定市	93	0	0	78	0	0	0	0	62	60	0	0	0	0	0	0	0	0	0	
17	张家口市	94	0	0	80	0	0	0	0	0	0	0	0	0	0	0	0	0	0	0	
18	邯郸市	94	0	0	80	0	0	0	0	0	62	0	0	0	0	0	0	0	0	0	
19	锦州市	0	0	0	81	78	0	72	0	0	0	0	0	0	0	0	0	0	0	0	
20	太原市	95	0	0	82	79	0	73	0	0	65	0	0	0	0	0	0	0	0	0	
21	营口市	95	90	0	83	80	76	0	0	0	0	0	0	0	58	0	0	0	0	0	
22	滨州市	95	0	0	84	0	0	0	72	70	67	65	63	61	0	0	0	0	0	0	
23	邢台市	95	0	0	84	0	0	0	0	0	68	0	0	0	0	0	0	56	0	0	
24	廊坊市	95	0	0	85	0	0	0	0	0	0	0	0	0	0	60	0	0	0	0	
25	承德市	96	92	0	85	0	0	77	0	0	0	0	0	0	0	0	60	0	0	0	
26	秦皇岛市	96	92	89	86	83	80	0	0	0	0	0	0	0	0	0	0	0	0	0	
27	衡水市	96	0	0	86	0	0	0	0	74	72	0	0	0	0	63	0	60	0	0	
28																					

图 5－1　环渤海经济区城市经济网络邻接矩阵

① 李伟：《基于社会网络分析的泛珠三角经济联系与合作网络结构研究》，电子科技大学学位论文，2014 年。

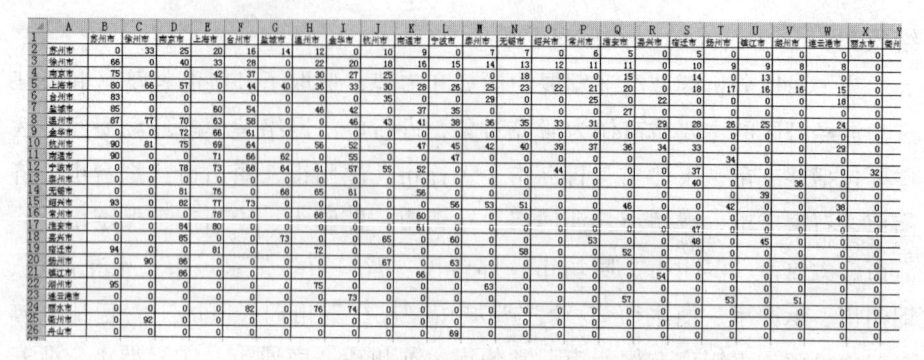

图 5-2 长江三角洲经济区经济网络邻接矩阵

将所得到的邻接矩阵数据，读入到大型网络处理软件 Pajek 中，生成了 2017 年可视化的环渤海经济区城市经济网络拓扑图、长江三角洲经济区经济网络拓扑图，如图 5-3、图 5-4 所示，从图 5-3、图 5-4 可以直观看出长江三角洲经济区主要城市经济网络中节点的链接更加稠密、更加均匀，而环渤海经济区主要城市经济网络中节点的链接似乎更加稀疏，少数城市的链接更加集中。当然具体的细节必须通过网络的相关特征参数来衡量，下面将从网络拓扑结构的具体特征进行定量的分析。

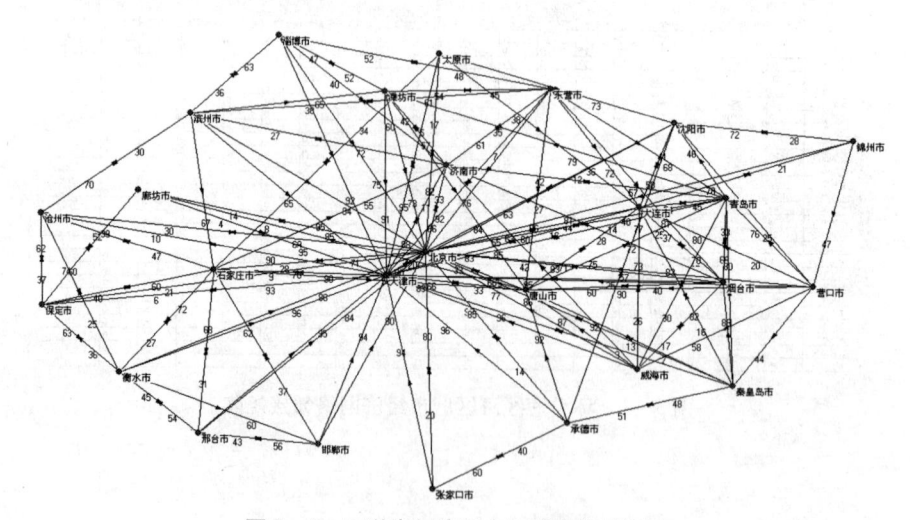

图 5-3 环渤海经济区主要城市经济网络

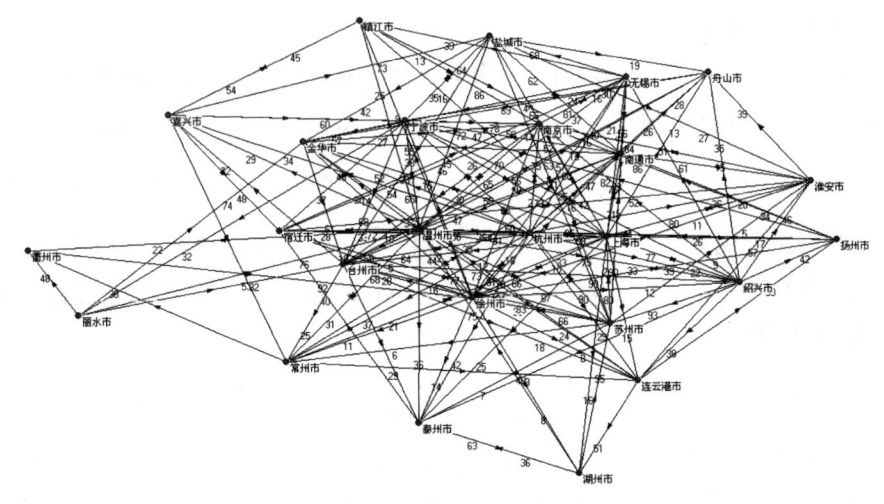

图 5 -4　长江三角洲经济区主要城市经济网络

(四) 基于信息熵的区域经济网络特征分析

1. 网络结构熵

如前所述，熵是可以表征系统微观状态的无序度，已有研究发现，系统内部拥有越多的微观状态，系统就越不稳定，呈现出混乱状态，系统的熵也越大[①]。

笔者参考已有文献[②]，结合本书所研究的问题，定义网络结构熵如公式 (5 -3) 所示：

$$E = -\sum_{i=1}^{n} \frac{k_i}{\sum_{i=1}^{n} k_i} \ln \frac{k_i}{\sum_{i=1}^{n} k_i} \quad (5-3)$$

公式 (5 -3) 中的 k_i 是节点 i 的度，$\frac{k_i}{\sum_{i=1}^{n} k_i}$ 可以衡量节点的重要性，n 为

[①] 蔡萌、杜海峰、任义科等：《一种基于点和边差异性的网络结构熵》，载《物理学报》2011年第11期。

[②] 谭跃进、吴俊：《网络结构熵及其在非标度网络中的应用》，载《系统工程理论与实践》2004年第6期。

网络节点数，$k_i \geqslant 0$。

可以证明，当网络同构时，所有节点度值相同，节点的作用都一样（$I_i = 1/n$），网络的结构熵值最大，此时的结构熵值如公式（5-4）所示：

$$E_{\max} = - \sum_{i=1}^{n} \frac{1}{n} \ln \frac{1}{n} = \ln n \qquad (5-4)$$

当网络呈现完全的星型结构时（异构，只有1个中心节点，其他节点都与此节点相连，其度值是 $n-1$），网络的结构熵值最小，此时的结构熵值如公式5-5所示：

$$E_{\min} = -\frac{1}{2}\ln\frac{1}{2} - \sum_{i=1}^{n-1} \frac{1}{2(n-1)} \ln \frac{1}{2(n-1)} = \frac{1}{2}\ln 4(n-1) \qquad (5-5)$$

由公式（5-3）、公式（5-4）、公式（5-5）可知网络结构熵的值和网络规模 n 有关，这就为比较不同网络规模的网络结构熵带来了困难，为此，定义标准网络结构熵如公式（5-6）所示：

$$\bar{E} = \frac{E_{\max} - E}{E_{\max}} \qquad (5-6)$$

公式（5-6）表示网络结构熵与完全同构网络的偏离程度，值越小说明越接近同构网络。如果 $\bar{E}=0$，则说明网络是完全同构的，如果 $\bar{E}=1$，则说明网络是完全异构的，利用式（5-6）可以判断网络的结构异同。

利用公式（5-6）计算了环渤海经济区主要城市经济网络、长江三角洲经济区主要城市经济网络的标准网络结构熵，环渤海经济区主要城市经济网络的标准网络结构熵为 0.2991，长江三角洲经济区主要城市经济网络的标准网络结构熵为 0.2125。很明显，长江三角洲经济区主要城市经济网络更接近于同构网络，这表明长江三角洲经济区主要城市经济网络比环渤海经济区主要城市经济网络的结构更均质化，网络结构发育的比较成熟，而环渤海经济区主要城市经济网络结构则具有更大的发展空间和潜力。

2. 网络链接强度熵

经济主体之间相互作用越稠密，所形成的区域经济网络结构越复杂，如何来度量这种复杂性，借鉴信息熵模型来分析区域经济网络的复杂性[①]，a_{ij}

---

① 潘松挺、蔡宁：《企业创新网络中关系强度的测量研究》，载《中国软科学》2010年第6期。

表示节点 i 到节点 j 的经济联系的强度，a_{ji} 表示节点 j 到节点 i 的经济联系的强度，$k_{iout} = \sum_{j=1}^{n} k_{ij}$ 表示节点 i 的总输出链接数，称为出度，$k_{iin} = \sum_{j=1}^{n} k_{ji}$ 表示节点 i 的总输入链接数，称为入度，$k_{iall} = \sum_{i=1}^{n}\sum_{j=1}^{n} k_{ij}$ 表示节点 i 的出度入度和。

$$p_{iout} = \frac{k_{iout}}{k_{iall}} = \frac{\sum_{i=1}^{n} k_{ij}}{\sum_{i=1}^{n}\sum_{j=1}^{n} k_{ij}}$$ 表示节点 i 的输出链接概率分布，$p_{iin} = \frac{k_{iin}}{k_{iall}} = \frac{\sum_{i=1}^{n} k_{ji}}{\sum_{i=1}^{n}\sum_{j=1}^{n} k_{ij}}$

表示节点 i 的输入链接概率分布，$\alpha = \frac{\sum_{i=1}^{n} k_{iall}}{n(n-1)}$ 表示网络密度，其实质是网络实际拥有的链接数与网络最多可能拥有的链接数之比。根据以上节点连接指标，定义区域经济网络的输出熵如公式（5-7）所示：

$$E(o) = -\alpha \sum_{i=1}^{n} (\sum_{j=1}^{n} p_{iout}) \log \sum_{j=1}^{n} p_{iout} \quad (5-7)$$

定义区域经济网络的输入熵如公式（5-8）所示：

$$E(I) = -\alpha \sum_{i=1}^{n} (\sum_{j=1}^{n} p_{iin}) \log \sum_{j=1}^{n} p_{iin} \quad (5-8)$$

定义区域经济网络的组合熵如公式（5-9）所示：

$$E(I,O) = -\alpha [\sum_{i=1}^{n}\sum_{j=1}^{n} (p_{iin}\log p_{iin} + p_{iout}\log p_{iout})] \quad (5-9)$$

定义区域经济网络链接强度熵如公式（5-10）所示：

$$ALE = E(o) + E(i) - E(I,O) \quad (5-10)$$

公式（5-10）所表示的链接强度熵 ALE 较小时，区域经济网络中经济主体间链接强度较低，网络节点之间经济联系的程度较低，网络节点之间需要更多的链接来实现区域经济的交流与合作。

利用公式（5-10）计算了环渤海经济区主要城市经济网络、长江三角洲经济区主要城市经济网络的网络链接强度熵，环渤海经济区主要城市经济网络的标准网络结构熵为 0.1253，长江三角洲经济区主要城市经济网络的标准网络结构熵为 0.1976，非常显著地，长江三角洲经济区主要城市经济网络强度熵是高于环渤海经济区的，这表明长江三角洲经济区主要城市经济网络比环渤海经济区主要城市经济网络的结构更加有序，而环渤海经济区主要城市经济网络无序性较强,网络组织的发展水平较低,网络结构的成长空间较大。

3. 网络稳定性

在生态系统中,物种通过能量的获取与传递,不断繁衍生息,研究者们利用信息熵的概念对生态系统网络进行了成功的分析[①]。参照生态系统网络的研究方法,对区域经济网络进行建模,从而研究不同区域网络的稳定性。

假设网络包含 n 个随机事件 $\{c_1, c_2, c_3, \cdots, c_i, i=1, 2, 3, \cdots, n\}$,每个事件发生的概率为 $p(c_i)$,事件 c_i 和 c_j 同时发生的概率为 $p(c_i \cap c_j)$,事件 c_j 发生的前提下,事件 c_i 发生的概率为 $p(c_i|c_j)$,这样网络的平均信息熵定义如公式(5-11)所示:

$$E = - \sum_{i=1}^{n} p(c_i) \log p(c_i) \qquad (5-11)$$

事件 c_i 与 c_j 之间的信息如公式(5-12)所示:

$$I_{ij} = -p(c_i \cap c_j) \log \left[\frac{p(c_i|c_j)}{p(c_i)} \right] \qquad (5-12)$$

网络内部的信息如公式(5-13)所示:

$$I = \sum_{i=1}^{n} \sum_{j=1}^{n} I_{ij} \qquad (5-13)$$

在区域经济网络中,资源(如资金、人力、能源、信息等)从节点 i 流向节点 j,借鉴信息论的相关理论,节点 i 发出的信息量为 $H(i)$,节点 j 接受的信息量为 $H(i|j)$ 这两者的差值代表了资源在这两个节点之间的信道中丢失量的大小,$I(i, j) = H(i) - H(i|j)$,最理想的状态就是节点 i 流向节点 j 的资源,全部被节点 j 接受,此时 $I(i, j) = 0$,此时信道容量就是信源的平均信息量[②]。

单位时间 dt 内,某种资源 R_{ij} 从节点 i 流向节点 j,从节点 j 流向节点 i 的资源量为 R_{ji},节点 j 的流入资源量为其他节点流向节点间的资源量总和如公式(5-14)所示:

[①] 韩博平:《生态网络中物质,能量流动的信息指标及其灵敏度分析》,载《系统管理学报》1995年第1期。

[②] 覃正、姚公安:《基于信息熵的供应链稳定性研究》,载《控制与决策》2006年第6期。

$$TIR_j = \sum_{i=0}^{n} R_{ij} \qquad (5-14)$$

节点 j 的输出资源量为从节点 j 流向其他节点的资源量的总和，如公式（5-15）所示：

$$TOR_j = \sum_{i=0}^{n} R_{ji} \qquad (5-15)$$

当经济网络随时间连续演化时，节点 i 的动力学方程如公式（5-16）所示：

$$dx_i/dt = TIR_i - TOR_i \qquad (5-16)$$

当经济网络在时间上离散时，节点 i 的动力学方程如公式（5-17）所示：

$$x_i(t) - x_i(t-1) = TIR_i - TOR_i \qquad (5-17)$$

其中，$x_i(t-1)$、$x_i(t)$ 分别为 $(t-1)$、t 时刻节点 i 资源量，公式（5-17）可以看作离散经济网络的系统状态方程，定义经济网络的信道容量如公式（5-18）所示：

$$C = -\sum_{i=1}^{n} \frac{TOR_i}{\sum_{i=1}^{n} TOR_i} \log \frac{TOR_i}{\sum_{i=1}^{n} TOR_i} \qquad (5-18)$$

定义经济网络的聚合度如公式（5-19）所示：

$$M = -\sum_{j=0}^{n}\sum_{i=0}^{n} \frac{TOR_i}{\sum_{i=1}^{n} TOR_i} f_{ij} \log \left(\sum_{j=0}^{n} f_{ij} \frac{TOR_i}{\sum_{i=1}^{n} TOR_i} \right) \qquad (5-19)$$

定义经济网络稳定性如公式（5-20）所示：

$$S = C - M = -\sum_{i=1}^{n} \frac{TOR_i}{\sum_{i=1}^{n} TOR_i} \log \frac{TOR_i}{\sum_{i=1}^{n} TOR_i}$$

$$+ \sum_{j=0}^{n}\sum_{i=0}^{n} \frac{TOR_i}{\sum_{i=1}^{n} TOR_i} f_{ij} \log \left(\sum_{j=0}^{n} f_{ij} \frac{TOR_i}{\sum_{i=1}^{n} TOR_i} \right) \qquad (5-20)$$

经济网络主体之间的联系强度和主体本身的状态也有关系，根据公式（5-18）可以求得联系强度和主体本身的映射关系，再将其代入聚合度公式

(5-20)中,就可以得到聚合度关于主体状态变量的函数关系,进而求得网络的聚合度 M,再通过稳态下的聚合度 M 与信道容量 C 求得经济网络的稳定性参数 S。利用 Matlab 分别建立了环渤海经济网络、长江三角洲经济网络的系统动态方程,将 2017 年各个城市 GDP 总量作为系统初始状态注入,进行了仿真演化实验。实验结果表明,随着网络系统的不断发展,区域经济网络的聚合度趋于增加,冗余度趋于减小。长江三角洲经济网络的稳定性指数 S 为 0.157,环渤海经济网络的稳定性指数 S 为 0.238。这表明,长江三角洲经济网络发育比较成熟,网络中的信道利用已经比较充分,网络中的各个城市节点之间依赖程度较高,与此同时冗余度较小,网络系统对环境变化的适应能力较强,而环渤海经济网络在这些方面是逊于长江三角洲经济网络的,它的稳定性有待进一步提高。

二、融合模拟退火的随机森林房价评估方法

(一) 当前房价评估方法概述

作为房产交易的必然环节,房价评估受到广泛重视。传统房价评估方法有市场比较法、成本法、交易法和回归算法预测法。在小数据量的房价评估中,传统评估方法准确度较高。随着数据规模增长,传统方法需要大量的计算成本与人工成本。随着机器学习的发展,针对房价评估问题,文献①提出应用支持向量机进行房产评估,发现支持向量机算法可以获得良好的预测效果。文献②中首次提出应用随机森林的方法进行房价评估,发现随机森林可以提高预测的准确度。

---

① Gu Jirong, Zhu Mingcang, Jiang Liuguangyan. Housing price forecasting based on genetic algorithm and support vector machine. Expert Systems with Applications, No. 38, 2011, pp. 3383-3386.

② Antipov E A, Povskaya E B. Mass appraisal of residential apartments: An application of Random Forest for valuation and a CART based diagnostics. Expert Systems With Applications, Vol. 12, No. 22, pp. 1-18.

然而，以上研究中忽略了参数选择对于算法的影响，文献①表明不同预测算法所达到的最佳性能的参数设置不同，参数调优是算法优化的重要一步，对于随机森林算法，参数调优同样重要。常用的参数调优方法为网格搜索法和随机搜索法，网格搜索法类似于穷举，准确度较高，但在参数范围较大的数据中需要耗费大量的时间，大大降低了算法性能；随机搜索法通过随机抽样寻找最优解，在时间效率方面要远远优于网格搜索法，但该方法随机性太强，容易陷入局部最优解。文献②对改进的网格搜索进行参数优化，保证了搜索到近似最优组合周边所有可能的区域，提高了网格搜索的时效性，但对于更大数据量的问题时效性仍不高。

为提高随机森林房价评估算法参数寻优的效度与评估准确度，本节提出融合模拟退火的随机森林算法，利用模拟退火逐步降温、迭代寻优的特点，将算法融合到传统的随机森林房价评估算法中，进行参数寻优与特征选择。首先，根据随机森林参数对算法敏感性不同，运用十折交叉验证法对参数进行敏感性测试，选择出对算法敏感的参数。其次，通过模拟退火算法对敏感的参数迭代寻优，并与网格搜索算法、随机搜索算法进行对比分析，发现在参数组合计算过程中，模拟退火算法在运行时间和算法准确率方面优于网格搜索算法与随机搜索算法，弥补了网格搜索算法高耗能和随机搜索算法低准确率的问题。最后，将融合模拟退火的随机森林算法应用于房价评估问题，构成新的房价评估算法。将新算法与传统随机森林房价评估算法进行了对比实验分析，结果表明，融合模拟退火的随机森林房价评估算法误差值减少，拟合优度值增加，评估算法准确度得到了提升。

（二）相关算法基础

1. 随机森林房价评估算法

随机森林回归算法是 Bagging 算法的发展，是多个弱学习器输出为强学

---

① Bernard S, Heutte L, Adam S. Influence of hyper parameters on Random Forest accuracy. Proceedings of the 8th International Workshop on Multiple Classifier System. Berlin, Heidelberg Springer – Verlag. 2009.

② Pushpalatha C B, Harrison B P, Sezen S, Chip S. Optimizing event selection with the random grid search. Computer Physics Communications, No. 228, 2018, pp. 245 – 257.

习器的过程。传统的随机森林房价评估算法,主要通过用户输入相关信息,借助随机森林回归算法对房价进行评估。主要包括如下几步:

(1) 数据采集:通过网络爬虫或者自编软件对数据进行采集;

(2) 数据预处理:对数据进行整理形成数据集:$D = \{(x_1, y_1), (x_2, y_2), \cdots, (x_m, y_m)\}$;

(3) 特征选择:运用相关算法如决策树、逻辑回归等选择出对算法影响较大的特征变量,并更新数据集;

(4) 算法训练:将数据集与初始化参数进行算法训练,形成强学习器算法;

(5) 算法应用:通过用户输入信息,对其房价进行评估。

2. 模拟退火算法

常用的参数调优算法有网格搜索法、随机搜索法。网格搜索算法类似于穷举算法,将所有参数结果进行组合计算,选出最优值。随机搜索算法增加了随机的特性,选取部分参数值进行最优选择,然而这种算法容易陷入局部最优解。参数调优过程类似寻找最优路径的过程,不少学者对最优路径的方法进行研究,基于前辈对于最优路径研究的启发,采用模拟退火算法解决算法参数寻优问题。

模拟退火算法(simulated annealing,SA),模仿固体降温并寻找最优点的过程,初始温度 T 为最高温度,此时固体震荡最大,随着温度的降低,固体逐渐找到最优点并趋于稳定。从算法角度而言,模拟退火算法从初始温度 T 开始通过判断评价函数接受优于原函数的解或以波尔兹曼(Boltzmann)概率函数接受稍差一些的解,并逐步降温到 T_{min},SA 算法是一种启发式的搜索算法,在爬山算法的基础上添加了概率函数,可以收敛到全局最优解,弥补了爬山算法陷入局部最优解的缺陷[①]。模拟退火算法描述如下:

第一步:初始化值 x。

第二步:降低温度 T,计算新的解 x',计算评价函数值。如果相对误差 $\Delta y < 0$,或以波尔兹曼概率 $\exp(\Delta y/T)$ 接受新解,若接受,则令 $x = x'$。

第三步:判断温度是否降到 T_{min} 以下,或连续大量次数计算后没有更优

---

① 杨广文、李晓明、王义和等:《确定性退火技术》,载《计算机学报》1998 年第 8 期。

解，则结束算法。

（三）融合模拟退火的随机森林房价评估算法

1. 敏感性参数生成

房价评估问题是回归问题的一种，选取随机森林算法解决此类问题，相对于传统算法，如线性回归与支持向量机，随机森林受参数的影响较大，参数的选择尤为重要，为了节省工作时效，提高算法运行效率，对敏感性参数进行提取，将敏感性参数加入算法的调优。随机森林算法的主要参数及其对算法的影响如下：

n_estimators：数据类型为 integer，代表决策树的个数，较多的决策树可以提高算法性能，但同时过多的决策树数量也会影响算法运行效率进而影响性能，达到一定数量后，性能趋于稳定。

max_features：数据类型为 int、float、string，表示训练集最大特征数，此参数增加一般能提高算法的性能，但是也降低了算法的速度以及单棵树的多样性，文献[22]表明当所有特征都进行分裂反而会影响算法的准确性。

min_samples_split：数据类型为 int、float，表示划分节点所需最小样本数，如果达到该值则不再进行划分，文献[23]表明此值对算法效果影响不大。

min_samples_leaf：数据类型为 int、float，表示叶子节点最小样本数，叶作为决策树的末端节点，较小的叶子更易于算法的降噪。

max_leaf_nodes：数据类型为 int，表示叶子节点的最大值，可以防止过度拟合。

max_depth：数据类型为 int，表示决策树的最大深度，取决于数据的分布情况，当大于此值则不再分裂。

针对不同问题，随机森林算法达到最优性能参数选择不同，各参数对算法敏感程度也不同，文献[1]采用交叉验证的方法进行参数敏感性测试，依此，采取 10 次 10 折交叉验证平均误差率对算法主要参数进行敏感性测试，挑选出针对房价评估问题的有效参数，10 折交叉验证的方法是用来测试算法准确性的常用方法。全部数据被随机分成 10 等份，依次使用 9 份做训练，1 份做测试，进行计算。最终结果是 10 次计算结果的平均值。

2. 融合模拟退火的随机森林算法描述

为使随机森林算法在房价评估问题中达到最佳性能,提出将模拟退火与随机森林算法进行融合,提高参数调优的效率、降低算法误差率。

模拟退火融合而成的不同算法,评价函数的选择不同,过于复杂的评价函数会增加算法的消耗,不利于算法的运行,而过于简单的评价算法可能存在准确度不够的情况。就房价评估而言,预测误差是评价函数较优的选择,考虑到评价函数的对比情况,选取预测值和真实值差值与预测值比值的绝对值作为评价函数,并取其均值,评价函数表示如下:

$$C(x) = \left| \frac{(y\_pred - y\_test)}{y\_pred} \right| \qquad (5-21)$$

公式(5-21)中,y_pred 表示预测值,y_test 表示真实值。评价函数值越小,算法预测误差越小,评价函数值越大,算法预测误差越大。

模拟退火算法中,T 是初始温度,T 值取其默认值 1000,将初始值 x,初始温度 T,初始评价函数值 $C(x)$ 输入算法内,开始迭代,同时创建新的参数 x',并计算 $C(x')$,比较 $C(x)$ 与 $C(x')$,当误差值减小,即 $C(x')$ 小于 $C(x)$ 时,接受新的参数值 x',或者在波尔兹曼概率内接受新的参数值 x',当所有取值范围内的参数都进行迭代后,降低温度,当经过多次迭代与降温后,若达到最小温度或没有更优解,结束降温,输出参数值。融合模拟退火的随机森林参数调优部分伪代码,如下所示。

SA_Parameters 伪代码如下:

输入:初始温度 T,初始参数值 x,最小温度 T_{min}

输出:调优参数值 x

```
Initizlize k, m, p; #k 为迭代次数 m 为步长, p 为概率阈值
For t = T to T_min do
  For i = 1 to k do
x' = x + m
      IF c(x') < c(x) or exp[ -c(x')/T ] > p
x = x'
      End if
    End for
```

End for

OutPut x

由此得到的 x 为调优参数的序列集，融合模拟退火的随机森林算法，替代了传统随机森林的参数选择算法，可以高速有效进行参数调优，有利于提升整个算法运行效率与算法预测准确率。

3. 融合模拟退火的随机森林房价评估算法构建

将融合模拟退火的随机森林算法应用于房价评估数据，训练出新的房价评估算法。融合模拟退火的随机森林房价评估算法首先将房屋数据集整理为 $D=\{(x_1, y_1), (x_2, y_2), \cdots, (x_m, y_m)\}$ 的形式作为输入集进行训练，数据集中每个子集 x 代表与房价相关的各项特征，y 为此房价真实值，然后确定决策树总数 N，分裂节点数 k，确定特征数 p，进入算法训练，具体训练过程如下：

输入：$D=\{(x_1, y_1), (x_2, y_2), \cdots, (x_m, y_m)\}$

输出：房价评估算法 $f(x)$

第一步：确定决策树总数 N，超参数 k，特征数 p。

第二步：对每个决策树做如下处理：

【FOR $i=1$ to N

从 D 中进行 m 次有放回随机采样，形成 m 个新的采样集 D_t

将采样集作为输入训练决策树 G_t，在决策树的分裂节点处从 p 个特征中选取 k 个，再采取 Gain_σ 计算方差最小值的方法，找到最优特征及阈值作为分类变量，当前节点第 k 个特征值小于当前特征划分阈值被划分到左节点，其余被划分为右节点。重复此步骤，直到所有节点都已经被训练，或者被标识为终端节点。

END FOR】

第三步：每棵决策树都进行训练后组成房价评估算法 $f(x)$ 输出。

（四）实验结果分析

1. 实验数据集

选取 kaggle 竞赛中美国某地区成交房屋数据，数据包括 81 个特征变量，房屋属性值包含房屋类型 MSSubClass，小区类型 MSZoning，直线距离 LotFrontage，房屋面积 LotArea，月售额 MoSold，年售额 YrSold，销售类型 SaleType，销售状态 SaleCondition，销售价格 SalePrice 等 81 个房屋属性，涵盖了房屋内部基本属性与周边环境状况，能够全方位的展示房屋基本信息。房屋部分数据集如表 5-1 所示，将 SalePrice 作为 y 变量，其他特征作为 x 变量进行算法训练，由表可得，x 变量中包含部分分类数据，采用 one-hot 编码对这部分数据进行特征化处理。缺失值采用均值进行填充，在进行数据平滑化处理后，将数据分为测试集与训练集，训练集占 70%。

表 5-1　　　　　　　　　　实验部分数据集

Id	MSSubClass	MSZoning	LotFrontage	LotArea	……
1	60	RL	68	11250	……
2	70	RL	60	9550	……
3	60	RL	84	14260	……
4	20	RL	75	10084	……
5	50	RM	51	6120	……
……	……	……	……	……	

2. 参数敏感性测试

随机森林算法敏感性参数测试，各参数取值如表 5-2 所示，取 10 次 10 折交叉验证差错率的均值作为评价标准，值越小，算法的准确率越高。保证其他参数为默认参数的前提下，选取单一参数不同取值，形成纵坐标为 10 次 10 折交叉验证差错率的均值（cv_error），横坐标为参数不同取值的图像。观察图像走势，若误差率走势明显或在某个值后误差率基本保持不变，则认为参数不敏感；若误差率在随着参数变动趋势不稳定，在多处均出现最小值，则认为参数敏感。各参数对算法敏感性结果如图 5-5 所示。由图 5-5~图 5-10 可知，经过 10 次 10 折交叉验证的参数敏感性测试，发现 n_estimators，max_feature，max_leaf_nodes 三个参数并不存在唯一最小值使得算法最优，即算法训练数据变化时，三个参数的取值变化对交叉验证差错率影响很大，因此，认为这三个参数对此回归算法敏感，作为参数优化选项。

表 5-2　　　　　　　　参数敏感性实验取值

算法参数	参数取值
n_estimators	100, 200, 300, 500, 700, 1000, 1200
max_features	0.1, 0.2, 0.3, 0.4, 0.5, 0.6, 0.7, 0.8, 0.9
min_samples_split	2, 3, 4, 5, 6, 7, 8, 9, 10
min_samples_leaf	2, 3, 4, 5, 6, 10
max_leaf_nodes	100, 150, 200, 300, 400, 500, 700, 1000, 1200
max_depth	2, 4, 6, 8, 10, 20, 60

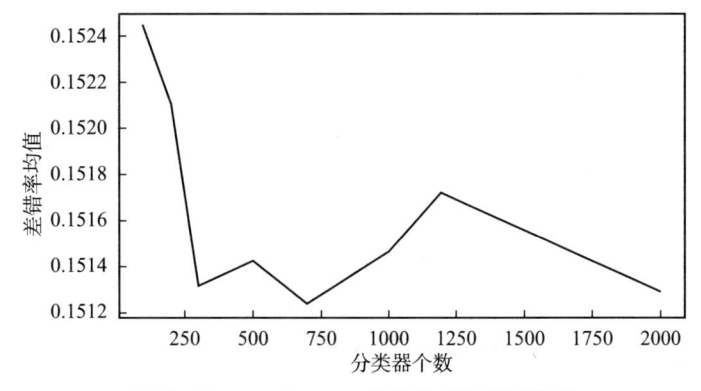

图 5-5　n_estimators 参数敏感性测试结果

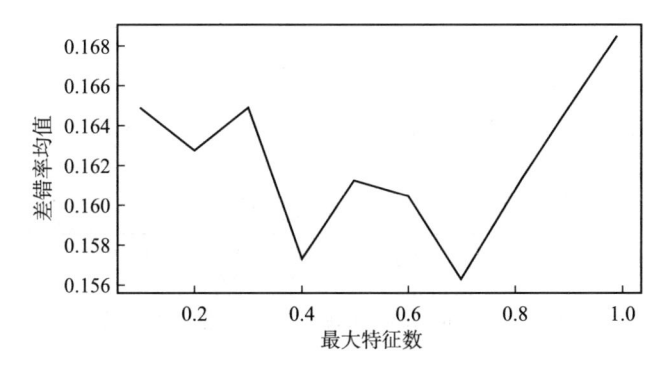

图 5-6　max_features 参数敏感性测试结果

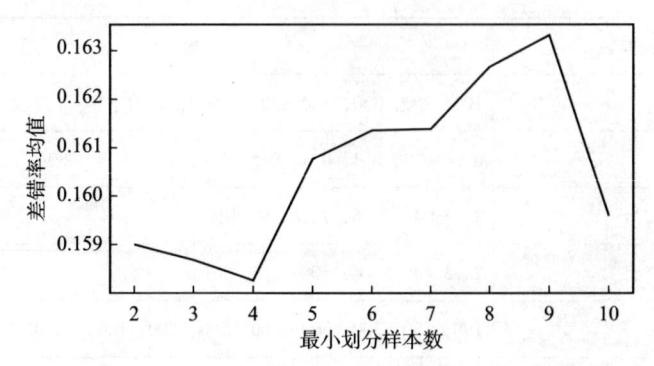

图 5-7 min_samples_split 参数敏感性测试结果

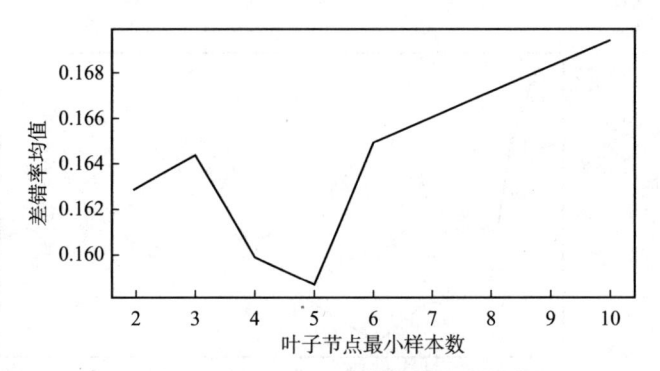

图 5-8 min_samples_leaf 参数敏感性测试结果

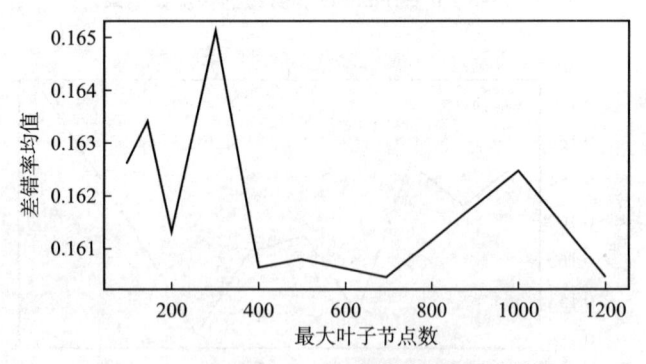

图 5-9 max_leaf_nodes 参数敏感性测试结果

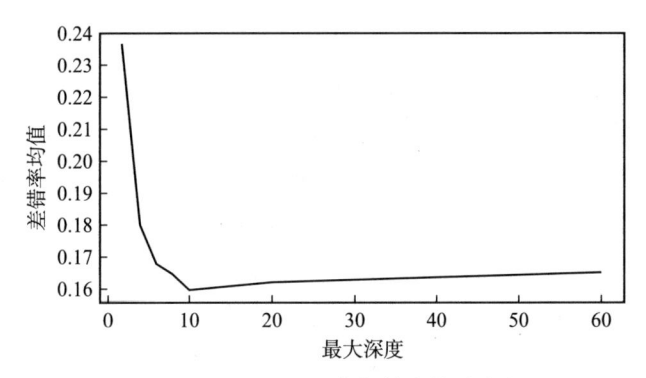

第五章 中观网络经济学分析 163

图 5-10 max_depth 参数敏感性测试结果

min_samples_split 即划分节点所需最小样本数只在 4 个左右交叉验证差错率最低，min_samples_leaf 即叶子节点最小样本数只在 5 个左右交叉验证差错率最低，max_depth 即决策树的最大深度在大于 10 后对交叉验证差错率影响相差不大。实验结果表明 min_samples_split，min_samples_leaf，max_depth 三个值对回归算法不敏感，因此不做参数优化，且各参数取值为：

min_samples_split = 4，min_samples_leaf = 5，max_depth = 10。

3. 参数设置

根据参数敏感性测试结果，分别采用随机搜索算法、网格搜索算法和模拟退火算法对 n_estimators，max_features，max_leaf_nodes 三个参数进行优化，取值为表 5-3 中三个参数范围。

表 5-3　　　　　　　参数调优结果与算法性能

算法	参数取值	time/s	mean_validation_score
网格搜索	{1200, 500, 0.3}	968.02	0.887
随机搜索	{300, 300, 0.5}	146.512	0.862
模拟退火	{300, 500, 0.3}	125.443	0.884

这里借助 sklearn 中的随机搜索算法与网格搜索算法包，通过设定随机森林算法与需要调优参数的取值范围进行参数选择。同时，再次应用交叉验证

计算算数平均值（记为 mean_validation_score）并与系统运行时间（记为 times）共同作为参考数据，比较各项算法性能。mean_validation_score 反映了调优后整个算法的预测能力，即通过不同算法选出的参数组合对算法性能的优化情况，系统运行时间 times 反映算法的时效性。三个算法参数选择结果与算法性能比较情况如表 5-3 所示，可得随机搜索算法的运行时间为 125.443s，模拟退火算法的运行时间为 146.512s，网格搜索算法的运行时间为 968.02s，在系统运行时间方面，随机搜索算法与模拟退火算法优于网格搜索算法。从交叉验证平均得分可以看出，网格搜索算法的准确度最高为 0.887，也验证了网格搜索算法高运行时间、高准确度的特点。在运行时间近似的情况下，模拟退火算法参数调优后，算法准确度为 0.884，优于随机搜索算法。综合算法运行时间与算法准确度，模拟退火算法为最优算法，可以弥补传统算法的不足，能够达到快速有效的选择最优参数的作用。

4. 评价指标

选取两类算法来评价指标，第一类采用回归算法常见评定指标 MSE、RMSE、R^2 三个指标进行评定。其中 MSE（均方误差）代表预测值与真实值的误差平方的期望值，MSE 越小说明算法具有更好的精度。RMSE（均方误差根）是 MSE 的平方根，便于在视图中观察。R^2（拟合优度）反映了自变量对因变量的可解释性。取值小于等于 1，且 R^2 越大越好，如果 R^2 小于 0 则预测算法不如基准算法。三个指标分别定义如公式（5-22）、公式（5-23）、公式（5-24）所示：

$$\text{MSE} = \frac{1}{n} \sum_{i=1}^{n} (y_i - \hat{y}_i)^2 \qquad (5-22)$$

$$\text{RMSE} = \sqrt{\frac{1}{n} \sum_{i=1}^{n} (y_i - \hat{y}_i)^2} \qquad (5-23)$$

$$R^2 = 1 - \frac{\left[\sum_{i=1}^{n} (\hat{y}_i - y_i)^2\right]}{\left[\sum_{i=1}^{n} (\hat{y}_i - y_i)^2\right]} \qquad (5-24)$$

公式（5-22）、公式（5-23）、公式（5-24）中，n 为数据集个数，y_i 为评估结果，$\hat{y}_i$ 为真实值。

另外，将算法拟合情况作为第二测量指标，并以散点图的方式进行展示，散点图以真实值为横坐标，预测值为纵坐标，在 $y=x$ 这条线上，预测值与真实值相同，越多的点聚集在 $y=x$ 线上，算法拟合度越好，预测准确度越高。

5. 算法对比与分析

经过融合模拟退火的随机森林算法，调优参数 n_estimators、max_features、max_leaf_nodes 的最终取值分别为 300、500、0.3。首先对融合模拟退火算法前后算法性能进行对比，结果如表 5-4 所示。

表 5-4　　　　　　　　　算法调优前后对比结果

	参数调优前	参数调优后
MSE	0.039792505	0.02151499
RMSE	0.199480587	0.14667991
R^2	0.762048123	0.87134426

由表 5-4 可知，参数调优前 MSE 的值为 0.039792505，进行参数调优后降到了 0.02151499，算法精度得到了提升，RMSE 的值与 MSE 变化相同。拟合优度的值从 0.762048123 提升到 0.87134426，说明自变量对因变量的可解释性增强，即算法拟合情况更优，算法预测准确度增强。为进一步观察算法参数调优前后拟合情况，以真实值为横坐标，预测值为纵坐标制作散点图，参数调优前后算法的拟合情况如图 5-11、图 5-12 所示。

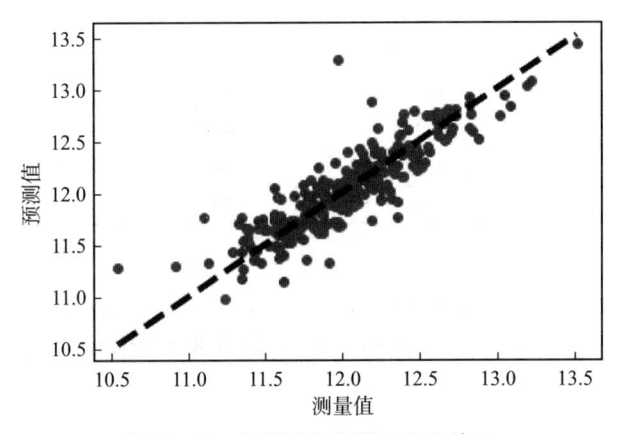

图 5-11　参数调优前算法拟合情况

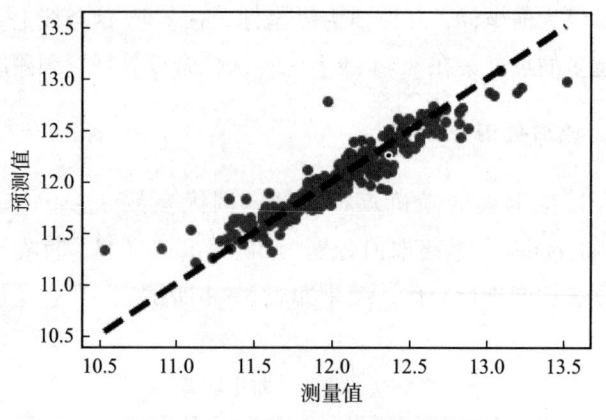

图 5 - 12　参数调优后算法拟合情况

图 5 - 11 中数据点分布较分散，且预测值并不稳定，图 5 - 12 中可以看出，进行参数调优后，数据点更加集中在 $y=x$ 附近。对比分析可得，参数调优后算法数据点分布更加集中，算法拟合情况好于参数调优前，这也验证了 MSE、RMSE、R^2 三个值的变化，证明模拟退火算法进行参数调优后，算法准确率有所提升。

6. 与其他算法对比分析

融合模拟退火的随机森林算法与房价评估常用算法 BP 神经网络算法、支持向量机算法形成的房价评估算法在 3 个量化评价指标上对比的实验如表 5 - 5 所示。

表 5 - 5　各类评估算法对比结果

	BP	SVM	SA_RF
MSE	0.03204	0.04399	0.02269
RMSE	0.17899	0.20973	0.15062
R^2	0.80842	0.73696	0.86434

融合模拟退火的随机森林算法与房价评估常用算法 BP 神经网络算法、支持向量机算法形成的房价评估算法的拟合情况如图 5 - 13、图 5 - 14、图 5 - 15 所示。

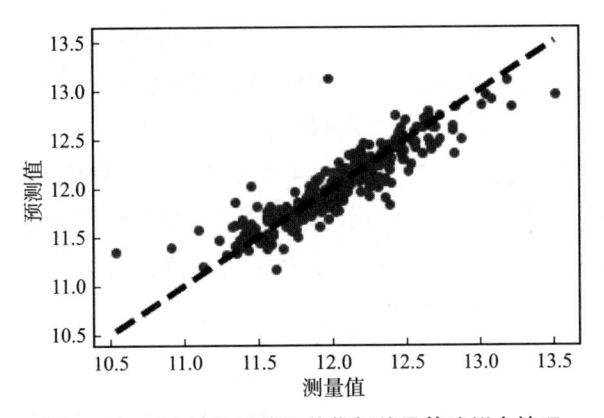

图 5-13　BP 神经网络评价指标值及算法拟合情况

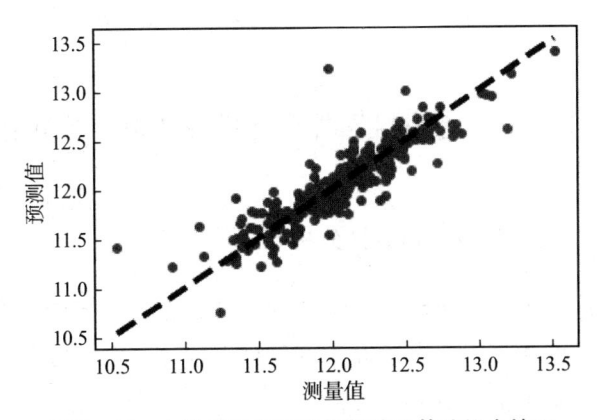

图 5-14　支持向量机评价指标值及算法拟合情况

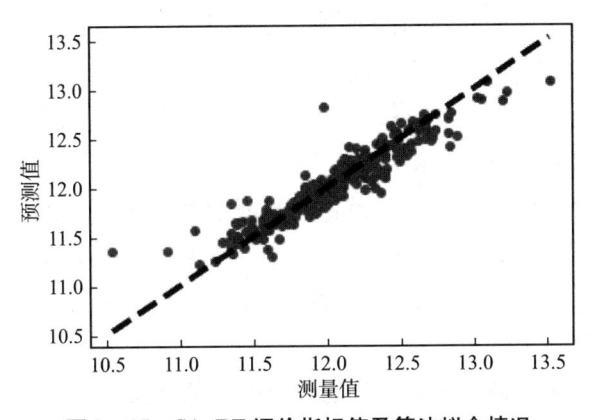

图 5-15　SA_RF 评价指标值及算法拟合情况

由表 5-5 及图 5-13、图 5-14、图 5-15 可知，融合模拟退火的随机森林房价评估算法（图中简称为 SA_RF）MSE 值最小为 0.023，BP 神经网络评估算法（MSE=0.032）与支持向量机评估算法（MSE=0.044）均大于此值；新算法的拟合优度值 R^2 为 0.864 大于 BP 神经网络评估算法（R^2=0.808）与支持向量机评估算法（R^2=0.737），拟合情况图中，新模型的数据点更多的聚集在 y=x 这条线上，与 R^2 的大小情况相符。综合各项指标值，新算法的误差值最小，拟合程度最高。

三、电子商务对产业结构升级转型的促进作用

（一）电子商务推进中国零售业升级转型的实证分析

1. 电子商务与零售业的相关性分析

由于电子商务方便、快捷以及低廉的特征，越来越多的消费者和生产企业被吸引到电子商务当中。电子商务的发展和应用，对于零售企业来说，简化了价值链中的基本价值活动和支持性价值活动的操作流程，提升了商务活动的效率，降低了成本，节约了潜在开支。电子商务在销售过程中的使用，一定程度上解除了时间和空间的限制，为零售业创造出新的市场机会。并且由于客户关系管理系统的建立，商家可以挖掘个人市场，对市场的需求更有针对性。新技术在客户服务系统上的运用，提升了商家对顾客反馈做出应对的能力，为服务质量的提高做出了贡献。

网络购物让更多的人成为零售企业的消费者。通过互联网对商品多姿多彩的展示也有助于刺激消费者的消费欲望。在消费者的购买决策过程中，电子商务的存在不仅大大便利了消费者的操作，也提高了消费者将消费欲望转化为消费行为的可能性，激发了更多的消费。

此外，由于电子商务对商品流通环节的精简、交易成本的降低以及电子商务环境下消费者的低价性追求等原因，电子商务对于零售业商品价格也可能造成了一定的影响。

电子商务对于零售业有着重要影响，但是它是否能推动零售业各方面能力提升、最终助力传统零售业升级转型却不得而知，通过对电子商务与零售业升级转型进行实证分析，有助于更深入地、量化地阐述电子商务对零售业升级转型的重要作用。为了证明这些影响是否带来了积极的结果，验证人们对电子商务在零售业中应用的期望，本节从社会消费品零售总额、零售业成本、零售业能源消耗和零售产品价格这四个方面出发，提出了以下几个假设：

H1：电子商务对社会消费品零售总额有正向影响；

H2：电子商务对零售企业主营业务成本有负向影响；

H3：电子商务对零售业能源消耗总量有负向影响；

H4：电子商务对零售产品价格有负向影响。

下面对这四个假设进行假设检验。本节中零售业的统计数据都来源于 2007~2016 年度的《中国统计年鉴》。

（1）电子商务与社会消费品零售总额。描绘社会消费品零售总额与电子商务发展指数 ECDI 的散点图，可以得到图 5-16。

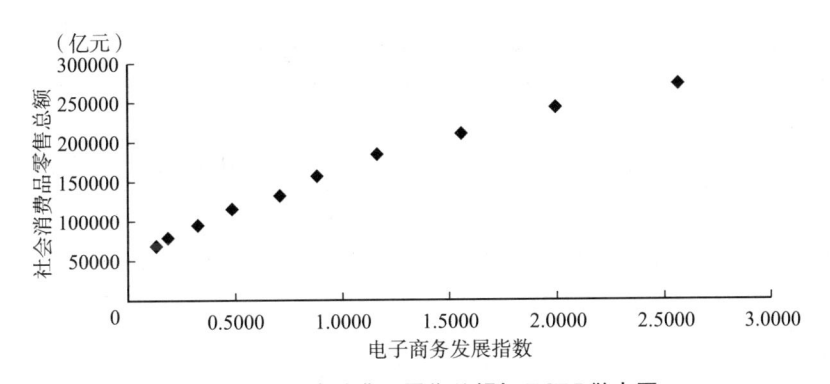

图 5-16　社会消费品零售总额与 ECDI 散点图

图 5-17 中社会消费品零售总额和电子商务发展指数呈较明显的线性关系，社会消费品零售总额随着电子商务发展指数的增加而逐渐增加。但是，并不能就此判断社会消费品零售总额与 ECDI 呈正相关关系，因为社会消费品零售总额的变化是受多个变量影响的，它与电子商务发展水平之间的关系也会受到其他因素的影响。而经济的发展显然是影响社会消费品零售总额和电子商务的重要因素，为了尽可能地剔除经济发展的影响，将人均国内生产

总值作为控制变量，对社会消费品零售总额与 ECDI 进行偏相关分析。得到的结果如表 5-6 所示。可以看到，在控制了人均国内生产总值以后，社会消费品零售总额与 ECDI 的相关系数为 0.966，同时显著性为 0 < 0.05，这说明社会消费品零售总额与电子商务发展水平指标 ECDI 是显著相关的，并且是正相关。

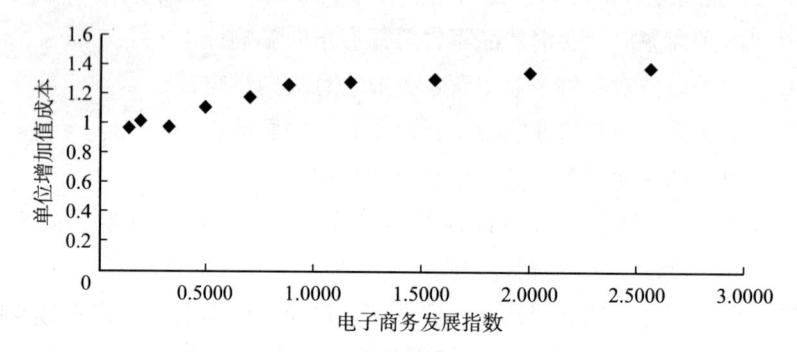

图 5-17 单位增加值成本与 ECDI 散点图

表 5-6 社会消费品零售总额与 ECDI 相关性分析结果

控制变量			ECDI	社会消费品零售总额/亿元
人均国内生产总值（元）	ECDI	相关性	1.000	0.966
		显著性（双侧）	0.000	0.000
		df	0.000	7.000
	社会消费品零售总额/亿元	相关性	0.966	1.000
		显著性（双侧）	0.000	0.000
		df	7.000	0.000

（2）电子商务与零售企业主营业务成本。由于 2007～2016 年零售业的企业单位数增长了 3.2 倍，从业人数也增长了 1.65 倍，所以直接使用零售业企业主营业务成本并不能代表零售企业的成本变化，不利于研究电子商务这一因素在降低零售业成本中的作用。通过计算：单位增加值成本 = 零售业主营业

务成本/零售业增加值，以计量零售业单位增加值所需要的主营业务成本。通过描绘单位增加值成本与电子商务发展指数 ECDI 的散点图，可以得到图 5-17，图中单位增加值成本随着电子商务发展指数的增加而略有增加，但是考虑到经济发展和物价水平的提升，并不能就此得出结论。同样地，将人均国内生产总值作为控制变量，研究单位增加值成本与 ECDI 之间的偏相关性，得到结果如表 5-7 所示。从表 5-7 中可以看出，在控制人均国内生产总值的情况下，单位增加值成本与 ECDI 的相关系数为 -0.389，但是显著性为 0.301 > 0.05，说明单位增加值成本与电子商务发展水平测度指标之间并无相关性。

表 5-7　　　　　单位增加值成本与 ECDI 相关性分析结果

	相关性			
控制变量			ECDI	单位增加值成本
人均国内生产总值（元）	ECDI	相关性	1.000	-0.389
		显著性（双侧）	0.000	0.301
		df	0.000	7.000
	单位增加值成本	相关性	-0.389	1.000
		显著性（双侧）	0.301	0.000
		df	7.000	0.000

（3）电子商务与零售业能源消耗总量。通过计算：单位增加值耗能 = 能源消费总量/零售业增加值，可以计量零售业单位增加值所消耗的能源。描绘单位增加值耗能与电子商务发展指数 ECDI 的散点图，可以得到图 5-18，从图 5-18 中可以得知，虽然中间略有波动，但从总体上来看，单位增加值耗能随着电子商务发展指数的增加而降低。通过对这两者进行相关性分析，得到结果如表 5-8 所示，从表 5-8 中可知，单位增加值耗能与 ECDI 的皮尔森相关系数为 -0.807，同时显著性为 0.008 < 0.05，这说明单位增加值耗能与电子商务发展水平指标 ECDI 是显著相关的，并且是负相关。

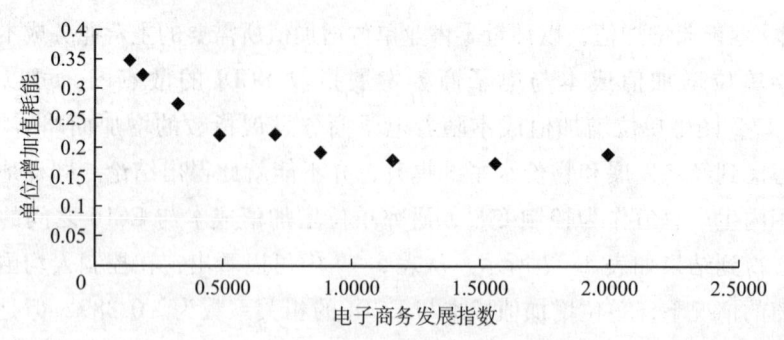

图 5-18　单位增加值耗能与 ECDI 散点图

表 5-8　　　　　　单位增加值成本与 ECDI 相关性分析结果

		相关	
		ECDI	单位增加值耗能
ECDI	皮尔森（Pearson）相关	1	-0.807**
	显著性（双尾）		0.008
	N	9.000	9.000
单位增加值耗能	皮尔森（Pearson）相关	-0.807**	1.000
	显著性（双尾）	0.008	
	N	9.000	9.000

** 表示相关性在 0.01 层上显著（双尾）

（4）电子商务与商品零售价格指数。通过绘制商品零售价格指数（以 2005 年为基期）与电子商务发展指数 ECDI 的散点图，可以得到图 5-19。从图 5-19 中可知，随着电子商务发展指数的增加，商品零售价格指数略有提升，过程中有波动，但是考虑到经济的发展对物价的影响，并不能就此得出结论。与前文类似，将人均国内生产总值作为控制变量，研究商品零售价格指数与 ECDI 之间的偏相关关系，得到的结果如表 5-9 所示。从表中可以看出，在控制人均国内生产总值的情况下，商品零售价格指数与 ECDI 的偏相关系数为 -0.701，显著性为 0.035 < 0.05，说明商品零售价格指数与电子商务发展水平是有相关性的，并且是负相关。但是显著性 > 0.01，说明商品零售价格指数与电子商务之间并非极显著相关。

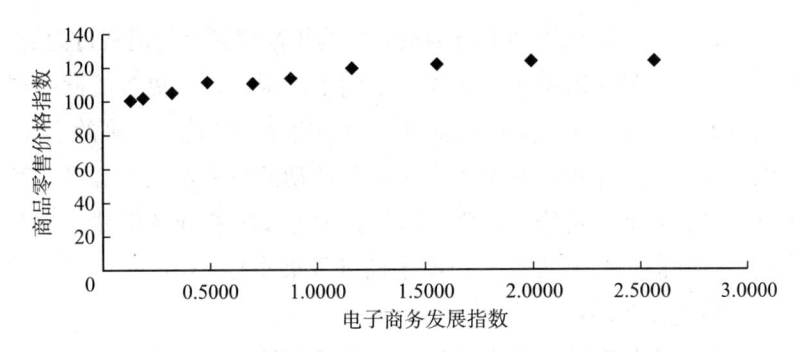

第五章　中观网络经济学分析 | 173

图 5-19　商品零售价格指数与 ECDI 散点图

表 5-9　商品零售价格指数与 ECDI 相关性分析结果

控制变量			ECDI	商品零售价格指数 （以 2005 年为基期）
人均国内生产 总值（元）	ECDI	相关性	1.000	-0.701
		显著性（双侧）	0.000	0.035
		df	0.000	7.000
	商品零售价格指数 （以 2005 年为基期）	相关性	-0.701	1.000
		显著性（双侧）	0.035	0.000
		df	7.000	0.000

（5）结果分析。总结上述分析的结果如表 5-10 所示，具体如下：

表 5-10　相关性分析结果

假设	相关性系数	显著性	是否支持
H1：电子商务对社会消费品零售总额有正向影响	0.996	0.000	是
H2：电子商务对零售企业主营业务成本有负向影响	-0.389	0.301	否
H3：电子商务对零售业能源消耗总量有负向影响	-0.807	0.008	是
H4：电子商务对零售产品价格有负向影响	-0.701	0.035	是

①根据前面分析可知，电子商务在零售企业中的应用有助于企业积极应对消费者的需求，为消费者提供更有针对性的服务，一方面能够刺激消费者

的消费欲望，另一方面也增加了将消费者的购买欲望转化为消费行为的可能。此外，网络购物突破传统购物在时间和空间上的限制，将更多的商品展示在不同的人的面前，增加了消费的可能性，为零售企业创造了更多的市场机会。并且，电子商务使得零售企业中的许多商务活动的效率都大大提升，商品的流通速度提升，企业的竞争力加强。这些方面对于零售业的消费增加都有着正面影响，社会消费品零售总额与电子商务发展指标 ECDI 呈正相关关系是可以预见并确实存在的。

②电子商务不仅有助于减少零售企业内部多种商务活动的成本，也有助于减少企业之间的交易成本。但数据分析却表明，单位增加值成本与 ECDI 之间并无相关性。这其中的原因在于，一方面，企业在从事电子商务活动的过程中，也会产生资金的消耗。举例来说，企业通过网络渠道销售产品，节约了店铺租金和销售人员的人工费，大大降低了交易成本；但另一方面，网络渠道的建立、设备的购买和铺设都需要企业花费大量的资金。一般来说，电子商务成本主要包括硬件成本（即购买和维护用于电子商务的计算机和相关设备）、软件成本（包括购买或开发软件的费用和在使用过程中对软件的更新和维护的成本）、通信成本（即在企业开展商务活动时，商务信息在各主体之间的传播所产生的通信费用）、培训成本（电子商务的实施需要公司职员和顾客对系统的了解，所以需要进行一定程度的培训，这就产生了培训成本）、电子商务员工费用（电子商务系统的运行需要管理信息系统员工、电子商务专业人员的支持，所以需要支付电子商务员工的人工成本）、配送费用（物流系统的建立、仓库的租用、商品存放和运输等过程都会产生费用）、风险和安全成本（在进行网络交易时，网络平台的虚拟性使得销售企业承担一定的风险，为了避免或弥补风险，保障交易的安全，企业需要采取一些措施，由此产生的费用为风险和安全成本）、支持成本（企业实施电子商务，聘用专业人士进行战略规划所支付的费用、企业应对电子商务相关法律法规所耗费的法律成本等）。

电子商务成本相对来说具有投入上的先期性特征，电子商务环境下，企业的固定成本占总成本的比例增加，可变成本被沉淀为固定成本，总体成本在短时间内并没有降低。不过，电子商务的效益具有长期性的特征，即在运用电子商务以后，企业的经济效益显现出递增的变化，在使用电子商务初期，经济效益可能会出现欠佳、甚微甚至亏损的情况，但随着电子商务容量的逐渐增加，它的经济效益会变得十分显著①。况且，对我国企业来说，虽然当前仍然享受着低廉的劳动力成本带来的巨大优势，但是随着时间的推移，社会老龄化日益加重，劳动力成本在不断加重，这会削弱我国企业的成本优势，然而电子商务的使用对于降低企业的劳动力成本起着重要的作用，这对于企业的长远发展来说至关重要。

③虽然电子商务的发展对于企业成本的降低并没有明显的影响，但是在其他方面电子商务为企业赢得了社会效益。通过对电子商务发展指数和单位增加值耗能的分析，电子商务与零售业耗能有着负相关关系。事实上，电子商务相对于传统商务，确实能显著降低能量的消耗。首先，从广告营销来说，传统商务多使用实体广告，产品展销、人员推销、海报广告等不仅需要投入大量资金，也需要许多人力物力，而电子商务多是采用网络广告，充分发挥信息与通信技术带来的优势，既省时又省力，为企业节约了耗能。其次，传统零售业相对来说需要更多的实体店铺和社会仓储面积，在供暖、制冷、照明灯方面都比电子商务环境下的零售企业要消耗更多的电、油等能源。另外，从物流配送方面来说，电子商务的使用减少了产品的流通环节和流程，提高了物流配送的效率，因此减少了耗能，不过电子商务下的物流配送延长到了消费者，也增加了物流方面的耗能。但是，传统消费模式下，消费者购买产品需要更多的出行费用，而使用电子商务则减少了消费者出行，而增加了用电能耗。综合以上各方面，电子商务的使用显著降低了零售企业的能耗，这从相关性分析的结果中也得到了证明。

④电子商务的使用对于零售商品价格的降低有着正向的作用。根据前面的分析可知，电子商务环境下消费者具有低价的心理追求，电子商务的普及使得更多低收入人群成为消费者。并且电子商务的使用使得企业的交易成本大大降低，商品流通速度增快，为企业降价开辟了空间，使得低价定位策略成为可能。此外，电子商务加快了信息的流通，减少了信息的不对称，使消费者在面对销售者时更有话语权，并且更多的企业进入了消费者的视线，企业间的竞争更加激烈，最终也推动了零售商品价格的降低。

---

① 岳正华：《关于电子商务成本效益的理论分析》，载《成都气象学院学报》2000 年第 4 期。

2. 电子商务对零售业升级转型的总体影响

将产业升级的典型形态分为：（1）国民经济中的劳动力结构由第一产业向第二产业再向第三产业的转化过程；（2）国民经济中各产业部门的升级，如制造业的重化工化、高加工度化和生产要素密集化；（3）行业（产品）结构的升级，例如手机产业中，企业在形成市场竞争优势的导向下，产品在技术进步的基础上向着"高清、超薄、超轻"等方向发展；（4）同一产业中的企业，在竞争原则的规范下，为了寻求资源有效利用的途径，进行转产、退产、兼并重组等①。如何科学地测度产业结构水平，是专家、学者和产业政策制定者均应予以高度关注的问题。有的学者通过第三产业占 GDP 的比值来衡量产业结构水平，有的学者则通过三个产业加权后的值作为产业升级指标，也有的通过就业结构变动、产业结构变动和产业部门贡献率这三级指标来衡量产业升级优化。本书采用劳动生产率作为衡量零售业产业结构水平，因为一方面其他的许多指标仅适用于产业升级典型形态中的第（1）、第（2）种，另一方面，劳动生产率是产业水平的集中体现，产业结构的演化和升级是伴随着专业化和分工逐渐深入而进行的，而专业化和分工的发展会导致劳动劳动生产率提高，所以可以用劳动生产率来表示产业水平值②。

对于零售业劳动生产率与电子商务发展指数绘制散点图，可以得到图 5-20，图中劳动生产率随着电子商务发展指数的增大而波动上升。

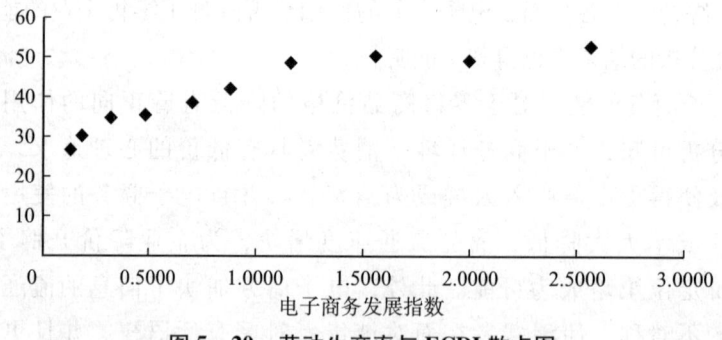

图 5-20 劳动生产率与 ECDI 散点图

---

① 刘志彪：《产业升级的发展效应及其动因分析》，载《南京师大学报（社会科学版）》2000 年第 2 期。

② 周昌林、魏建良：《产业结构水平测度模型与实证分析——以上海、深圳、宁波为例》，载《上海经济研究》2007 年第 6 期。

关于电子商务对零售业升级转型的影响研究，目前并没有成熟的实证模型，所以尝试在经典模型的基础上加以拓展，以适应电子商务的实际情况。选用钱纳里的"标准结构"产业变动模型作为基础，对零售业的升级转型进行分析。钱纳里的基本模型可以表述如下：

$$Y = \alpha + \beta_1 AGDP + \beta_2 AGDP^2 + \gamma_1 N + \gamma_2 N^2 + \delta T \quad (5-25)$$

其中，AGDP 为人均国民生产总值，N 为某一时期的人口总数，T 为时间趋势，Y 为一个国家经济结构变动的某一个方面，如产业结构。将该模型引入，为了适应本书的研究内容，需要对模型进行改造。首先因为原模型是用于对整个国家的经济结构的变化进行估计，而本书需要模拟零售业的结构变化，所以使用期末从业人员数来代替人口数，使用单位从业人员盈利来代替人均国民生产总值。另外，因为 T 反映时间虚拟变量，而由于本书所涉及的时间较短，因此这里忽略这个变量。再引入电子商务发展指数 ECDI。修正后的模型可以表示为：

$$Y = a1 + a2 \times ECDI + a3 \times AP + a4 \times AP^2 + a5 \times NE + a6 \times NE^2 \quad (5-26)$$

其中，ECDI 为电子商务发展指数，AP 为单位从业人员盈利，NE 为从业人数。为了避免零售业高低生产率的差异，在实际建模过程中，对劳动力进行开方处理，在这里用 Y 来表示劳动生产率的开方，即 $Y = \sqrt{L}$（L 为劳动生产率）。

经过回归分析，可以得到表 5-11 和表 5-12。

表 5-11　　　　　　　　　　回归的参数评估

参数	估计	标准错误	95%信赖区间	
			下限	上限
a1	-2.127	1.213	-5.493	1.240
a2	0.826	0.293	0.014	1.638
a3	5.035	0.932	2.448	7.622
a4	-0.508	0.090	-0.758	-0.259
a5	-0.870	0.227	-1.500	-0.240
a6	0.042	0.010	0.014	0.070

表 5-12　　　　　　　　　回归的变异数分析

变异数分析[a]			
来源	平方和	df	均方
回归	409.492	6	68.249
残差	0.025	4	0.006
未校正总数	409.517	10	
校正后总数	4.725	9	
应变数：L2			
a. R 平方 = 1 - (残差平方和)/(校正平方和) = 0.995			

根据表 5-11 可得 a1-a6 的值，a2-a6 的标准误都比较小，a1 的标准误略大，这与 ECDI 与 AP 之间有一定的相关性有关。最终得到的方程为：

$$\sqrt{L} = -2.127 + 0.826 \times ECDI + 5.035 \times AP - 0.508 \times AP^2 \\ - 0.870 \times NE + 0.042 \times NE^2 \quad (5-27)$$

根据表 5-12 可得 $R^2 = 1 - 1 - ($残差平方和$)/($校正平方和$) = 0.995$，即拟合度为 0.995，拟合效果比较好。由方程可知，当 ECDI 上升 1% 时，$\sqrt{L}$ 上升 0.826%。

3. 实证分析总结

经过前面的分析过程，可以得到：

（1）社会消费品零售总额与电子商务发展水平指标 ECDI 是显著相关的，并且是正相关；

（2）单位增加值成本与电子商务发展水平测度指标之间并无相关性；

（3）单位增加值耗能与电子商务发展水平指标 ECDI 是显著相关的，并且是负相关；

（4）商品零售价格指数与电子商务发展水平是有相关性的；

（5）当电子商务水平上升时，零售业产业水平也上升，电子商务的发展对零售业升级转型有正向影响。

综合来看，在传统零售企业的生产经营活动中，中间环节繁多，运作效率低下，企业提供的商品和服务与消费者脱节，消费者的需求信号难以传达给销售商。而将电子商务引入零售企业，一方面能够优化企业内部流程，加强企业与供应商、消费者和其他企业之间的信息流通机制，另一方面也能使得企业内部职权划归得更加清晰，完善企业的监督，推动企业管理走向国际化，从而使得劳动生产率不断提高。在电子商务参与下，零售业价值链得到优化，消费者能够更好地进行购买活动，新的零售业消费群体和消费理念逐渐形成，传统零售业被互联网经济下新的经营理念和经营模式所推动，内部结构得到不断优化。电子商务虽然并不能减少企业的运营成本，但是能够从销售量、价格和环境保护等各个方面对零售业产生积极影响，并最终影响零售业升级转型，为日益没落的传统零售业提供新的发展机遇。

（二）电子商务促进京津冀地区传统产业升级转型的实践路径

1. 京津冀地区电子商务发展现状

北京市作为全国首个电子商务示范城市，具有较好的社会人文氛围、通信基础设施和政策环境，在京津冀地区电子商务发展中处于领先地位。2016年，北京限额以上贸易企业实现电子商务销售额 2049 亿元①，电商稳定增长，中小电商呈现出特色化、专业化。传统零售企业拓展网上商城、开发移动 App 软件，开展全渠道营销业务。新的生活服务模式不断涌现，如上门服务的再生资源服务、家政服务，解决老年人面临的慢病监测问题的养老服务。跨境电商发展模式不断创新，实施负面清单管理和通道式验收，对个人直购采取"清单核放、汇总缴纳"，对货物采取"清单核放、汇总申报"。2016年，天津市全年限额以上批发零售企业网上销售额达 400 亿元②，占社会消费品销售总额的 12.1%。跨境电子商务取得新的突破，获批成为国家跨境电子商务综合试验区。全市 1800 多家外贸企业上线开展业务，实现 B2B 出口 3000 多万美元。农村电子商务实现新进展，建成各类农村电子商务服务站点 1000 多家，培育了一大批淘宝村，农业企业和农产品拓展线上销售。天津市以公益信息服务平台建设、物流快递园区建设、电商快递三个工程为重点，

---

① 北京市商务局。
② 天津市统计局。

逐步形成了层次清晰、优质高效、衔接有序的快递物流三级服务网络。2016年，河北省电子商务交易额同比增长 24.5%，网络销售额达到 1800 亿元。①河北省打造了一批多样化、有影响力的电子商务交易平台，具有代表性的有白沟万户通箱包批发中心、河北省农产品电子交易中心、清河百绒汇、秦皇岛煤炭网、河钢云商等大宗商品交易平台，鸡泽中国辣椒网、迁西中国板栗网、沧州红枣交易市场等农产品网络销售平台，石家庄社区惠民网、辛集车宝 168 等社区电商平台。

2. 京津冀地区电子商务发展定位

2015 年，党中央审核通过了《京津冀协同发展规划纲要》，京津冀地区的发展迎来了新的机遇。京津冀地区定位是以北京为核心的世界城市群、区域整体协同发展的改革引领区。充分利用电子商务的跨越时空性，发挥京津冀各自的优势，为京津冀地区传统产业转型提供一条新路径，打造和谐健康持续发展的京津冀区域经济。京津冀作为一个整体，对于电子商务的发展应当有一个协同的定位和分工。北京作为首批国家电子商务示范城市，有着良好的电子商务发展基础，在京津冀地区的电子商务发展中应当处于领先地位。北京应发挥人才优势，为电子商务的发展提供智力支持。引领电子商务的商业模式、支撑技术、管理体制等创新，重点发展总部经济、高端制造业、跨境电商、文化交流、知识产权、国际交往服务，在商品价值链上主要占据产品设计、创意等环节，天津市应加强与北京的双城互动，重点发展港口贸易、成品组装、仓储运输、原料采购、订单处理、流通等环节。而河北主要应发展原材料加工、中间产品生产等制造环节，深化与北京、天津电子商务的合作，吸引资金、技术、信息、人才等优质资源流向河北，建成一批电子商务行业龙头企业。总之，京津冀地区电子商务的分工合作要做到有梯度、有层次、有特色，做到优势互补、整体协作，打通行政区域、政策的藩篱和制度壁垒，真正发挥电子商务整合改造传统产业的潜在动能。

3. 电子商务促进京津冀地区传统产业升级转型的路径

提升服务业在三次产业中的占比，是"调整经济结构""转换发展方式"

---

① 河北省商务厅。

的重要目标之一，2016年北京市服务业占比已经达到80%左右，但是天津、河北服务业占比还比较低，即使是北京的服务业内部结构也不合理，京津冀地区产业结构升级转型的潜力很大。电子商务可以加速传统服务业向现代服务业转变，现代服务业是以IT技术为依托，建立在新的服务方式、商业模式、管理方法基础上的新兴服务业。电子商务促进京津冀地区传统产业升级转型的路径主要有两种：第一种是产业间转型升级，主要体现在三次产业的比例，对北京来说应当继续提高第三产业的比例，同时优化第三产业内部结构；对于天津来说要在提高第三产业的前提下，借助电子商务不断优化第一、第二产业结构；对于河北来说，要利用电子商务重点优化提升第一、第二产业质量。第二种是产业内转型升级，是传统产业转型的重点。抓住信息技术这个核心，整合京津冀地区的消费者、流通商、生产商，加强市场主体交易、生产、运营的专业化与协同，从链状协同到网状协同。加强京津冀地区整体基础设施建设，如信息空间、人工智能、宽带、云计算、大数据、电子商务平台等。拓展京津冀地区市场、渠道，促进京津冀地区经济整体升级转型。

（三）电子商务促进北京市产业结构优化转型的动力机制研究

1. 电子商务促进北京市产业结构优化的系统动力学模型

（1）电子商务促进北京市产业结构优化的影响因素。首先，借鉴现有的研究[1][2][3]，结合专家打分法，确定影响产业结构优化的一级变量、二级变量，如表5-13所示，主要包括电商市场规模、电商应用水平、电商支撑环境、电商创新水平、产业优化效果等5个一级变量，以及电子商务交易额全国占比、B2B企业数本地占比、服务类电子山谷交易额、城市对电子商务发展政

---

[1] 占东明：《电子商务促进社会经济发展的演进路径——基于结构方程模型展开》，载《商业经济研究》2016年第10期。

[2] 王文毅：《谈电子商务经济发展与我国零售业转型升级》，载《商业经济研究》2017年第1期。

[3] 贺盛瑜、马会杰、滕喜华：《基于因子分析和聚类分析的我国电子商务发展水平研究》，载《经济体制改革》2017年第2期。

策支持度、有电子商务业务的企业 R&D 投入水平、第三产业劳动生产率等 21 个二级变量。

表 5-13　　　　电子商务促进北京市产业结构优化的测量变量

一级变量	二级变量
电商市场规模（S_1）	电子商务交易额全国占比（S_{11}）
	电子商务交易额增长率（S_{12}）
	网上零售额占社会消费品零售总额比重（S_{13}）
	网购消费者占本地人口比重（S_{14}）
电商应用水平（S_2）	人均网购消费额（S_{21}）
	B2B 交易额（S_{22}）
	B2B 企业数本地占比（S_{23}）
	跨境电子商务交易额全国占比（S_{24}）
	有电子商务业务的企业本地占比（S_{25}）
	服务类电子商务交易额（S_{26}）
	电商企业盈利水平（S_{27}）
电商支撑环境（S_3）	网民占本地总人口的比重（S_{31}）
	电子商务认证服务完备度（S_{32}）
	电子商务物流发达度（S_{33}）
	互联网连通度（S_{34}）
	城市对电子商务发展政策支持度（S_{35}）
	电子商务从业人员薪酬水平（S_{36}）
	电子商务从业人数（S_{37}）
电商创新水平（S_4）	有电子商务业务的企业能耗水平（S_{41}）
	电子商务从业人员本地占比（S_{42}）
	电子商务从业人员教育水平（S_{43}）
	有电子商务业务的企业 R&D 投入水平（S_{44}）

续表

一级变量	二级变量
产业优化效果（S_5）	第一产业 GDP 占比（S_{51}）
	第二产业 GDP 占比（S_{52}）
	第三产业 GDP 占比（S_{53}）
	第一产业劳动生产率（S_{54}）
	第二产业劳动生产率（S_{55}）
	第三产业劳动生产率（S_{56}）
	社会总能耗水平（S_{57}）

针对这些变量，收集了2001~2015年北京市的相关数据，数据主要来自北京市政务数据资源网、北京市商务委员会、北京市统计局统计年鉴、中国互联网络信息中心、电子商务B2B交易平台、阿里研究院等。为了评价结果更加全面客观，还通过互联网电子商务平台、研究报告、财经媒体、咨询公司、调查问卷、专家访谈、打分等多种渠道、多种方式收集相关数据，以弥补单一数据来源所造成的数据缺失和谬误。

由于测量的变量的量纲不同，因此需要通过数学转换把量纲、性质不同的变量值，转变为可以进行统一处理、比较的无量纲值，采用阈值法消除量纲，对变量进行均值处理。利用 AMOS 软件，建立结构方程模型，利用路径图的模型设定进行分析，图5-21展示了部分测量变量之间的作用路径及作用系数。

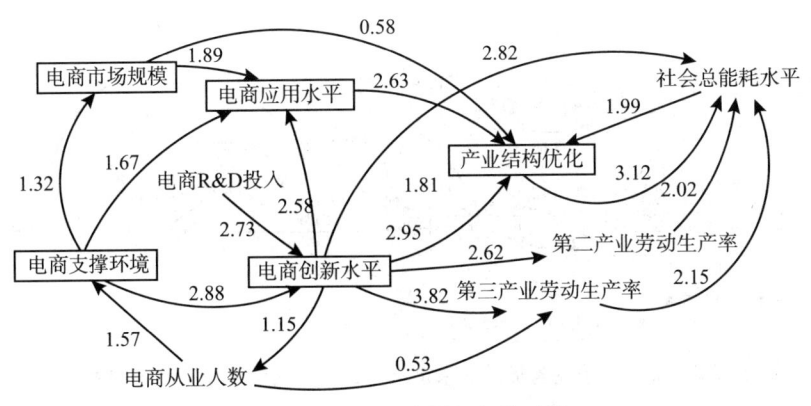

图5-21 主要变量间相关系数

从图 5-21 可以看出，电商市场规模、电商应用水平、电商支撑环境、电商创新水平、产业结构优化等 5 个一级变量和电商从业人数、第三产业劳动生产率、第二产业劳动生产率、社会总能耗 4 个主要二级变量之间的传导结构，如电商市场规模、电商支撑环境、电商创新水平与电商应用水平的作用系数分别为 1.89、1.67、2.58，说明电商市场规模、电商支撑环境、电商创新水平对电商应用水平的影响作用较强，其中电商创新水平对电商应用水平的影响作用尤为突出；再如，电商市场规模、电商应用水平、电商创新水平与产业结构优化之间的作用系数为 0.58、2.63、2.95，说明电商应用水平、电商创新水平对产业结构优化的影响作用较大，而电商市场规模对于产业结构的影响作用较小。

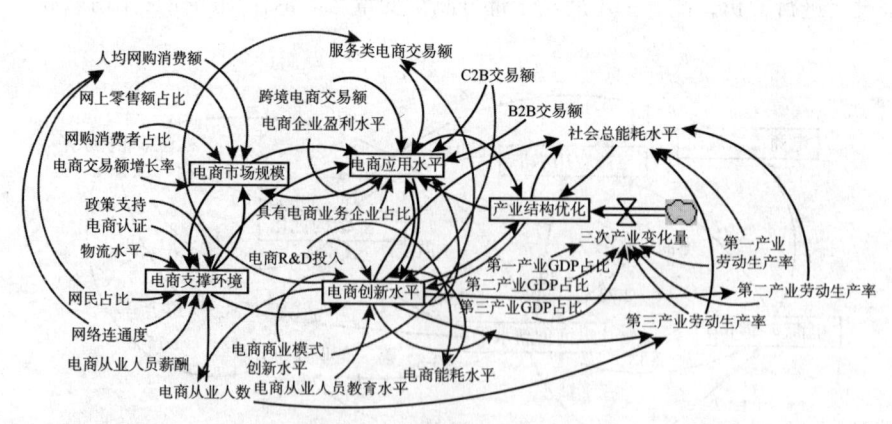

（2）电子商务促进北京市产业结构优化的系统动力学模型流图。为明确表示电子商务各个因素对北京市产业结构优化的作用关系，需要建立电子商务促进北京市产业结构优化的系统动力学模型，引入了决策反馈机制来描述各个因素之间的关系，通过速率变量、信息流、水平变量等相关变量，构造电子商务促进北京市产业结构优化的系统动力学模型流图。使用前面相同的方法，利用 AMOS 软件，对所有的一级变量和二级变量进行了路径图分析，初步确立了变量之间的关联关系，同时结合专家访谈，确立了变量之间的因果关系，建立了电子商务促进北京市产业结构优化的系统动力学流图，如图 5-22 所示。

图 5-22　电子商务促进北京市产业结构优化的系统动力学流图

图 5-22 包括以下主要回路：

①直接回路。两个变量之间，没有经过间接的第三个变量，二者直接形成了反馈回路，主要有以下三个：

第一，电商市场规模→电商应用水平。

电商市场规模的扩大，主要体现在电商交易额增长率、网上零售额占比、网购消费者占比、人均消费额占比的提升，这必将提高电商企业的盈利水平、跨境电商交易额、服务类电商交易额，从而提升电商的应用水平，反过来进一步促进电商市场规模的扩大，形成了一种正反馈回路。

第二，电商支撑环境↔电商市场规模。

电商支撑环境的改善，包括政策的支持、电商的认证、物流水平、网民的数量、网络基础设施、电商从业人员的薪酬、电商从业人员的数量等，会促进电商市场规模的扩大，反过来，电商市场规模的扩大，有助于倒逼改善电商的支撑环境。

第三，电商创新水平↔电商应用水平。

电商创新水平的提升，如 R&D 投入的增加、商业模式的创新、电商从业人员受教育的水平等，会促进电商应用水平的提升，提高电商盈利水平、C2B（个性化的定制业务）交易额的提升，反过来，电商应用水平提高了，电商企业盈利增加了，就能获得更多的资金青睐，从而雇用更高素质的人员，加大 R&D 投入，进一步提高电商创新水平。

②间接回路。变量之间经过其他间接变量，形成了反馈回路，主要有以下两个：

第一，电商支撑环境→电商创新水平→产业结构优化→电商应用水平→电商市场规模→电商支撑环境。

电商支撑环境的改善，如政策支持、电商认证、物流水平网民占比、网络连通度、电商从业人员薪酬、电商从业人数的提高，会促进电商创新水平的提升，从而改造企业生产组织、流通、消费的各个环节，优化产业内部和产业间的结构，进一步提高电商的应用水平，扩大电商的市场规模，反过来会倒逼整个社会改善电商的支撑环境。

第二，电商创新水平→社会总能耗水平→产业结构优化→电商创新水平。

产业结构优化，减少了低技术附加值、高耗能的企业，增加了高科技含量、高端服务业的企业，使得社会总能耗减少，反过来如果限制社会总能耗，会迫使社会优化产业结构，减少高耗能、低附加值的企业，这样就会给电商创新留下更大的空间。

③电子商务促进北京市产业结构优化的系统动力学模型。

（a）模型的基本假设。电子商务促进北京市产业结构优化的系统动力学模型有以下几个方面的基本假设：

第一，电子商务支撑环境、电子商务市场规模、电子商务应用水平、电子商务创新水平等受到政策支持度、物流水平、电商交易额、R&D 投入等多种因素的影响。假定这些影响因素为 0 到 1 之间的实数，可以利用表函数进行计算得出。

第二，电商交易额的增长率。电商交易额的年增长率，根据北京市历年的统计数据，模型中假定电商交易额的年增长率为 20%。

（b）电子商务促进北京市产业结构优化的系统动力学模型参数设置。电子商务促进北京市产业结构优化的系统动力学模型涉及表函数、常数值、初始值等参数，在模型的调试与设置过程中，参数的选择需要根据电子商务促进北京市产业结构优化的系统动力学模型的运行结果不断地进行修正。关于初始值的设定，主要依据国家、北京市的统计年鉴、研究机构发布的年度研究报告中的评估数据，以及通过专家访谈，来确定电子商务促进北京市产业结构优化的系统动力学模型中的水平变量初始值。对于常数值的确定，主要是通过 MATLAB 仿真工具，通过对历史数据的拟合分析，结合电子商务促进北京市产业结构优化的系统动力学模型的具体运行特征估计参数值。关于表函数的确定，电子商务促进北京市产业结构优化的系统动力学模型通过使用表函数，可以方便地处理许多非线性的问题。在考虑曲线形状与斜率的前提下，确定若干个特殊点作为参考，正反馈用曲线正斜率表示，负反馈用曲线的负斜率来表示，使之与变量所表示的现实影响相一致，根据影响与效应的强度，确定曲线是陡峭的还是平缓的，利用 Vensim 软件模拟北京市产业结构优化的系统动力学模型运行。

2. 基于系统动力学模型的电子商务促进北京市产业结构优化的机制分析

（1）电商市场规模要素促进北京市产业结构优化效果分析。当电商市场规模要素发生变化（每年人均网购消费额增加2%、网上零售占比增加2%、网购消费者占比增加2%、电商交易额增长率增加2%），观察北京市产业结构优化的效果。仿真结果如图5-23所示，从图中可以看出，人均网购消费额、网上零售占比、网购消费者占比、电商交易额增长率对于产业优化的影响效果比较接近，从2013年以前，其对于产业优化效果的影响作用从高到低为电商交易额增长率、网购消费者占比、网上零售占比、人均网购消费额，从2013年以后，随着时间的推移，到后期则发生了逆转，其对于产业优化效果的影响作用从高到低为人均网购消费额、网上零售占比、网购消费者占比、电商交易额增长率，究其原因，是因为电商市场规模已经达到了很高水平，数量上的扩张对于产业结构的优化效果越来越弱，需要从电商内部调结构，创新商业模式。

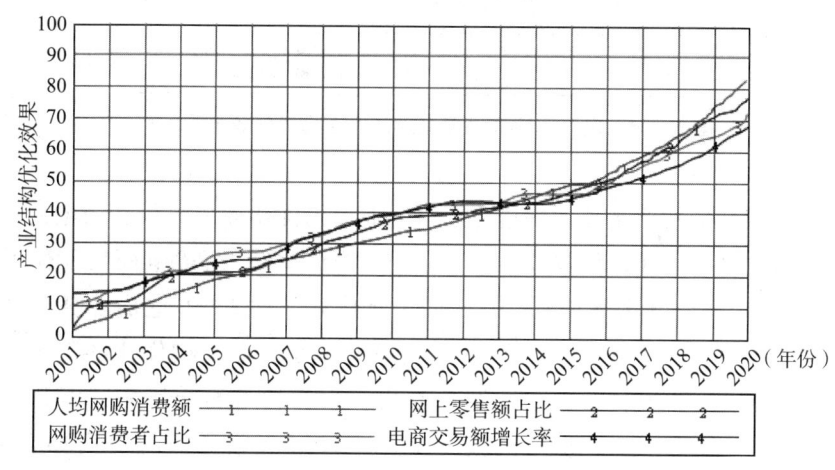

图5-23　电商市场规模要素对产业结构优化效果的影响

（2）电商支撑环境要素促进北京市产业结构优化效果分析。当电商支撑环境要素发生变化（每年政策支持度增加2%、物流水平增加2%、网络连通度增加2%、电商从业人数增加2%），观察北京市产业结构优化的效果。仿真结果如图5-24所示，从图中可以看出，政策支持、物流水平、网络连通度对于产业优化的影响效果比较接近，而电商从业人数开始对产业结构优化的效果影响比较显著，从2017年以后，其影响不再增加，因为北京开始疏解非首都核心功能，很多低端的电商业务逐渐失去了竞争力，被市场所淘汰，电商从人海战术逐渐转向技术的提升,从售前、订单、配送、物流、售后等环节,采用了人工智能、大数据、机器人等先进的技术,所以从业人员的数量对于产业结构优化的影响在削弱。

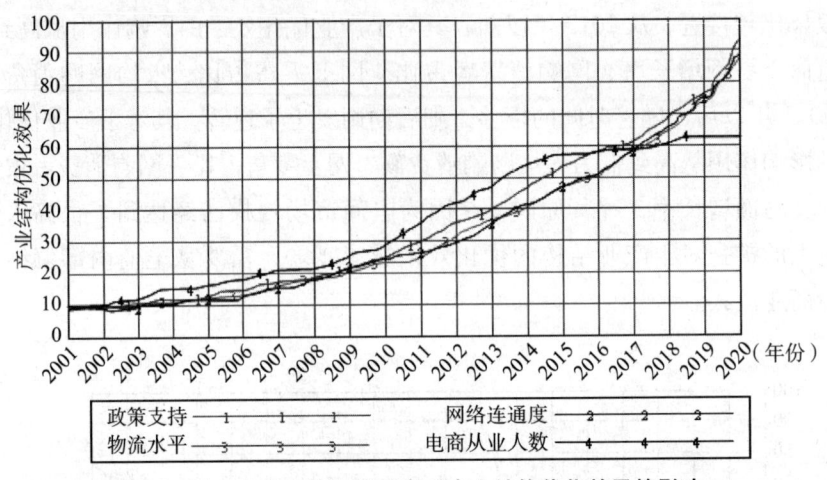

图 5-24　电商支撑环境要素对产业结构优化效果的影响

（3）电商应用水平要素促进北京市产业结构优化效果分析。当电商应用水平要素发生变化（每年服务类电商交易额增加 2%、跨境电商交易额增加 2%、电商企业盈利水平增加 2%、C2B 交易额增加 2%、电商业务企业占比增加 2%、B2B 交易额增加 2%），观察北京市产业结构优化的效果。仿真结果如图 5-25 所示，从图中可以看出，服务类电商交易额、C2B 交易额对于产业优化的影响效果比较突出，这是因为服务类的电商如金融、咨询、会展、家政、社区养老等在北京市的需求很大，且和首都核心功能定位相符合，所以对于北京市的产业结构优化效果很明显。同样 C2B 类型的电商体现了当前经济的发展趋势，即从供给方规模经济，转向了需求方规模经济，由于网络外部性的存在，经济的效益体现在网络协同效应，对于企业的生产流程的改造、技术的升级、商业模式的创新激励作用明显。此外，跨境电商交易额、电商企业盈利水平、B2B 交易额、电商业务企业占比等对于北京市的产业结构优化作用近似，但弱于服务类电商交易额、C2B 交易额。

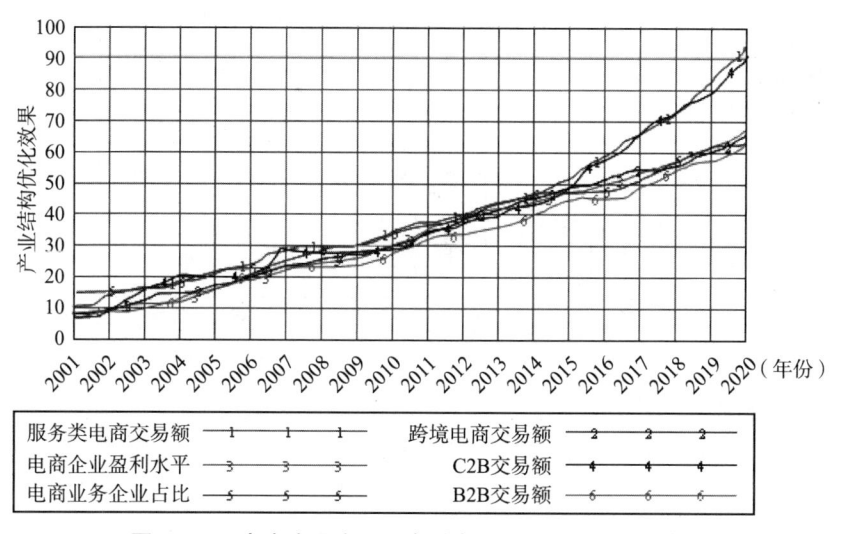

图 5-25　电商应用水平要素对产业结构优化效果的影响

（4）电商创新水平要素促进北京市产业结构优化效果分析。当电商创新水平要素发生变化（每年电商 R&D 投入增加 2%、商业模式创新水平增加 2%、电商从业人员受教育水平增加 2%），观察北京市产业结构优化的效果。仿真结果如图 5-26 所示，从图中可以看出，电商 R&D 投入、商业模式创新水平、电商从业人员受教育水平对于产业优化的影响效果非常明显，这是因为电子商务的作用从流通领域扩展到各个行业，促进了资金、人力、资源、信息和流动和优化配置，推动企业在计划、设计、制造、流通、售后支持、人力资源管理等各个方面进行流程再造和技术创新，从而促进了整个产业结构的优化。电商 R&D 投入、商业模式创新水平、电商从业人员受教育水平这三者对比来看，2012~2016 年，商业模式创新水平对于产业结构的优化影响超过了其他两项，2017 年后电商 R&D 投入逐渐超过了其他两项，这是因为商业模式达到了一定的成熟度，而电商企业对于人才的储备和争夺也达到了一定时期的平衡，而大数据、人工智能、云计算等 R&D 的投入增强了电商企业的核心竞争力，同时也促进了产业结构的进一步优化。

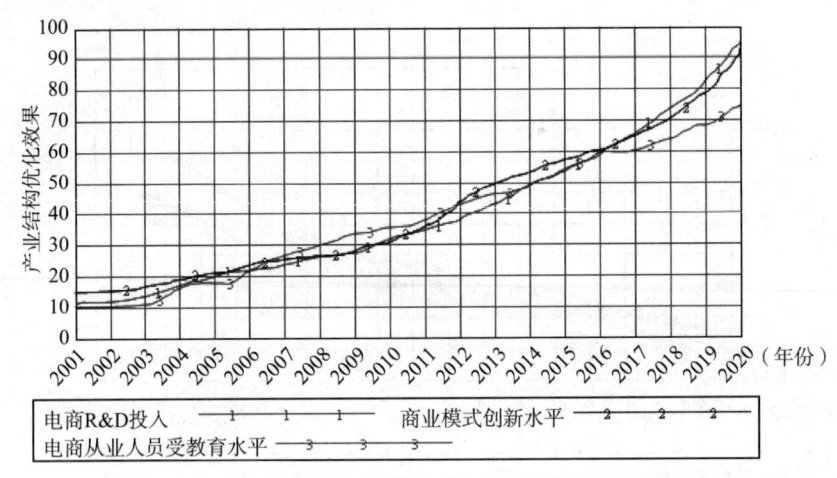

图 5-26 电商创新水平要素对产业结构优化效果的影响

(5) 电商支撑环境、市场规模、应用水平、R&D 投入促进北京市产业结构优化的对比分析。当电商支撑环境、市场规模、应用水平、创新水平等宏观要素发生变化（每年电商支撑环境增加 2%、市场规模增加 2%、应用水平增加 2%、创新水平增加 2%），观察北京市产业结构优化的效果。仿真结果如图 5-27 所示，从图中可以看出，电商支撑环境、市场规模、应用水平、创新水平对于产业优化的影响效果非常明显，尤其是电商创新水平的作用尤

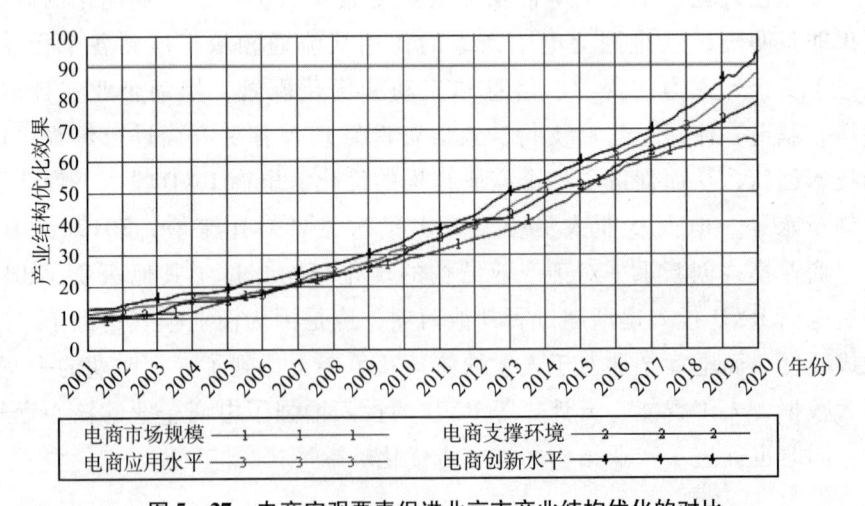

图 5-27 电商宏观要素促进北京市产业结构优化的对比

为突出,说明创新水平要素对于产业结构优化的传导作用很强。此外,从 2015 年以后,电商市场规模要素对于产业结构优化的作用逐步放缓,这是因为规模效用递减的结果,市场已经接近饱和,下一步将从量的扩张转向质的调整。

(四) 电子商务发展水平促进北京市产业结构优化的实证研究

1. 北京市电子商务发展水平测度

(1) 电子商务发展水平测度概述。迄今为止,国内外已经有许多学者或机构提出了电子商务的评价指标,如 2000 年经济合作与发展组织提出了电子商务评价的生命周期模型,包括用互联网接收订单的企业、计划应用互联网的企业、自建网站的企业、连接到互联网的企业、拥有电脑的企业等。2001 年中国互联网研究与发展中心提出了电子商务评价指标体系,包括用户满意度、发展潜质、政策环境、交易安全、人力资源、网络景气、基础设施、经济效益、交易额 9 个大类,实际应用了其中的 7 个大类[1]。2002 年英国国家统计局提出了电子商务发展水平的评测指标,包括企业及市场的影响、信誉和安全、政府服务市场准备、个人与企业的目的、个人与企业的使用、技术和访问、企业准备、个人准备等 80 项指标[2]。2004 年黄京华等提出了针对零售行业电子商务就绪度评价指标,具体包括信息技术、内部需求、外部环境、企业文化 4 大类指标[3]。2008 年刘敏等从国际可比性和统计可行性的角度,提出了中国电子商务测度指标体系,该指标体系适用于中国电子商务宏观统计[4]。2009 年刘跃等从区域经济学角度提出了区域电子商务发展指数测度模

---

[1] 章迪平、章琳:《电子商务发展水平测度及其对经济发展影响的实证研究——以浙江省为例》,载《商业时代》2017 年第 9 期。

[2] 杨坚争、徐进、杨立钒:《电子商务关键性统计指标筛选研究》,载《郑州大学学报(哲学社会科学版)》2009 年第 2 期。

[3] 黄京华、黄河、赵纯均:《企业电子商务就绪评估指标体系及其应用研究》,载《清华大学学报(哲学社会科学版)》2004 年第 3 期。

[4] 刘敏、陈正:《电子商务发展测度指标体系研究》,载《统计与信息论坛》2008 年第 7 期。

型①。2013年阿里研究院提出了城市电子商务发展评测指标，包括网商指数（网商密度、店均网络交易量）、网购指数（网购消费者密度、人均网络消费指数）②。2015年清华大学电子商务交易技术国家工程实验室提出了省级电子商务评价指标体系，包括规模指标（电子商务企业数全国占比、电子商务交易额全国占比、网络零售额全国占比、网购人数全国占比等）、成长指标（电子商务企业数增长率、电子商务交易额增长率、网络零售额增长率、网购人数增长率）、渗透指标（电子商务企业数省内占比、网购人数省内占比、网络零售额省内占比）、支撑指标（基础环境、物流环境、人力资本环境等）。2016年国家发展改革委、商务部提出了国家电子商务示范城市评价指标体系（试行），包括电子商务市场规模（电子商务交易额全国占比、电子商务交易额增长率、零售额比重）、电子商务应用水平（网民数占总人口数的比重、城市网购指数、企业互联网应用普及率、城市大宗商品交易指数、跨境贸易交易额全国占比、生活服务类交易额）、电子商务支撑环境（电子商务认证服务完备度、电子商务物流发达度、城市互联网连通度）、电子商务发展环境（政府对城市电子商务的支持重视度）等。2017年贺盛瑜等创建电子商务发展水平测度模型，综合应用因子分析和聚类分析方法深入分析我国电子商务发展水平③。这些评测指标体系，从不同的角度和目的对电子商务发展水平进行了评测，在借鉴这些指标体系的基础上，从促进产业机构优化的角度，针对北京市的首都核心功能定位，突出影响电子商务发展并传导到产业升级优化的关键因素，构建电子商务发展水平的评测指标体系。

（2）构建北京市电子商务发展水平评测指标体系。电子商务是一种新经济形态，虽然从统计数据上可以直观地感受到它对于整个经济社会的影响，但它是如何深层次地促进北京市产业结构优化升级的？从而进一步影响到首都核心功能的实现。基于北京全国政治、科技创新、国际交往、文化中心的核心功能定位，本书的主要目的是考察电子商务哪些关键要素是有利于这

---

① 刘跃、王文庆：《区域电子商务发展指数的重构及实证分析》，载《科学学与科学技术管理》2009年第7期。

② 叶琼伟、聂秋云：《电子商务发展水平测度指标体系构建及其对我国服务业影响的实证研究》，载《电子商务》2013年第11期。

③ 贺盛瑜、马会杰、滕喜华：《基于因子分析和聚类分析的我国电子商务发展水平研究》，载《经济体制改革》2017年第2期。

些核心功能的实现,哪些是不利于这些核心功能的实现,如何在政策上做出调整?政治中心建设要为中央领导机关提供优质可靠的保障服务,全力维护首都社会安定,保障高效、安全、有序地运行国家政务活动。这里就要考虑电子商务所带来的安全隐患、交通、空间问题。文化中心建设要充分利用北京深厚的文化底蕴和集聚的历史文脉资源优势,激发全社会文化创新创造活力,建设具有首都特色的文化创意产业体系,打造具有核心竞争力的知名文化品牌。这里电子商务就不仅仅是商品交易的功能,如何利用互联网,提供文化产品的创造、传播、投资等,如文化创意产业、文化传承等方面来考虑。国际交往中心建设要利用电子商务对重大国际外事活动提供优质的服务,服务于国际交流,优化服务的效率和安全性以及用户的体验。这里就要考虑对外贸易的跨境电子商务、服务于国际交流的旅游电子商务等。科技创新中心建设要充分发挥北京得天独厚的科技资源优势,提高自主创新的能力,在战略新技术领域以及基础研究领域抢占世界科研创新的高地,加快建设具有国际影响力的首都科技创新中心,努力打造全球高端企业总部聚集之都、全球高端人才聚集之都。这里就要考虑电子商务的众筹、众智、众创、人才聚集等因素。

根据以上考虑和目的,借鉴已有的指标体系,建立了北京电子商务发展水平评测指标体系,如表5-14所示。确立了市场规模(S_1)、服务水平(S_2)、支撑环境(S_3)、创新环保(S_4)4个一级指标,市场规模(S_1)主要反映北京市电子商务在全国的份额以及在本市的份额,应用水平(S_2)主要反映北京市电子商务服务于本市的经济社会生活状况,支撑环境(S_3)主要反映北京市支撑电子商务的软硬件环境,创新环保(S_4)主要体现北京市电子商务在商业模式、研发投入、人员素质等创新水平和能源消耗等环保情况,在此基础上细化了21个二级指标,具体见表5-14。

表5-14　　　　北京市电子商务发展水平测评指标体系

一级指标	二级指标
市场规模(S_1)	电子商务交易额全国占比(S_{11})
	电子商务交易额增长率(S_{12})
	网上零售额占社会消费品零售总额比重(S_{13})

续表

一级指标	二级指标
应用水平（S_2）	网购消费者占本地人口比重（S_{21}）
	人均网购消费额（S_{22}）
	B2B 交易额（S_{23}）
	B2B 企业数本地占比（S_{24}）
	跨境电子商务交易额全国占比（S_{25}）
	有电子商务业务的企业本地占比（S_{26}）
	服务类电子商务交易额（S_{27}）
支撑环境（S_3）	网民占本地总人口的比重（S_{31}）
	电子商务认证服务完备度（S_{32}）
	电子商务物流发达度（S_{33}）
	互联网连通度（S_{34}）
	城市对电子商务发展支持度（S_{35}）
创新环保（S_4）	有电子商务业务的企业能耗水平（S_{41}）
	电子商务从业人员本地占比（S_{42}）
	电子商务从业人员工资水平（S_{43}）
	电子商务从业人员学历水平（S_{44}）
	有电子商务业务的企业 R&D 投入水平（S_{45}）
	有电子商务业务的企业盈利水平（S_{46}）

由于衡量的指标量纲不同，因此需要通过数学转换把量纲、性质不同的指标值，转变为可以进行统一处理、比较的无量纲值，采用阈值法消除量纲，对指标进行均值处理，具体按照公式（5-28）进行：

$$s = s/\bar{s} \tag{5-28}$$

主要收集北京市 2001～2015 年的数据，数据来源主要为北京市政务数据资源网、北京市商务委员会、北京市统计局统计年鉴、中国互联网络信息中心、电子商务 B2B 交易平台、阿里研究院等。为了力求研究的测评结果客观、准确，除了以上国家相关部门公开的数据，还通过互联网电子商务网站、研究机构公开的研究报告、各大新闻媒体网站、国内外知名咨询公司等多渠道收集相关数据,以弥补数据缺失及统计滞后的不足。利用 SAS 统计软件,采用主成分分析法确定各个指标的权重,进而得出北京市 2001~2015 年北京市电子商务发展水平的综合评分。

北京市电子商务发展水平 I 采用线性加权法测算,计算方法如公式 (5-29) 所示:

$$I = \sum_{i=1}^{4}(\sum_{j=1}^{m} w_{ij} \times s_{ij})s_i, \ m=3, 7, 4, 6, \ 0 \leqslant w_{ij}, \ w_i \leqslant 1 \quad (5-29)$$

其中,I 代表电子商务发展水平总的评测分值,s_{ij} 表示一级指标 s_i 中的二级指标(无量纲化的值),m 为第 i 个一级指标中二级指标的个数,w_i 为一级指标 s_i 的权重。

首先确定一级指标权重,对一级指标做 KMO 检验,KMO 检验是对一级指标间偏相关系数和简单相关系数的检验,表 5-15 的数据显示 KMO > 0.65,表示变量间具有较强的相关性,适于做主成分分析。

表 5-15　　巴特利球体和 Kaiser-Meyer-Olkin (KMO) 检验

取样足够度的 KMO 度量		0.662
巴特利球体检验	近似卡方	39.560
	df	7
	Sig.	0.003

根据 SAS 软件的计算结果可以得到主因子的累计率、特征值、方差贡献率,然后按照累计贡献率大于 80%、特征值超过 1 来确定主因子。从表 5-16 的结果可以看出,特征值大于 1,同时累积贡献率大于 80% 为 I_1 和 I_3 主成分。表 5-17 显示主成分载荷是反映主成分 I_i 与变量 S_j 之间的相关度,变量 $S_j(j=1, 2, 3, 4)$ 在所有主成分 $I_i(i=1, 3)$ 上的载荷 $S_{ij}(i=1, 3; j=1, 2, 3, 4)$。不同主成分线性组合系数 $a_{ij} = s_{ij}/\sqrt{\partial_i}$,其中 ∂_i 为主成分的特征根。对一级指标的两种主成分的线性组合系数进行加权平均,并进行归一化处理,得出一级指标权重 $w_i = 0.151$、$w_i = 0.316$、$w_i = 0.307$、$w_i = 0.326$。采用同样的方法可得二级指标权重 $w_{11} = 0.352$、$w_{12} = 0.297$、$w_{13} = 0.351$、$w_{21} = 0.101$、$w_{22} = 0.092$、$w_{23} = 0.153$、$w_{24} = 0.152$、$w_{25} = 0.151$、

$w_{26} = 0.150$、$w_{27} = 0.201$、$w_{31} = 0.186$、$w_{32} = 0.195$、$w_{33} = 0.191$、$w_{34} = 0.172$、$w_{35} = 0.256$、$w_{41} = 0.162$、$w_{42} = 0.131$、$w_{43} = 0.152$、$w_{44} = 0.188$、$w_{45} = 0.211$、$w_{46} = 0.156$。基于以上指标权重，计算出 2001～2015 年北京市电子商务发展水平综合评价指数如表 5-18 所示。

表 5-16　　　　　　　　　　　　解释的总方差

成分	初始特征值			载入和提取平方			载入和旋转平方		
	合计	方差（%）	累积（%）	合计	方差（%）	累积（%）	合计	方差（%）	累积（%）
I_1	2.881	70.235	89.921	2.785	69.587	70.585	2.271	55.327	55.565
I_2	0.101	2.593	90.786	—	—	—	—	—	—
I_3	1.575	26.732	95.465	1.257	30.413	92.866	1.612	44.673	96.663
I_4	0.078	0.440	89.995	—	—	—	—	—	—

表 5-17　　　　　　　　　主成分载荷及线性组合系数

项目		第 1 主成分 I_1	第 3 主成分 I_3
主成分方差率		70.235	26.732
主成分特征根 ∂_i		2.881	1.575
载荷系数 S_{ij}	S_1	0.636	-0.367
	S_2	0.819	-0.273
	S_3	0.925	0.885
	S_4	0.942	0.316
组合系数 a_{ij}	S_1	0.37470155	-0.2924326
	S_2	0.48251661	-0.21754715
	S_3	0.54496687	0.70518488
	S_4	0.55498248	0.25181281

表 5-18　　　　　北京市电子商务发展水平综合评价指数

年份	发展指数 I	年份	发展指数 I
2001	0.018	2009	0.147027
2002	0.023405	2010	0.297297
2003	0.030432	2011	0.248432
2004	0.039568	2012	0.322919
2005	0.051459	2013	0.419784
2006	0.066919	2014	0.545676
2007	0.087027	2015	0.972973
2008	0.113135	—	—

经过归一化处理，与三次产业 GDP、社会能源消耗、第三产业生产率、消费品零售总额比较情况如图 5-28 所示。从图 5-28 可以看出电子商务的发展和三次产业的结构、社会能源消耗具有显著的相关性，随着电子商务发展指数的逐年攀升，第三产业 GDP 占比逐年提高，第三产业的劳动生产率也逐年提高，表明产业的结构得到了优化，同时社会总的能源消耗也在逐年下降，这对于首都核心功能的实现是非常有益的，但是电子商务的关键要素对于产业结构的更深层次的影响，需要进一步研究，下面通过结构方程来定量分析这些关键要素对于产业结构影响的具体传导作用。

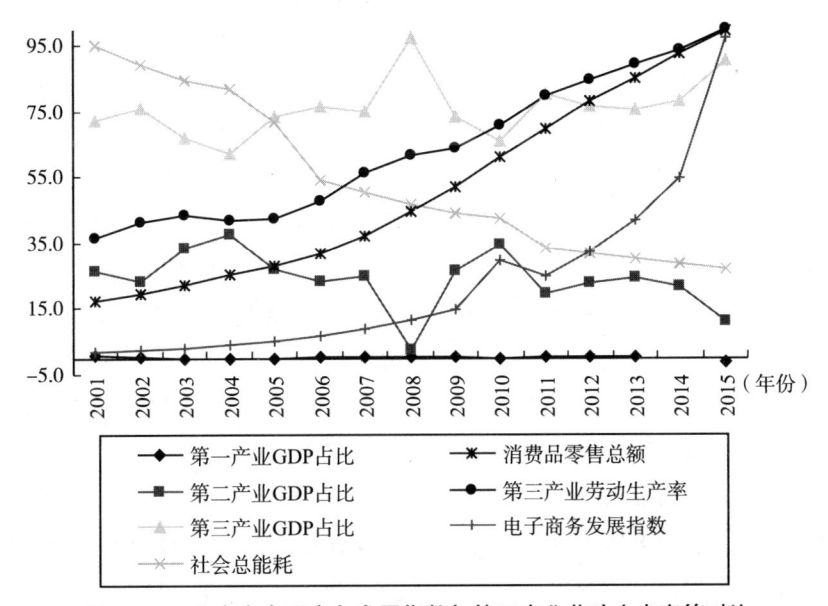

图 5-28　北京市电子商务发展指数与第三产业劳动生产率等对比

2. 北京市电子商务关键要素对产业结构影响的传导路径分析

为了进一步研究北京市电子商务关键要素对产业结构影响的路径，通过专家打分法，对前面 21 个二级指标进一步筛选，选取了互联网连通度、人均网购消费额、电商认证完备度、电商物流发达度、电商从业人员薪酬水平、电商人员学历水平、电商企业 R&D 投入、电子商务发展支持度、消费品零售总额、B2B 交易额、跨境电子商务交易额、电商交易额、电商从业人数、电商企业盈利水平、电商企业能耗水平、第一产业 GDP 占比、第二产业 GDP 占比、第三产业 GDP 占比、第三产业劳动生产率、社会总能耗等 20 个指标，利用 AMOS 软件，建立结构方程模型，利用路径图的模型设定进行分析，结果如图 5-29 所示。从图 5-29 可以看出，这个 20 个变量之间出现了两个隐藏的内部传导结构，第一个是电子商务基本要素及环境对电子商务产业本身的影响，第二个是电子商务对产业结构及社会能源消耗的影响。就第一个结构而言，其现实意义是显而易见的，如互联网连通度与消费品零售总额、B2B 交易额、跨境电子商务交易额的作用系数分别为 1.81、3.68、2.61，说明互联网连通度对消费品零售总额、B2B 交易额、跨境电子商务交易额的影响作用较强；人均网购消费额和消费品零售总额、跨境电子商务交易额的作用系数分别为 3.68、2.88，说明北京市的个人网购消费、跨境消费比较旺盛。电商认证完备度与电商盈利水平的作用系数为 2.69，说明进行了数字认证的电商还是更受消费者信赖，从而有可能促进其盈利水平的提高。电商企业 R&D 投入和电商盈利水平、电商企业能耗水平的作用系数为 3.82、2.67，可见电商企业的研发投入与企业的盈利水平、能耗水平有密切关联。电商物流发达度与电商交易额、电商从业人数之间的作用系数为 3.87、2.89，物流对于电商的影响毋庸置疑，当前的物流仍然是劳动密集型行业，所以物流发达度与电商从业人数密切相关。在第二个结构中，消费品零售总额与第一产业、第二产业、第三产业 GDP 占比的作用系数为 0.21、0.15、2.38，说明消费品零售总额对第三产业作用突出，而对于第一产业、第二产业则作用微弱。B2B 交易额与第一产业、第二产业 GDP 占比的作用系数为 0.13、1.56，表明 B2B 交易额对于第二产业作用明显，而对于第一产业作用并不明显。消费品零售总额、跨境电子商务交易额、电商交易额、电商盈利水平与第三产业 GDP 占比的作用系数分别为 2.38、2.28、3.56、3.75，表明消费品零售总额、跨境电子商务交易额、电商交易额、电商盈利水平对于第三产业 GDP 占比作用明显；电商从业人数、电商企业能耗水平与社会总能耗的作用系数分别是 2.89、1.91，说明电商从业人数、电商企业能耗对社会总能耗的影响作用突出。

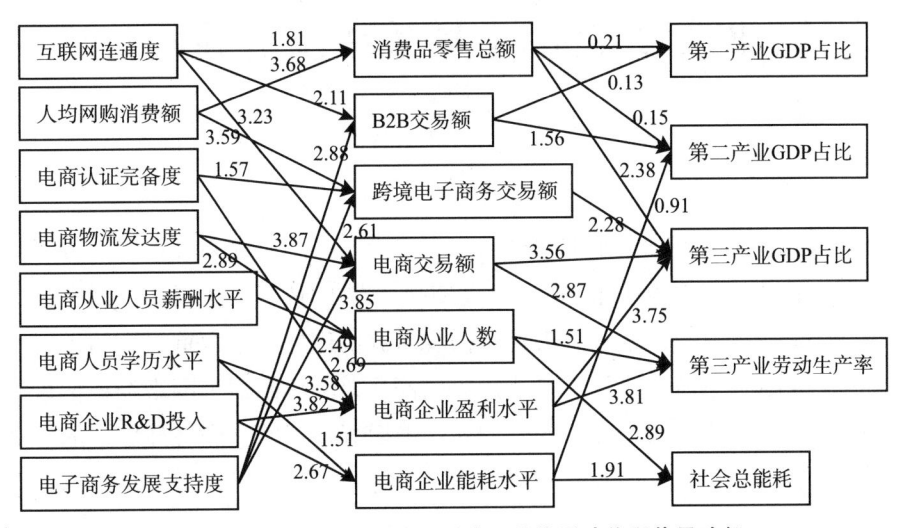

图 5-29　北京市电子商务对产业结构影响作用传导路径

从以上分析来看，电子商务对于北京市产业结构的影响作用明显，其传导路径首先通过互联网基础设施、企业 R&D 投入、物流业、人力资本的提升等，提高了电子商务本身的交易额、盈利水平，降低了企业能源消耗，然后通过电商企业在各个行业渗透，对各个产业进行了流程再造、技术升级、人员培训，甚至倒逼政府进行经济体制、制度的变革，从而促进了整个社会的产业结构优化调整，提高了整个社会的生产效率，改进了消费体验，同时降低了全社会的能源消耗。

第六章

网络经济的市场效率及公共政策

社会福利是效率和公平的权衡结果,由于网络产品在某种程度上带有公共属性,同时,完全竞争市场,会存在市场失灵的情况,所以如何制定公共政策,追求整个社会的福利最大化是需要研究的问题。本章首先介绍了网络产品的公共性属性及其供给不足或过剩的问题,然后阐述了网络经济信息不完全的原因、数字鸿沟、数字伦理问题,最后分析了网络经济环境下的反垄断、知识产权保护、普适服务的政策制定原则。

一、网络产品的公共性问题

(一) 公共产品概述

公共产品一般具有相同的品质,在使用或消费时具有非排他性,可以被一个国家的公民合法享用,消费者无须为此付费,如公共卫生服务、基础教育等,公共产品一般具有以下重要特性。

1. 非竞价性

非竞价性指的是消费者无须像使用一般商品那样和其他消费者通过竞价,来获得该商品的使用权,某位用户使用公共产品不会影响其他人使用该公共产品,如果该公共产品具有网络外部性,这里的影响指的是坏的影响。例如基础教育使得所有人能够享受一个基本的教育，一个人享受了基础教育，不会使其他人受到影响。

2. 非排他性

非排他性指的是公共产品具有普适性和普惠性，合法的公民都可以享受，不会因为一个公民享受了该公共产品，而导致其他公民无法享受该公共产品。例如公共卫生服务，是面向所有公民的，一个公民享受了公共卫生服务，不能以剥夺他人享受该项服务为前提。

从上面对公共产品的定义和特征可以看出，典型的网络产品（指协同价值占比较高的数字产品，如电子邮件服务、软件、教育娱乐视频等）具有显著的公共产品性质。首先，网络产品具有非竞争性，网络产品不是物质性的，所以不会因为额外的使用而被磨损、发生拥挤或受到其他损害。虽然网络产品的固定成本很高，但网络产品具有极低的边际成本，甚至可以为零，因此可以无限供应。而且由于其具有网络外部性，一个消费者对网络产品的使用，不仅不会损害其他消费者，反而因为网络外部性的作用，而增加了其他消费者的协同价值。同时，非竞争性是网络产品的自然属性，是不能通过制度设计或者技术保护等人为方式改变的。其次，未经保护的网络产品具有非排他性，网络产品在没有特定的技术保护或者法律保护的前提下，难以阻止"搭便车"行为的发生。在互联网上，任何用户都可以把数字化的产品传送给其他用户。这一方面是由网络产品的自然属性决定的，另一方面也是由于网络自产生之初就具有"资源与信息共享"的天性。而且，对于网络产品，阻止他人使用所要付出的成本很高，而且由于网络空间的虚拟性，很多侵权行为无法被察觉和阻止。

（二）网络产品的供给不足或过度的问题

网络产品具有公共产品的属性，因此必然存在一些与市场失灵相关的讨论。但是由于网络产品的特殊性，它和传统公共产品的市场失灵有着明显的不同。这是因为传统的公共产品的支付是由政府的财政承担的，而且在其存续期的管理也是由一些非营利组织承担的，也就是说传统的公共产品是不以营利为目的的。但是网络产品未必能满足这些条件，它的公共性是由其自然属性带来的，因其天生就具有共享的特性，所以它可能是私有企业生产的，并且具有营利的目的，所以网络产品除了供给不足之外，也有可能出现"供给过度"的问题，这里所说的"供给过度"指的是由于可以无限复制，导致的生产泛滥，变成垃圾信息满天飞，如智能手机里的各种垃圾短信、邮件、广告、App等，造成了极大的时间和精力的浪费。供给不足，则主要是因为知识产权保护力度不够，这包括法律制度方面的原因，也包括技术能力方面的原因。法律方面主要表现为立法不足、执法不严、违法成本过低等。技术方面主要体现在知识产权保护的方法手段不足，这主要是由于网络产品大多是以数字形式存在的，具有易复制、易改变性、易传播性等特点。

要解决网络产品供给不足或过度的问题，主要从两个方面入手：一是对网络产品进行排他性设计，包括知识产权立法保护和技术措施如加密、认证等，加大侵犯知识产权的惩处力度，保护和鼓励各种创新活动。二是对于制造垃圾网络产品也应当立法进行惩处，另外也可以鼓励反垃圾网络产品的研发，从技术上应对网络产品的过度供给。

二、网络经济的信息不完全

（一）信息不完全概述

传统经济中信息不完全是指经济系统中的参与人不能获得完全的信息，这可能是由于客观的原因，如信息渠道不通畅，也可能是由于主观的原因，如参与人的认知能力有限。如果把信息看作一种生产资源，那么信息不完全的现象可能无法从根本上杜绝，也就是说经典经济学是在理想状态下的理论，假设所有参与者都了解相关信息，但其实信息不完全更符合现实，这一点在网络经济中显得更加突出。因为，在网络经济中，信息本身就是一种可以交换的商品，不过信息和传统经济中的商品截然不同。传统商品在没有使用它的时候，消费者是可以判断它的价值的，而且购买和真正使用它是两个阶段；但信息的购买和消费是统一在一起的，消费者购买了信息，得到这个信息的同时就消费了它，对于消费者来说就已经实现了该信息的价值。这种情况使得信息不完全的问题更加突出了，导致交易的风险增加，使得市场效率低下，在一定程度上限制了市场的作用。

（二）网络经济下信息不完全的原因

通常现实的条件往往限制了经济参与者有效获取完全的信息，这些限制包括主观经验不足、成本约束、技术水平、制度缺陷等。在网络经济形态中，这些限制与工业经济时代有了不同的表现：（1）信息技术的发展极大地方便了信息的获取，同时其成本也越来越低。（2）智能技术的发展使主观经验不足的问题得到了缓解，经济的参与者可以借助智能工具来弥补某些专业知识的不足。（3）由于制度设计的不完善有可能加剧信息不对等的问题，某些参与者可以利用信息优势，在交易中获取不当利益。（4）信息不完全的问题表现得并不平衡，可能在某些领域得到缓解，但在另一些领域则变得更加严重。

（三）网络经济下信息不完全问题的特点

1. 网络空间安全问题

网络空间安全主要指网络基础设施的安全以及内容安全问题，网络基础设施安全指的是国际互联网信息传输的安全性、网络连接的安全性、设备的安全性等，内容安全包括隐私保护、信息真实性等。这些问题不仅仅是技术问题，也包括各个国家的管理制度、法律法规、相互协作等问题。

2. 隐瞒信息问题

隐瞒信息安全问题指的是经济参与者由于利益的驱动，利用自身信息优势，故意隐瞒某些信息，以使得其他参与者做出错误的决策。例如某些电子商务平台在展示商品时，故意把不利于消费者的商品信息放在非常隐蔽的位置，导致消费者做出错误的购买行为。

3. 道德风险问题

由于信息获取的不完全导致的欺诈交易等道德风险，在网络经济形态下并没有消除，甚至有了新的变化和表现形式。

信息不完全带来的道德风险在网络经济下的表现与以往不同，例如，2018 年 Facebook 滥用了用户的数据，导致很多国家对其启动调查。此外，现在手机 App 应用五花八门，很多都存在隐私泄露的风险。美国研究机构管理协会（AMA）和 ePolicy 研究所的一项最新调查发现：超过 1/3 的美国雇主解雇员工是因为员工在上班时间滥用互联网，这除了会浪费时间，也可能会造成商业机密的泄露。

三、网络经济的伦理问题

（一）数字鸿沟

1. 数字鸿沟的概念

1999 年 1 月，美国国家远程通信和信息管理局（NTIA）首次提出数字鸿沟的概念，指的是人们在拥有信息工具及能力方面存在的巨大差距[①]。这种差距存在于不同年龄之间、不同群体之间、不同国家之间、不同种族之间，已经体现在政治、文化、经济、社会生活的方方面面，成为国际社会普遍关注的问题之一[②]。1999 年 7 月美国发布了《填平数字鸿沟》政府工作报告，将消除数字鸿沟的工作提上了议事日程，旨在消除美国国内及各个国家之间的数字鸿沟。联合国也高度重视数字鸿沟问题，曾专门撰文指出：数字鸿沟是指由于信息技术、网络技术的发展、普及，造成国家不同阶层之间、国家与国家之间应用这些技术获得生存和发展能力的差距。

2. 中国的数字鸿沟

在中国，相关的研究表明，数字鸿沟已经成为继"城乡差距"后一个更加巨大的差距，已经影响到我国社会的健康和谐发展[③]。一直以来我国各地区经

---

① 郭庆光：《传播学教程第二版》，中国人民大学出版社 2011 年版。
② 石磊：《新媒体概论》，中国传媒大学出版社 2009 年版。
③ 纪秋发：《中国数字鸿沟》，社会科学文献出版社 2010 年版。

济发展的差距很大，中西部地区的数字化程度较低，沿海地区的数字化程度较高，无论是网络基础设施还是人们应用数字技术的能力都存在明显的差距。

腾讯研究院于2019年发布了《中国"互联网+"》指数报告，该报告显示我国不同地区数字化发展水平并不均衡，某些地区之间的差异程度较高。根据该报告提供的"互联网+"指数，达到一线数字城市标准的只有4个，占20.24%，达到二线数字城市标准的有12个，占19.89%，达到四线数字城市标准的有65个，占20.01%，处于五线数字城市标准的有249个，占27.08%（见图6-1）。数据显示我国城市数字化程度差距明显。为了描述我国城市数字化发展差距随时间变化的趋势，该报告通过计算我国的数字基尼系数来度量各城市间数字化发展不平衡状态。计算结果表明，2016年的数字基尼系数是0.62，2017年的数字基尼系数是0.59，数字基尼系数有所下降，我国数字化不均衡的状态获得了部分缓解。五线、四线、三线数字城市2017的年增速分别为49.87%、47.28%、38.33%，远远高于一线数字城市的15.26%，这也表明我国后进城市的数字化潜力很大。目前我国在数字基础设施建设方面处于全球领先地位，不过在核心技术方面有待进一步突破。我国虽然也存在数字差距的现象，但总体来看可能远远达不到鸿沟的严重程度，更多可能是由历史及个人原因造成的，如受教育水平的不同、年龄的因素、个人的生活习惯、身体及智力因素等。相对于这些历史及个体原因，可能更为严峻且更需要重视的是掌握超级互联网资源的平台巨头对广大用户以及中小企业的技术垄断，这种潜在的不对等甚至不公平应引起足够的重视。

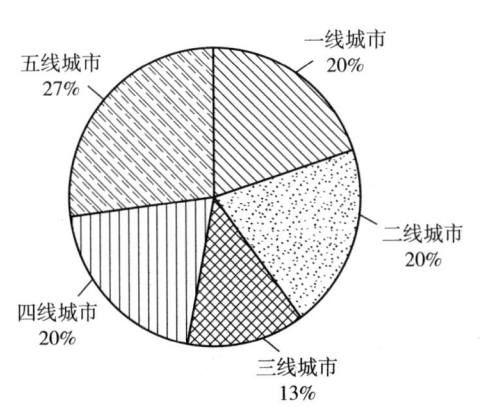

图6-1 分线城市"互联网+"指数占比

(二) 网络经济下的数字伦理

1. 数字伦理的概念

与数字伦理相关的概念包括信息伦理、计算机伦理、数据伦理等,而如今使用的更多的是更具包容性的概念——数字伦理。对数字伦理的研究则应更多从社会理论出发。在社会理论关注的诸多问题中,核心问题莫过于"社会公正"。数字伦理主要是指如何正确合理地使用数字技术,以维护社会公正,防止数字技术的滥用导致数字技术的异化以及对人的物化。

2. 数字伦理问题的表现

数字伦理存在很多问题[①]:第一,发达国家利用数字优势推行新殖民主义,数字空间是虚拟的空间,表面上看起来没有边界、开放、自由,但实际上这个虚拟空间只是现实世界的一个镜像,因此,现实世界的问题在数字空间中依然存在。在数字化的虚拟世界里,发达国家仰仗技术的领先和标准的固化,从文化到政治、经济等各个领域不断扩张,进而从虚拟世界扩展到现实世界。第二,文化和道德伦理冲突,由于网络超越时空,人们的交流无禁忌,导致很多宗教信仰的冲突,这些冲突也可能扩展到现实世界。第三,隐私保护问题凸显,现在网络的应用由于其虚拟性,给隐私保护的监管带来难度,在商业利益的诱惑下,很多手机应用软件都违规收集用户的隐私信息,我国工信部每年都会查处一批手机应用软件,但这可能只是冰山一角。第四,垃圾信息爆炸,从垃圾短信到垃圾邮件,各种垃圾广告不停推送到用户面前,虚假信息、诈骗信息甚至在网络肆意扩散。第五,信息安全问题凸显,各种病毒通过网络快速扩散,黑客攻击网络甚至是国家网站、军方网站,造成了网络恐慌和威胁。

3. 构建良好数字伦理秩序

(1)依托数字技术构建生态良好的数字空间。人类社会加速虚拟化,数

---

① 朱银全:《数字社会的伦理问题解析》,载《现代情报》2006年第1期。

字空间就是人们生活的另一个必不可少的空间，人们对它的依赖度越来越大，数字空间和现实空间良好的交互，保证了人类社会和谐健康的发展。人类社会从狩猎经济、农业经济、工业经济到网络经济，每一次跃迁都是科学技术在推动，可是我们必须意识到科学技术是一把双刃剑，如果没有伦理的约束，那么科学技术就可能是一匹没有缰绳的野马，即使不带来坏的危害，也无法造福人类。所以我们在一开始的技术选择上就要慎重，因为网络经济具有锁定、路径依赖等重要的特性，一旦走错了道路，想改变回来，就要付出沉重的代价。需要注意的两点，一个是技术的异化、极端化；另一个是将人类物化，这些都要极力避免。技术的异化、极端化，将导致技术失控，必将带来严重的伤害，将人类物化，会造成社会失去进一步的创造力，人类如同作茧自缚，无法继续向前发展。所以，从一开始，我们就要选择合适的技术路径，构建生态良好的数字空间。

（2）提升人们的数字伦理素质以保证数字社会的健康。上面说了技术对于保证数字社会健康的重要性，但是单凭技术无法保障数字社会的健康，还需要伦理道德建设。数字社会由于其虚拟性、开放性，不可能时时刻刻靠技术去监管人们的活动，那是不现实的，也是不人性的，恰恰是技术物化人类的表现，也是我们所反对的。因此，在这种情况下如何构筑内心深处的自律的习惯性力量还是很重要的，我国已经建立了相应的行为"准则"和"规则"，这些都有利于数字社会伦理新秩序的构建，但是这些"准则"和"规则"本质上还是以他律为主。因此，如何提升人们的数字伦理素质，将是一个长期的任务，这可能需要从文化上入手，应该逐步建立积极健康向上的数字社会文化环境，因为文化对一个社会的影响将是深远的。

（3）利用法律保障数字社会的可持续发展。伦理道德是一种柔性的社会治理方法，在达到一定文明程度的社会里，它对大多数具有责任感的人来说，能够规范其在数字社会中的行为，但是毕竟我们的社会文明程度还不是很发达，法律仍然是一个直接有效、立竿见影的措施。在互联网刚刚出现的时候，我国对于这种信息技术的犯罪的量刑是非常严厉的，在当时犯法者和执法者以及普通民众之间能力严重不对等的情况下，取得了积极的意义。但时至今日，数字虚拟社会化发展到了一个新的阶段，网络上的违法犯罪的形式可以说是层出不穷、五花八门，所以我们的立法也要具有一定的前瞻性和动态性，只有这样才能跟上严峻而复杂的形势。

四、网络经济环境下反垄断、知识产权保护与普适服务政策

（一）网络经济环境下的反垄断

1. 网络经济环境下反垄断的目的

垄断一般是指利用已占有的市场支配地位，阻止潜在的竞争者进入市场，以维持自己高额的不当利润。网络经济环境下的垄断具有不同的特点，因为网络外部性及需求方规模效应的存在，由于经济主体的联系更加紧密和便捷，而且角色随时转换，垄断可以发生在卖方，也可以发生在买方，尤其是买方垄断在传统经济中是不多见的。因此，网络经济环境下的反垄断的目的在传统经济的基础上有所不同，具体有四大目标：（1）社会福利（包括生产者和消费者）最大化；（2）鼓励技术创新；（3）保护竞争；（4）维持公平的市场秩序。

2. 网络经济环境下垄断的判定标准

传统经济环境下，一般可通过下面两个要素来判断垄断行为：（1）经营者具有市场支配地位。（2）滥用市场支配地位的行为。但是对于新兴的网络经济，不能仅从以上标准来认定，应当针对具体的相关产品市场、具体的地域和时间，从企业的外部客观行为来认定企业在相关市场中的地位，更符合网络新兴经济反垄断的要求。因此，在垄断的认定上，网络经济下的反垄断政策需要从反垄断的根本目标出发，尤其需要重视是否增加社会福利、促进技术进步。

（二）网络经济环境下的知识产权保护

1. 智力成果的排他性设计的成本

（1）显性成本：包括知识产权的管理费用、制止和纠正侵权行为的

费用。

（2）隐性成本：智力成果的排他性使用限制了其扩散和发展创新，损害了公众的利益。

2. 网络经济环境下知识产权保护的特征①

（1）虚拟性。知识产权保护是指对人们智力劳动所获得成果的所有权及附加权益的法律保障。我们知道，智力劳动成果有的是可见的，如绘画、摄影、音乐、文学，有些是不可见的，如生产工艺、事物的规律、管理方法，有些甚至是完全虚拟的，如游戏道具、虚拟货币等。网络经济使得知识产权更加虚拟化和无形化，这是工业经济发展到足够成熟时所出现的新的经济形态。我国目前面临两个问题：一个就是实体的知识产权保护，另一个就是虚拟的知识产权保护。相比较而言，虚拟的知识产权保护更加困难，因为大家都是第一次面临这个问题，几乎没有可参考的范本。

（2）跨时空性。过去的知识产权保护都是以国家为主体的，在一个国家的范围内应当遵循该国的知识产权保护的法律法规，这是大家都公认的，也是好操作的。现在由于网络经济的无边界性、跨时空性，网络将全世界的经济主体联系在一起，这就出现了网络世界的跨时空性和现实世界的按地理位置管辖的冲突。例如某些国家允许在网络上共享他人的音乐作品，而有些国家是严禁这样做的，将会受到处罚。而且由于网络迭代的速度很快，过去的知识产权成果的保护期到底多长合适？这些都需要进一步调整。过去指定知识产权保护政策，一个重要的原则是有利于增加整个国家的福利，但是在网络经济下，由于跨地域性，这个原则就会带来新的国与国的矛盾，因为某国指定的知识产权保护政策虽然有利于本国的福利，但可能有损于别国的福利，这就需要国与国之间通力合作，指定更合理的知识产权保护政策。

3. 知识产权保护与垄断的区分

首先，许多网络产品市场是高集中度的。其次，从 R&D 自身的特点来看，通过提高行业集中度可以提高企业 R&D 的效率。所以短期静态垄断是该类行业

---

① 陈世明：《信息时代背景下网络知识产权的保护及立法问题研究》，载《中国市场》2018 年第 7 期。

的本质特征。当企业通过不正当手段试图取得垄断地位，滥用垄断地位，试图保持和扩大垄断力量，排斥同业竞争的企业行为才可能触及反垄断规制的禁区。反垄断政策在判断一个企业是否利用不正当手段维持和扩展垄断地位的标准就应当是这企业行为是否对良性"熊彼特竞争"[①] 构成了实质性的威胁。

排他性所造成的垄断指当企业通过不正当手段试图取得垄断地位，滥用垄断地位，试图保持和扩大垄断力量，排斥同业竞争的企业行为才可能触及反垄断规制的禁区。

4. 网络经济中知识产权保护政策选择

对智力成果的知识产权保护会阻碍组合式创新和技术扩散，而不赋予智力成果原创者以排他性权力更会遏制创新的原动力。折中的办法就是设定一个期限，这也是各国在知识产权保护上普遍采用的方式。

（三）网络经济环境下普适服务政策

1. 普适服务的概念

从以上分析可以得出："数字鸿沟"本质上所体现出的是一种数字化生产力的差距。当这种差距表现在国与国之间时，无疑会加大国与国之间的贫富差距，富国越来越富，穷国越来越穷。当这种差距体现在一个国家内部的时候，会导致不同群体之间、不同地域之间发展的不平衡，根据"木桶原理"，将会影响整个国家的发展。因此，政府在财政和税收政策上，应当鼓励共享信息技术，加速技术的迭代，使得信息和智力资源无障碍地流动起来，促进社会从以物质为基础的生产，向以知识创造为基础的生产转型。具体到信息服务上，许多国家采取了普适服务的原则，普适服务在于它的无时无刻、无处不在性，即不论外在环境如何变化，也不管服务的成本如何变化，都必须保证随时随地提供服务。普适服务可能是由政府或消费者单独支付，也有可能是二者共同支付，由于普适服务的重要性，这种服务的供给可能是强制

---

① 蒋军锋、王茜：《熊彼特竞争、交叉效应与创新激励》，载《管理科学学报》2016 年第 9 期。

性的，如网络基础设施、电力、邮政等①。

2. 网络经济环境下普适服务的经济学内涵

为什么要提供普适服务？因为在网络经济环境下，由于需求方经济效应及网络外部性，促进了经济的转型升级，进而能够增加社会整体的福利。因此普适服务应满足以下条件：（1）该项普适服务一定要有利于网络外部性的实现；（2）普适服务一定能够增加社会的整体福利；（3）普适服务一定要有助于社会的转型升级、科技的进步。

3. 网络经济环境下普适服务的运行机制

普适服务的运行机制可以参考政府补贴政策，具体实施的时候也可以采用大型企业用户补贴小型企业或个人用户，高收入人群补贴低收入人群，也就是交叉补贴，用一个部门的利润弥补另一个部门的亏损，或者用一个普适服务的利润弥补另一个普适服务的亏损。

4. 网络经济环境下普适服务的政策

我国与网络经济相关的普适服务还是以国有企业为主，目前处于一种较好的发展态势，如通信、物流、交通、电力等，为我国的经济发展和升级转型提供了必要的基础服务。不过我国经济正处于关键的转型期，特别是所有制改革，相关基础设施领域的市场化改革可能会引发网络经济下的普适服务政策困境。造成我国普适服务政策困境的根本原因是我国经济转轨过程中政府与市场职能的界定不清，基础设施具有很大的外部性，往往关系到国计民生，历来是市场经济国家政府公共投资的重点之一。引入新的竞争者破坏了原有的交叉补贴机制，普适服务的基础可能遭到破坏。所有制改革是为了提高企业的活力，但在普适服务领域，更应重视公共服务的性质以及整体社会福利的影响。可以建立普适服务基金、财政转移支付，引入私人参与提供网络基础设施，扩大私人投资的参与。

---

① 罗红梅：《我国网络型公共企业普遍服务的实现机制分析》，山东大学学位论文，2005年。

参考文献

[1] [美] 奥兹·谢伊：《网络产业经济学》，张磊译，上海财经大学出版社 2002 年版。

[2] 蔡萌、杜海峰、任义科等：《一种基于点和边差异性的网络结构熵》，载《物理学报》2011 年第 11 期。

[3] 曹怀虎、朱建明、郭树行：《基于博弈论的移动社交网络数据转发激励算法》，载《小型微型计算机系统》2014 年第 7 期。

[4] 陈蓉、郭晓武：《网络经济学发展概述》，载《经济学家》2001 年第 5 期。

[5] 陈世明：《信息时代背景下网络知识产权的保护及立法问题研究》，载《中国市场》2018 年第 7 期。

[6] 陈世清：《超越中国主流经济学家》，中国国际广播出版社 2013 年版。

[7] 陈世清：《对称经济学》，中国时代经济出版社 2010 年版。

[8] 陈世清：《中国经济解释与重建》，中国时代经济出版社 2009 年版。

[9] 陈艳莹：《买方行为、社会网络与服务业的产业政策》，载《财经研究》2007 年第 12 期。

[10] 程琳：《信息经济学与网络经济学的学科特点比较分析》，载《科技情报开发与经济》2008 年第 18 期。

[11] 槌田敦：《资源物理学》，华东工学院出版社 1991 年版。

[12] 方滨兴、徐进、李建华等，《在线社交网络分析》，电子工业出版社 2014 年版。

[13] 郭庆光：《传播学教程第二版》，中国人民大学出版社 2011 年版。

[14] 韩博平：《生态网络中物质、能量流动的信息指标及其灵敏度分析》，载《系统管理学报》1995年第1期。

[15] 韩耀：《经济网络、网络经济与网络经济学》，载《南京财经大学学报》2007年第3期。

[16] 贺盛瑜、马会杰、滕喜华：《基于因子分析和聚类分析的我国电子商务发展水平研究》，载《经济体制改革》2017年第2期。

[17] 黄京华、黄河、赵纯均：《企业电子商务就绪评估指标体系及其应用研究》，载《清华大学学报（哲学社会科学版）》2004年第3期。

[18] 纪秋发：《中国数字鸿沟》，社会科学文献出版社2010年版。

[19] 姜奇平：《内生关系的网络经济学》，载《互联网周刊》2016年第23期。

[20] 蒋军锋、王茜：《熊彼特竞争、交叉效应与创新激励》，载《管理科学学报》2016年第9期。

[21] [美]卡尔·夏皮罗（Carl Shapiro）、[美]哈尔·瓦里安（Hal Varian）：《信息规则：网络经济的策略指导》，张帆译，中国人民大学出版社2000年版。

[22] 李继宗：《物理熵、信息熵及其演化方程》，载《中国科学（A辑）》2001年第1期。

[23] 李伟：《基于社会网络分析的泛珠三角经济联系与合作网络结构研究》，电子科技大学学位论文，2014年。

[24] 刘敏、陈正：《电子商务发展测度指标体系研究》，载《统计与信息论坛》2008年第7期。

[25] 刘跃、王文庆：《区域电子商务发展指数的重构及实证分析》，载《科学学与科学技术管理》2009年第7期。

[26] 刘志彪：《产业升级的发展效应及其动因分析》，载《南京师大学报（社会科学版）》2000年第2期。

[27] 罗红梅：《我国网络型公共企业普遍服务的实现机制分析》，山东大学学位论文，2005年。

[28] [美]马克卢普：《美国的知识生产与分配》，孙耀君译，人民大学出版社2007年版。

[29] 苗小玲：《对网络经济下垄断的解析》，载《经济师》2002年第10期。

[30] 潘松挺、蔡宁：《企业创新网络中关系强度的测量研究》，载《中国软科学》2010年第6期。

[31] 裴长洪、倪江飞、李越：《数字经济的政治经济学分析》，载《财贸经济》2018年第9期。

[32] 邵汉华、周磊、刘耀彬：《中国创新发展的空间关联网络结构及驱动因素》，载《科学学研究》2018年第11期。

[33] 石磊：《新媒体概论》，中国传媒大学出版社2009年版。

[34] 孙健：《网络经济学导论》，电子工业出版社2001年版。

[35] 覃正、姚公安：《基于信息熵的供应链稳定性研究》，载《控制与决策》2006年第6期。

[36] 谭跃进、吴俊：《网络结构熵及其在非标度网络中的应用》，载《系统工程理论与实践》2004年第6期。

[37] 唐明、刘宗华：《网络科学：网络化时代的思维范式》，载《科学》2018年第3期。

[38] 唐子来、李涛、李粲：《中国主要城市关联网络研究》，载《城市规划》2017年第1期。

[39] 陶纪明：《服务业的内涵及其经济学特征分析》，载《社会科学》2007年第1期。

[40] [美] 特德·霍华德、杰里米·里夫金：《熵：一种新的世界观》，吕明、袁舟译，上海译文出版社1987年版。

[41] 田立勤、乔安娟、彭珍：《网络科学研究的层次模型与实例》，载《华北科技学院学报》2007年第2期。

[42] [美] Ted G. Lewis：《网络科学：原理与应用》，陈向阳、巨修练等译，机械工业出版社2011年版。

[43] 王文毅：《谈电子商务经济发展与我国零售业转型升级》，载《商业经济研究》2017年第1期。

[44] 王晓晶、钟琦：《电子商务与网络经济学》，清华大学出版社2011年版。

[45] 王元卓、靳小龙、程学旗：《网络大数据：现状与展望》，载《计算机学报》2013年第6期。

[46] [美] 维克托·迈尔·舍恩伯格：《大数据时代——生活、工作与

思维的大变革》，周涛译，浙江人民出版社2013年版。

［47］乌家培：《网络革命与网络经济学》，载《经济学动态》1996年第11期。

［48］吴婷婷：《局部性网络效应探讨》，厦门大学学位论文，2009年。

［49］萧浩辉：《决策科学辞典》，人民出版社1995年版。

［50］薛海波、王新新：《品牌社群关系网络密度影响品牌忠诚的作用机制研究》，载《商业经济与管理》2011年第8期。

［51］杨广文、李晓明、王义和等：《确定性退火技术》，载《计算机学报》1998年第8期。

［52］杨华磊：《高频数据对传统经济学研究范式的冲击》，http://blog.sciencenet.cn/blog-456786-656901.html，2013年1月27日。

［53］杨坚争、徐进、杨立钒：《电子商务关键性统计指标筛选研究》，载《郑州大学学报（哲学社会科学版）》2009年第2期。

［54］杨瑞龙、朱春燕：《网络经济学的发展与展望》，载《经济学动态》2004年第9期。

［55］杨伟肖、孙桂平、马秀杰等：《京津冀城市群经济网络结构分析》，载《地域研究与开发》2016年第2期。

［56］杨宇：《多指标综合评价中赋权方法评析》，载《统计与决策》2006年第13期。

［57］叶琼伟、聂秋云：《电子商务发展水平测度指标体系构建及其对我国服务业影响的实证研究》，载《电子商务》2013年第11期。

［58］于伟佳、张国平：《经济系统的熵的分析》，载《学习与探索》1991年第5期。

［59］俞立平：《大数据与大数据经济学》，载《中国软科学》2013年第7期。

［60］岳正华：《关于电子商务成本效益的理论分析》，载《成都气象学院学报》2000年第4期。

［61］占东明：《电子商务促进社会经济发展的演进路径——基于结构方程模型展开》，载《商业经济研究》2016年第10期。

［62］张丽芳：《网络经济与市场结构变迁》，载《财经研究》2006年第5期。

［63］张铭洪：《网络经济学教程》，科学出版社 2008 年版。

［64］张铭洪：《网络经济学教程》，科学出版社 2002 年版。

［65］张铭洪：《网络经济学教程（21 世纪高等院校教材）》，科学出版社 2006 年版。

［66］张维迎：《博弈论与信息经济学》，上海人民出版社 2004 年版。

［67］章迪平、章琳：《电子商务发展水平测度及其对经济发展影响的实证研究——以浙江省为例》，载《商业时代》2017 年第 9 期。

［68］赵秀丽、谢军：《网络经济学的架构》，载《党政干部学刊》2009 年第 8 期。

［69］周昌林、魏建良：《产业结构水平测度模型与实证分析——以上海、深圳、宁波为例》，载《上海经济研究》2007 年第 6 期。

［70］周华任、马亚平、马元正等：《网络科学发展综述》，载《计算机工程与应用》2009 年第 24 期。

［71］周苗、杨家海、刘洪波等，《Internet 网络拓扑建模》，载《软件学报》2009 年第 1 期。

［72］朱银全：《数字社会的伦理问题解析》，载《现代情报》2006 年第 1 期。

［73］Antipov E A, Povskaya E B. Mass Appraisal of Residential Apartments: An Application of Random Forest for Valuation and a CART Based Diagnostics. Expert Systems With Applications, Vol. 12, No. 22, pp. 1 – 18.

［74］Arthur W. B. Competing Technologies, Increasing Returns, and Lock in by Historical Events. The Economic Journal, No. 99, 1989, pp. 116 – 131.

［75］Arthur W. B. Positive Feedbacks in the Economy. Mckinsey Quarterly, No. 2, 1990, pp. 92 – 99.

［76］Bernard S, Heutte L, Adam S. Influence of Hyper Parameters on Random Forest Accuracy. Proceedings of the 8th International Workshop on Multiple Classifier System. Berlin, Heidelberg Springer – Verlag. 2009.

［77］Casson M, Giusta M D. The Economics of Networks. International Journal of Industrial Organization, Vol. 14, No. 6, 1996, pp. 673 – 699.

［78］Committee Oil Network Science for Future Army Applications, Board on Army Science and Technology, Division on Engineering and Physical Sciences,

National Research Council of The National Academics, Network science. Washington, D C: National Academies Press, 2005, pp. 1.

[79] Duncan J. Watts, Steven H. Strogatz, Collective Dynamics of 'small-world' Networks. Nature, Vol. 393, No. 6684, 1998, pp. 440 - 442.

[80] E. L. Nagard, D. Manceau. Modeling the Impact of Product Preannouncements in the Context of Indirect Network Externalities. International Journal of Research in Market, No. 3, 2001, pp. 203 - 219.

[81] Garlaschelli D, Loffredo M I, Patterns of Link Reciprocity in Directed Networks. Physical Review Letters, Vol. 93, No. 26, 2004, pp. 26.

[82] Gu Jirong, Zhu Mingcang, Jiang Liuguangyan. Housing Price Forecasting Based on Genetic Algorithm and Support Vector Machine. Expert Systems with Applications, No. 38, 2011, pp. 3383 - 3386.

[83] Hinton G E, McClelland J L, Rumelhart D E, Parallel Distributed Processing: Explorations in the Microstructure of Cognition. Cambridge: MITPress, 1986, pp. 318 - 322.

[84] Huck S, Tyran J R. Reciprocity, Social Ties, and Competition in Markets for Experience Goods. Journal of Socio-Economics, Vol. 36, No. 2, 2007, pp. 200 - 203.

[85] KatzM. L., ShaPiroC. Network Externalities, Competition, and Compatibility, American Economic Review, No. 2, 1985, pp. 424 - 440.

[86] Mark Newman, Albert-László Barabási, & Duncan J. Watts, The Structure and Dynamics of Network. Princeton, USA: Princeton University press, 2003, pp. 18 - 19.

[87] Mikolov T, Kopeck J, Burget L, et al., Neural Network Based Language Models for Highly Inflective Languages. Proc. ICASSP. Taipei: ICA, 2009.

[88] N. Eggemann and S. D. Noble, The Clustering Coefficient of a Scale-free Random Graph. Discrete Applied Mathematics. Vol. 159, No. 10, 2009, pp. 953 - 965.

[89] Oz Shy. The Economics of Network Industries. England: Cambridge University Press, 2001.

[90] Paul Klemperer Competition when Consumers have Switching Costs: An

Overview in Applications to Industrial Organization, Macroeconomics, and International Trade. The Review of Economic Studies, No. 4, 1995, pp. 515 – 539.

[91] Pushpalatha C B, Harrison B P, Sezen S, Chip S. Optimizing Event Selection with the Random Grid Search. Computer Physics Communications, No. 228, 2018, pp. 245 – 257.

[92] Rohlfs J, A Theory of Interdependent Demand for a Communications Service. Bell Journal of Economics & Management Science, Vol. 5, No. 1, 1974, pp. 16 – 37.

[93] Tomas Mikolov, Ilya Sutskever, Kai Chen, et al. , Distributed Representations of Words and Phrases and their Compositionality. In Proceedings of NIPS, 2013.

[94] Zahn CT, Graph-theoretical Methods for Detecting and Describing Gestalt Clusters. IEEE Transactions on Computers, Vol. 20, No. 1, 1971, pp. 68 – 86.

后　　记

本书的相关研究得到北京市社会科学基金重点项目"面向大数据的网络经济学分析理论与方法研究——以京津冀地区熵控经济网络为例"（编号：16YJA001）、中央财经大学中央高校基本科研业务费专项、中央财经大学新兴交叉学科建设项目的资助。此外，北京市社会科学基金评审专家对本书的初稿提出了许多宝贵的建议和意见，对于本书的修改和完善受益良多。在此，表示衷心的感谢。

本书撰写历时三年多，几易其稿，梁月、张炜伟、丁旸钧天等在本书的撰写过程中，参与了文献收集、数据处理以及部分内容的编写工作。梁月参与了"电子商务推进中国零售业升级转型的实证研究"，丁旸钧天参与了"融合模拟退火的随机森林房价评估算法的研究"。在此，一并表示感谢。

传统的经济学是建立在统计学基础之上的，但统计学不能处理关系数据，本书面向大数据，涉及经济、管理、信息技术多个领域，利用网络科学理论、大数据技术、人工智能算法，结合传统经济学、管理学理论，对经济系统的关系特征进行了分析，研究的脉络主要有两个：一个是有形的网络（由经济主体之间的联系构成），另一个是无形的网络（网络外部性：由于产品的互补性以及生产者、消费者、流通者之间的联系所形成），这体现了本书最核心的内容，即从网络的视角分析经济系统及其发展规律。

当前，正处在一个经济学理论变革的前沿，希望书中的观点具有一定的预见性和启发性。随着网络经济的发展，本书的某些观点已经得到了印证。不过，网络经济正在飞速发展中，网络经济学的研究也在不断丰富。因此，本书的某些观点和结论可能已经或者很快就会滞后于实践，这也是网络经济学的一个显著的特征，即理论往往滞后于实践。但事物的发展往往是螺旋式地上升，相信本书的内容对于未来网络经济的发展仍然具有一定的借鉴作用。总体来说，本书主要目的还是抛砖引玉，希望能够引起更多的学者对于网络经济学的关注，继续推动这一研究领域向纵深发展，从而促进网络经济更加广泛、深入地渗透到经济系统的各个环节，使经济系统能够更加健康、快速地转型升级。